최고 호텔관광대학의 최초 관광학 박사가 쓴
이병원 교수의
인도 네팔 스리랑카
여행 스케치

이병원 지음

도서출판 담아내기

머리말

〈이병원 교수의 아프리카 여행 스케치〉를 발간한 지 3년이 지나 인도, 네팔, 스리랑카의 여행서 발간을 준비하며 그곳에서의 추억들이 주마등처럼 지나갑니다.

인도라는 나라는 어떠한 나라일까? 인도는 종교와 예술이 하나로 어우러진 것 같았습니다. 각 지역마다 사원이나 궁전의 웅장함과 섬세함이 글로써 표현하기가 어려울 정도로 정교하고 과연 인간의 솜씨인가 의문을 가질 정도입니다. 인도 사람들은 일반적인 눈으로 보면 가난하고 비위생적으로 보이지만 다시 찬찬히 들여다보면 수천 년의 역사를 겪어온 풍습과 생활이 고스란히 삶 속에 녹아 있음을 알 수 있어요. 좋고 나쁨이 아니라 같음과 다름의 차이인 것 같아요.

과거와 현대가 어우러져 미래로 나아가는 인도인들의 모습에서 무한한 잠재력과 가능성을 느낄 수 있어요. 빵빵거리는 복잡한 거리에서도 나름의 질서가 있고, 인력거, 자동차, 릭샤, 우마차 등이 어깨동무를 하며 음악에 맞추어 춤을 추는 것처럼 보입니다.

아그라의 타지마할에서 느끼는 예술의 극치와 샤자 한의 슬픈 이야기, 바라나시 갠지스 강가의 화장터에서 느끼는 인생의 허무함과 무상함이 온몸으로 저며 옵니다. 과거와 현대가 공존하는 뉴델리와 뭄바이를 거쳐, 고아에서 사비에르를, 깐냐꾸마리와 마두라이에서 간디를, 첸나이에서 도마 사도를 만났어요. 시간과 공간을 초월한 만남에서 저는 앞으로 어떻게 살아야 할까? 깊은 고민에 빠져들기도 했어요.

네팔은 인도의 축소판이라고 할 수 있을 정도로 상당히 흡사하다는 생각이 듭니다. 80% 정도가 넘는 힌두교의 영향이 많은 것 같아요. 인도에서 느낀 대평원의 광활함이 네팔에서는 평원이 아니라 우뚝 솟은 산봉우리로 접혀 위로 올라간 느낌입니다.

네팔의 오스트레일리안 캠프에서 안나푸르나와 같은 히말라야 설봉을 보며 야호! 함성을 지른 추억은 아직도 저의 귓가에 쟁쟁합니다. 페와 호수에 비친 안나푸르나는 눈이 시릴 정도로 영롱하게 물속에 잠겨 있어요. 안개 낀 치트완 국립공원의 코뿔소와 사슴은 세상에서 가장 여유와 품위를 지닌 동물이 아닌가 생각이 듭니다. 카투만두의 박타푸르, 파탄은 천년 고도의 문화유산을 뽐내고 있어요.

스리랑카는 인도보다 잘 살까요? 못 살까요? 스리랑카는 인도보다 훨씬 잘 삽니다. 국력은 약하지만 자연 자원이나 인프라 측면에서 인도양의 보물인 스리랑카는 인도보다 깔끔하고 잘 정돈이 된 느낌을 줍니다.

고대 싱할라 왕국의 수도가 아누라다푸라에서 플론나루와를 거쳐 캔디에 이르며 부침이 심했어요. 스리랑카의 유적들은 대부분 불교와 관련된 유적들입니다. 사자바위 시리기야에서 내려다보는 정글과 밀림에서 스리랑카의 복잡하고도 쓰라린 역사를 느낄 수가 있어요. 콜롬보와 갈레를 잇는 고속도로에서 스리랑카의 미래 발전상을 기대해 봅니다. 풍부한 천연자원과 아름다운 자연을 가지고도 어렵게 살아가는 스리랑카를 보며 정치인들의 역할을 다시 되새겨 봅니다.

이병원

추천사

이종만
(네팔 선교회 담임목사)

인생은 여행입니다.
여행으로 인생을 경험할 수 있습니다.
지나온 길을 되돌아볼 수 있고 앞으로 갈 길을 조금이나마 내다볼 수 있습니다. 기행문은 이러한 인생의 여행에 있어서 네비게이션입니다. 내가 가 보고 싶은 곳을 미리 알 수 있는 안내서가 되기도 합니다.

〈이병원 교수의 인도 네팔 스리랑카 여행 스케치〉는 서남아시아 주요 3개국인 인도, 네팔, 스리랑카의 곳곳을 돌며 여행한 기록들이 자세히 서술되어 있습니다. 뿐만 아니라 그 나라들 속에 스며 있는 문화를 잘 소개하고 있습니다. 문화를 알면 그들의 심성과 내면의 세계를 알 수 있고 인생 또한 엿볼 수 있습니다.

네팔인들은 윤회관이 있고 그래서 죽음의 세계가 멀리 있다고 생각하지 않습니다. 그런 생각이 현실로 나타난 것이 바로 강과 화장터입니다.

바그마티 강은 먼 인도에서도 순례를 올 정도로 힌두교도들에게는 아주 영험 있는 강으로 인정받고 있어요. 바그마티 강에 흐르는 물은 많지 않아서 수질이 좋지 않아요. 바그마티 강은 강변에 있는 화장터로 유명합니다.

바그마티 강변의 화장터는 6개가 있는데, 1년 365일 내내 시신을 태우다 보니 항상 매캐한 연기 냄새가 진동합니다.

- 본문 중에서

타자의 내면은 내 삶에도 귀한 자료가 됩니다.

내가 네팔 사람들과 삶을 같이 한 것은 20년이 넘습니다. 그러나 아직 네팔 사람들의 속을 잘 알지 못합니다. 본시 네팔 사람 스스로가 자신들의 문화나 습성을 가리켜 양파껍질이라고 하였습니다. 알고 나면 또 다른 속이 더 있고, 똑 그것을 알고 나면 또 다른 면이 있고…… 하는 식으로 무한 반복하는 양파껍질과도 같습니다.

며칠 동안의 여행으로 네팔을 다 알 수 없지만, 이 책에서 안내하는 글은 네팔인들을 알아내고 이해하고 융화하는 데 실로 큰 도움이 됩니다.

네팔이라는 나라의 주 수입원이 관광 산업이라는 사실만으로도 얼마나 많은 볼거리가 있는지 모릅니다. 그 유명한 안나푸르나, 포카라의 페와 달, 어느 집 옥상에선가 동트기 전에 보았던 온통 황금빛 히말(여기서 '히말'은 1년 내내 만년설이 있어서 늘 흰색을 띠는 산을 말합니다), 그리고 그 황금빛 주위로 몰려드는 하늘 구름의 웅장함…….

인도와 네팔, 스리랑카를 누비며 쓴 이 기행문은 여행의 진수를 보여 주는 좋은 본보기라는 점에 의문의 여지가 없습니다. 직접 여행을 계획하고 계신 분이라면 꼭 일독하기를 추천하는 것은 물론이려니와 여행 계획이 없는 분이라도 눈을 넓히고 마음 밭을 비옥하게 하는 기회가 될 것이라고 확신합니다.

추천사

박신배
(전 KC대학교 총장, 현 구약학 교수)

여행은 자신을 찾아 떠나는 선물이다. 이병원 교수의 여행 이야기는 그러한 자신의 본질과 내면의 세계를 찾을 수 있도록 한다. 재미있고 유익하며 해박한 지식을 담고 있어서 여행의 지혜를 얻고 저절로 용기를 가지게 하여 여행의 세계에 빠져들게 한다.

한국 사람들이 많이 찾는 여행지인 인도는 이제 이 <이병원 교수의 인도, 네팔, 스리랑카 여행 스케치>가 새로운 안내서이자 교과서가 될 것이다. 포스트 팬데믹 시대 세계의 중심이 어디가 될지를 이 책에서 알게 될 것이다. 그래서 그는 전염병의 여운이 채 가시지 않았는데도 불구하고 위험을 아랑곳하지 않고 선구자처럼 인간 정신의 원형元型, 인류의 원형原形지를 찾아서 포스트 팬데믹 시대를 여는 여행 작업을 한다. 그래서 우리는 여기서 생존과 역경을 넘는 지혜와 영감을 얻을 것이다.

이번 이병원 교수의 여행기는 마르코 폴로의 <동방견문록>에 비근한 여행 이야기라고 말할 수 있다. 마르코 폴로의 여행기가 1271-1295년에 행한 것으로서 13, 14세기의 이란, 중앙아시아, 몽골의 역사와 지지地誌, 민속 등의 귀한 자료를 제공하고 있는 것처럼, 이 여행기는 인도를 여행하는 사람들에게 인도의 역사와 문화, 풍속에 대한 자료를 제공한다. 또한 청나라를 다녀와서 기록한 견문록인 박지원의 〈열하일기〉처럼 인도와 네팔, 스리랑카에 대한 해박한 정치, 문화, 역사, 종교 등에 대하여 살펴볼 수 있다.

이병원 교수는 박사 학위를 4개 이상(관광학, 부동산학, 신학, 호텔 경영학, 회계학)이나 가지고 있는 박식한 학자로서 그의 여행 스케치에는 해박한 역사 이야기가 담겨 있어서 여행하는 동안 인도의 문화와 역사에 대한 재미있는 이야기를 듣게 된다. 또한 인류 문화사적인 관점에서 인도, 네팔, 스리랑카의 문화에 대한 이해와 더불어 힌두교, 불교, 회교(이스람교)의 종교 문화에 대한 이야기도 듣게 된다. 인도의 유명한 유적지와 더불어 그의 해설과 설명을 따라가다 보면 어느덧 자신이 여행하는 착각에 빠질 때가 많다.

이 교수의 여행기는 김찬삼 세계 여행가의 후계자로서 오늘의 세계 여행 탐방기의 묘미를 느끼게 한다. 자신의 삶의 자리에서 훌쩍 떠나 인간의 본질과 자유를 찾는 여행을 우리도 하게 한다.

저자는 북인도의 자이푸르 암베르 성, 아그라 타지마할, 카주라호, 바라나시, 쿠트브 미나르, 올드 델리의 레드 포트, 그리고 네팔의 카트만두, 포카라, 페와 호수, 치트완 공원, 스와얌부나트 사원, 파탄, 파슈파티나트 사원, 박타푸르 등의 여행을 돌아보면서 부처와 사원, 아시아의 젖줄이자 사상의 뿌리를 만나게 한다.

이 여행기 3부와 4부에서 저자는 남인도와 스리랑카를 돌아보며 성 토마스 교회, 게이트 웨이 오브 인디아, 타지마할 호텔, 뭄바이, 고아, 마이소르 왕국, 코친, 바르깔라 등으로 이동하면서 콜럼버스와 바스쿠 다 가마, 도마의 시리아 교회 등을 살피며 인도 복음화의 유적지를 소개한다. 또한 인도의 깐냐꾸마리, 마두라이 간디 박물관, 미낙시 사원, 폰디체리, 마말라뿌람, 크리슈나 버터볼, 첸나이 도마의 무덤 위에 세워진 성 토마스 바실리카 교회를 찾는 여행을 한다. 이는 인도의 빛이 어디서 비춰오고 있는지 시사하며 인도 대륙의 심장이 어느 지역에 있는지를 보여준다. 이 핵심지인 인도의 남부에서 비롯된 인도 희망의 빛이 인도 대륙의 땅끝 스리랑카를 선교지로 이어지게 하며, 인도의 중부 지역(함께)은 여행을 다녀왔음에도 불구하고 다음에 소개할 정도로 인도 여행의 묘미를 먼저 소개한다.

　인도 여행의 발자취와 그의 소망의 발걸음은 카스트 제도의 벽을 넘어서 복음의 빛이 이곳에 퍼지기를 바란다. 그래서 그는 아누라다푸라의 스투파, 루완웰리세야 스투파, 바르하야기리 스투파, 폴론나루와 쿼드랭글, 갈 비하라, 담불라 황금사원, 사자바위 시기리야, 피두랑갈라, 실론티, 캔디의 불치사, 갈레, 콜롬보, 코갈라 해변 등을 소개하며 스리랑카의 현재 정치사를 언급하며 여행기를 마친다.

　그의 여행기를 읽어 가다 보면 유머와 재치, 해학으로 엮어진 이야기에 빠져서 읽고 또 읽고 싶어지며 실제 그 지역으로 여행하고자 하는 호기심과 열정을 불러일으킨다. 정치와 역사, 경제와 호텔, 건축과 미술, 세계사와 문명사, 종교와 인간 심리, 사랑과 영화, 예술 등의 폭넓은 터치를 하는 이야기는 타의 추종을 불허한 여행기이다. 이 책을 보는 독자는 반드시 인도 대륙, 네팔과 스리랑카로 향하는 비행기 표를 예약하게 될 것이다.

이 책의 일독을 추천하면서 신비의 나라 인도와 인도 대륙을 여행하고자 하는 여행객들에게는 필독서가 될 것이라고 예상한다. 이 책은 서고에 두고 자주 꺼내 보면서 인간과 여행, 자유와 인간 본성에 대하여 연구하며 인간의 본질을 찾아 떠나는 여행을 동시에 할 수 있는 명저가 되리라고 기대하여 적극 추천한다.

2023년 7월 7일
봉화산 기슭 서재에서 박신배

추천사

Georgia Central University 총장
Paul C. Kim

    우리 Georgia Central University의 석좌교수이신 이병원 교수님께서 <이병원 교수의 아프리카 여행 스케치>를 출간한 지 벌써 3년이 지났군요. 다시 <이병원 교수의 인도, 네팔, 스리랑카 여행 스케치>를 출간함에 응원의 박수를 보냅니다.

    아프리카 케냐에 Georgia Central University의 분교가 있어서 저는 매 학기마다 입학식과 졸업식 그리고 수업을 위해 아프리카를 자주 방문하며 아프리카에 대해서는 비교적 친숙했습니다. 그런데 전작인 <이병원 교수의 아프리카 여행 스케치>를 통해 제가 가 보지 못한 아프리카의 많은 나라들에 대하여 더 깊이 알게 되었고 아프리카에 대한 선교의 열정이 더 솟아남을 느꼈습니다.

    이병원 교수님께서 카카오톡을 통해서 북인도, 네팔, 남인도, 스리랑카의 여러 나라를 다니면서 전하는 생생한 그 나라들의 소식을 주의 깊게 읽고 재미난 대목에선 혼자 웃은 기억이 납니다. 그래서 이번 여행기 또한 한 권의 책으로 엮어 나온다면 좋겠다고 생각했는데 현실이 되어 출간을 목전에 두고 있습니다. 분명 <이병원 교수의 인도, 네팔, 스리랑카 여행

스케치〉 또한 독자들의 호응이 있으리라 확신합니다.

　이 글을 읽고 있다 보면 저 자신이 이 교수님과 함께 인도, 네팔, 스리랑카의 각 지역을 함께 여행하고 있다는 느낌이 듭니다. 저 또한 인도, 네팔, 스리랑카를 방문한 적은 있지만 선교나 분교 설치에 대하여 진지하게 생각해 보지는 못했습니다. 하지만 〈이병원 교수의 인도, 네팔, 스리랑카 여행 스케치〉를 읽으며 기회가 되면 이 나라들에 대한 선교와 분교 설치에 대한 비전을 가져 봅니다. 아울러 현지 사람들의 마음을 가족처럼 때로는 스승처럼 돌보는 이병원 교수님의 마음에서 하나님과 예수님의 마음을 읽을 수가 있었습니다. 아마 이병원 교수님이 경희대학교 글로벌교회의 담임목사로서 목회 생활도 병행하기 때문에 선교 마인드를 가지고 북인도, 네팔, 남인도, 스리랑카 사람들을 만나며 교제를 하는 것 같습니다.

　일반적으로 인도, 네팔, 스리랑카를 황량하고 가난한 나라라고 생각하고 있지만, 이병원 교수님의 글에서 보듯이 인도, 네팔, 스리랑카가 먼 나라가 아닌 바로 우리 이웃이라는 생각을 가지게 합니다. 이 세 나라를 여러 차례 방문하면서도 전혀 고달프고 피곤하기보다는 항상 호기심을 갖고 현지 사람들을 비롯한 역사와 문화 환경 그리고 그들이 더 잘 살 수 있는 방안을 모색하는 모습에서 〈이병원 교수의 아프리카 여행 스케치〉뿐만 아니라 북인도, 네팔, 남인도, 스리랑카에도 꼭 필요한 사람이라는 생각을 가지게 합니다.

　〈이병원 교수의 인도, 네팔, 스리랑카 여행 스케치〉는 독자 여러분들에게 이 나라들에 더 가까이 가게 하고, 그곳 사람들과 더 친숙하게 할 가교 역할을 할 것이라고 기대합니다.

추천사

원정하
(선교사)

인도를 위한 좋은 여행기가 참 아쉽습니다.

아쉬운 정도에서 그치면 그나마 다행이라는 듯, 가끔은 모험담에 가까운 여행기들로 인해 현지에서 절대로 하지 말아야 할 위험한 행동을 부추기기도 합니다. 또는 한두 주 인도를 일주한 후 엄청난 영적 세계를 깨달은 것처럼 써 놓은 에세이집들이 현지에서 수년 수십 년을 살아온 유학생과 교민, 선교사들을 배꼽 잡게 하기도 합니다.

그러나 교수님의 여행기는 마치 여행안내서 같은 실질적인 정보들을 나누시면서도, 방문객만이 누릴 수 있는 현장의 공기도 결코 놓치지 않습니다. 글 곳곳에 유머와 재치가 넘치면서도, 깊은 학문성과 넓은 경험이 곳곳에 녹아 있어 결코 가볍게 느껴지지 않습니다.

한국 최고의 관광학 교수님으로서 쌓아오신 내공, 그리고 전 세계에서 온 유학생 제자들과 캠퍼스 생활 중에 축적하신 국제 경험 덕분이겠지요. 이렇게 재미있고 유익한 여행기는 흔히 찾아볼 수 없다고 생각합니다. 여행을 가는 대신 이 책을 읽으셔도 재미있겠지만, 이 책을 소지하고 여행을 떠나셔도 상당한 도움이 되리라 생각합니다.

뭄바이에서 11년간 사역해 온 선교사로서 존경하는 이병원 교수님께 잠시나마 사랑하는 도시 곳곳을 안내해 드리며 다녀볼 수 있었던 것은 큰 기쁨이었습니다. 그리고 몇 페이지로나마 그 이야기들이 저서에 담긴 것도 영광입니다.

아직도 신비가 남아 있는 땅 서남아시아! 함께 떠나 보실까요?

다음 페이지를 열면 여행이 시작됩니다.

목차

머리말 _ 2
추천사 _ 4

01 북인도

북인도와 네팔을 향해 _ 20
인도, 그곳은? _ 22
인도의 이모저모 _ 25
자이푸르 가는 길 _ 29
자이푸르 _ 33
자이푸르 시티 팰리스 _ 38
아그라 타지마할 입장권 구입 _ 41
타지마할을 품은 아그라 _ 44
드디어 눈앞에 맞이한 타지마할 _ 47
타지마할에 얽힌 순애보 _ 50
아그라 요새 _ 53
카주라호 _ 55
카주라호의 풍경 _ 60
바라나시 행 야간열차 _ 64
바라나시와 갠지스 강 _ 68
바라나시의 이모저모 _ 71
갠지스 강에서 배를 타다 _ 74
쿠트브 미나르 _ 77

후마윤의 묘 _ 80
올드 델리의 레드 포트 _ 85
레드 포트의 역사 _ 88

02 네팔

북인도의 뉴델리에서 네팔의 카트만두로 _ 94
네팔 그리고 카트만두 _ 99
카트만두에서 포카라로 _ 104
오스트레일리안 캠프 트래킹 _ 109
페와 호수 _ 115
치트완 국립공원 _ 120
치트완 국립공원과 카트만두 스와얌부나트 사원 _ 125
카트만두의 파탄 _ 130
파슈파티나트 사원 _ 136
박타푸르 _ 141

03 남인도

남인도, 스리랑카 26일간의 여정을 시작하며 _ 150
인도 최초의 영국 성공회 성 토마스 교회에서 성탄절 예배를 _ 152
게이트웨이 오브 인디아와 타지마할 호텔 _ 156
뭄바이의 이런 모습 저런 모습 _ 160
뭄바이에서 고아로 _ 163
마이소르 왕국의 어제와 오늘 _ 167
마이소르에서 코친으로 _ 171
코친의 역사 _ 174
코친 시내의 이모저모 _ 177
코친에 유대인 회당과 정화 제독의 흔적이 _ 182
코친에서 <별에서 온 그대>의 별세계로 가다 _ 185
도마가 코친에 세운 시리아 교회 _ 189
코친에서 바르깔라로 _ 192
바르깔라 파파나샴 해변 마을 밤거리 추억과 카필포지 호수 _ 196
인도의 땅끝마을 깐냐꾸마리 _ 200
깐냐꾸마리의 이모저모 _ 204
마두라이 간디 박물관과 코끼리 언덕 _ 208
마두라이의 랜드마크 미낙시 사원 _ 212
미낙시와 순다레스와라의 로맨스 _ 216
마두라이를 떠나 폰디체리 오로빌로 _ 220
폰디체리의 이모저모 _ 225
마말라뿌람의 아르주나의 고행 _ 229
신들의 공기놀이용 크리슈나의 버터볼 _ 232

첸나이 도마의 무덤 위에 세워진 성 토마스 바실리카교회 _ 237
인도 더 알기 _ 242

04 스리랑카

아누라다푸라의 보리수나무와 스투파 _ 250
아누라다푸라의 루완웰리세야 스투파 _ 255
스리랑카 대승불교의 흔적을 가진 아브하야기리 스투파 _ 259
폴론나루와 박물관과 쿼드랭글 _ 263
폴론나루와의 랜드마크 갈 비하라 _ 268
바위 동굴의 담불라 황금사원 _ 273
사자바위 시기리야 _ 278
시기리야 박물관과 사자바위 중턱에서 _ 282
시기리야 정상의 왕궁 _ 287
사자바위 시기리야 건너편 피두랑갈라 _ 292
스리랑카의 실론티 _ 296
캔디의 불치사 _ 300
코끼리 고아원과 갈레의 고래 구경 _ 305
갈레의 이모저모 _ 310
인도양의 보석 스리랑카의 수도 콜롬보 _ 315
코갈라 해변의 추억과 아듀, 스리랑카! _ 320

1부

북인도
North India

북인도와 네팔을 향해

안녕하세요? 나마스떼! 이병원입니다.

인도, 네팔, 스리랑카 여행을 시작하며, 인도가 워낙 큰 나라이다 보니 인도를 북인도와 남인도로 나누었어요. 그래서 먼저 북인도와 네팔 여행을 스케치한 다음에 남인도와 스리랑카 여행을 스케치하고자 합니다. 이제 미지의 인도 북부와 네팔을 향해 떠납니다.

세계 인구 1위의 나라 인도Republic of India. 인도 문명의 기원은 기원전 2,500년경 인더스 문명에서 기원합니다. 그러나 기원전 1500년~1200년경 이란 고원을 넘어 인도로 침입한 아리아인에 의해 인더스 문명은 파괴되었어요. 아리아인은 갠지스 강 유역에 정착하여 도시를 건설했고, 12시간 정도 뒤면 제가 도착할 델리 인근을 중심으로 세력을 형성해 나갔어요. 바로 이 시기에 아리아인의 베다 신앙에서 힌두교가 파생되어 나왔고, 한글 창제에 큰 도움을 준 산스크리트 어가 발전하여 2,000여 년 동안 인도의 국어로 사용되었어요.

인도하면 무엇이 생각나나요? 인구가 많다. 복잡하다. 엄청 큰 나라다. 위생이 걱정된다. 계급사회다. IT가 발전된 나라다. 수학을 잘한다. 요가를 많이 한다. 긍정적인 면도 많지만, 부정적인 면 또한 무시하지 못할 만큼 많아요. 그럼에도 불구하고 제가 인도를 찾는 이유는 무엇일까요? 인도가 저에게는 엄청나게 매력적인 나라이기 때문이랍니다. 거리에 나가면 차들이 빵빵 거리고 먼지가 풀썩풀썩 나지만 나름대로의 질서가 있어서 교통사고를 거의 본 적이 없어요.

여러분도 인도에 가고 싶으신가요? 지금 바로 가세요. 간단합니다. 밖으로 나가서서 차도가 아닌 길을 걸으시면 거기가 바로 인도랍니다. 😀

에베레스트를 이고 있는 네팔Nepal은 1768년 12월 21일 영국으로부터 독립했으나 1847년 이후에야 국가의 모습을 갖추게 되었어요. 그동안 네팔은 영국과의 식민지 전쟁에서 패하여 독립 당시의 많은 땅을 영국의 식민지로 인정해야 했어요. 이때부터 네팔의 국기가 처음 사용되기도 했어요.

북인도와 네팔을 누비는 자의 여정은 일단 델리Delhi로 가서 자이푸르Jaipur, 아그라Agra, 카주라호Khajuraho, 바라나시Varanasi에서 다시 델리로 돌아와서 네팔의 카트만두Kathmandu 행 비행기에 오릅니다.

네팔에서의 여정은 카트만두, 포카라Pokhara, 담푸스Dhampus, 오스트레일리안 캠프Australian Camp, 까레Khare를 거쳐 치트완 국립공원Chitwan National Park까지 갔다가 다시 카트만두로 돌아와 인천 행 비행기에 몸을 싣는 것입니다.

이제 매력이 넘치는 그곳으로 떠나 볼까요!

인도, 그곳은?

　인천공항에서 에어 인디아 항공에 올랐어요. 이륙한 지 한 시간 정도 지나니 음료수에 이어 식사가 나왔어요. 베지테리언이냐고 승무원이 묻길래 아니라고 했더니, 치킨 카레 같은 음식을 주었어요. 안남미 밥에 치킨 카레는 입맛에 맞지 않았어요.

　최근 핀란드에 갈 때는 핀에어를 이용했고, 발칸반도에 갈 때에는 터키항공을 이용했어요. 인천에서 출발한 비행기라서 기내식은 대체로 김치가 포함된 한식과 유사한 음식이 나왔는데 에어 인디아는 완전 인도식 음식이 나와서 조금밖에 먹지 못했어요.

　근데 포크와 나이프가 나무로 되어 있어요. 핀에어는 나무가 너무 많은 핀란드이기에 나무 포크와 스푼이 이해가 되었는데, 에어 인디아는 왜 나무로 된 포크와 나이프를 주는지 헷갈립니다. '헷갈리다'를 일본말로는 아리까리, 불어로는 알송달송, 독일어로는 애매모호, 중국어로는 갸우뚱, 아프리카말로는 깅가밍가라고 한다지요. 😊

기내식 나무 스푼

　남인도와 스리랑카에 갈 때에는 음식이 괜찮았는데 무슨 항공이었는지는 기억이 나지 않네요. 일반적으로 남인도보다 북인도가 더 거칠고 힘들다는 건 이미 알고 있었기에 마음의 준비를 단단히 하고 왔는데, 아직 인도에 도착하지도 않았건만 기내식에서 이미 북인도의 신고식을 차른 기분입니다.

인도는 반도 국가 중에서 면적이 가장 넓고 인구도 세계에서 제일 많은 큼직하고도 다채로운 나라입니다. 언어만 해도 2,138개나 된다니 어마어마한 나라죠. 인종 또한 북인도의 아리아인과 남인도의 드라비다인만 있는 게 아니라 북동지방의 소수민족인 몽골로이드, 나갈랜드의 중국 티벳어족이 있고, 심지어는 흑인도 있어요. 이 민족들이 모두 원주민입니다. 경제 규모를 보면 명목 GDP가 세계 6위, 구매력 평가 기준 GDP가 세계 3위이죠. 면적은 남한의 33배로 세계 7위랍니다.

한국과 시차는 3시간 30분 늦어서 제가 세 시간 반 정도 젊어졌어요. 인도인의 시간관념은 우리와 달라요. 예정된 시간에 떠나지 않는 기차, "1분만"이라고 해 놓고선 1~2시간 뒤에 나타나는 사람들도 있어요. 한국의 길거리에서는 무엇이 그리 바쁜지 놀란 토끼마냥 총총걸음을 걷거나 뛰는 사람이 있는데 여기는 완전 완행에 느긋합니다. 특히 기차를 탈 때 연착이 되더라도 연착 이유를 알 수 없어요. 기차역에 그 이유를 아는 사람이 없나 봅니다. 심지어 비행기 출발 시간 30분을 남겨 놓고도 항공권이 취소되는 경우마저 있답니다. 화를 내거나 짜증을 부릴라치면 오히려 이상한 취급을 받아요. 저도 인도에 왔으니 인도식 시간 개념으로 재미있는 여행을 해 볼까 합니다. 완전 인도주의로 말이죠. 😊

상점이나 길거리에서 특별한 가격이라고 흥정을 걸어오는 경우들도 종종 있어요. 이럴 때면 저는 특별하지 않기에 특별한 가격이 필요 없다며 웃어넘깁니다. 이러한 흥정은 즐기면서 다녀야 스트레스를 덜 받아요. 두 번째의 인도 방문이라 긴장은 덜 되지만, 3년 전 인도 여행의 기억이 새록새록 살아나서 좀 부정적인 말들을 했네요. 그러나 인도는 분명히 매력적인 나라라서 코로나가 완전히 끝나지 않았는데도 다시 찾은 것 아닙니까? 앞으로의 여정을 기대해 주셔도 좋습니다.

인도의 이모저모

　이번 여행 중 북인도에서의 도시 간 이동 수단은 주로 기차와 비행기를, 네팔에서는 버스를 이용할 예정입니다. 인도의 기차는 종류가 다양합니다. 델리공항에 도착해서 호텔에 짐을 풀고 잠시 눈을 붙인 후 새벽 6시 열차로 자이푸르로 향했어요. 델리는 일단 자이푸르, 아그라, 카주라호 그리고 바라나시를 본 후 다시 델리로 돌아와서 네팔로 떠나기 전에 둘러볼 예정입니다.

　역시 델리 시내는 붐빕니다. 포장되지 않은 골목길은 릭샤rickshaw나 차량, 사람들로 복작거립니다.

　인도에 왔으니 일단 인도 돈으로 바꾸어야 하지요. 인도 돈은 루피rupee; INR라고 해요. 제가 환율이 1,050원일 때 바꾸어 놓은 달러로 100달러를 주니 8,300루피를 주네요. 환율이 1,500원 가까이 갔다가 1,200원대로 떨어졌지만 저는 여전히 환율 덕을 보고 있어요. 또 인도 루피도 최근에 30% 정도 평가절하되어 저는 꿩 먹고 알 먹기입니다. 환율이 1,300원으로 대충 계산하면 1루피 당 15원 정도 됩니다. 이 15원의 척도로 식비, 교통비, 입장료 등을 계산하여 인도의 물가를 가늠해 보고자 합니다.

　인도는 2016년에 화폐개혁을 하여 구권 500루피와 1000루피를 사용할 수 없고, 최고 고액권이 2,000루피짜리입니다. 2,000루피이면 3만 원 정도 됩니다. 2,000루피짜리는 시장에서 잘 받지 않는다고 하는데 환전상은 100달러에 2,000루피 4장과 100루피 세 장을 주네요.

드디어 인도 돈으로 바꾸었으니 우선 물부터 샀어요. 인도의 물은 석회질이 많아서 치아와 머리카락에 치명적일 수 있어서 어떤 생수를 마셔야 할지 고민이었어요.

인도의 생수는 코카콜라 회사에서 만드는 킨리^{KINLEY}가 가장 믿음이 가고, 그 다음이 비슬러리^{Bisleri}, 다음은 펩시콜라에서 만드는 아쿠아피나^{Aquafina} 정도가 좋아요. 물론 가격 차이도 조금 있어요. 호텔 옆 약국 비슷한 마트에서 비슬러리 두 병에 40루피를 주었어요. 40에 15를 곱하면 600원이니 아주 싼 편인데, 인도 사람에게는 싸지 않을 수도 있어요.

인도도 그동안의 코로나로 경기가 침체되고, 관광객들을 상대로 활발했던 영업들이 멈추었다가 이제 서서히 기지개를 켜고 있어요. 특히 관광객들을 상대로 소매치기하던 분들의 눈초리를 호텔 앞 골목길에서도 느낄 수 있었어요. 코로나는 소매치기에게도 치명적이었어요. 소위 영업을 3년간 하지 못했지요. 마트에서 물 값을 계산하느라 지갑을 열고 돈을 꺼내는 순간……, 아무 일도 없었어요. 😊 동행한 분의 말에 의하면 서너 명의 청년들이 제 지갑을 뚫어지게 바라보며 호심탐탐 노렸답니다. 가슴을 쓸어내리며 호텔로 돌아와 달러와 루피를 분리해서 보관하기로 했어요.

혹시 누군가가 물을 주더라도 뚜껑이 이미 따진 것은 아닌지 확인해야 합니다. 또 길거리에는 부랑자들이 많아요. 인도 전체에 2억 명이 넘는 부랑자들이 있답니다. 북인도의 날씨는 겨울에도 영하로 내려가지는 않지만, 영상 5도만 되어도 길거리에서 동사하는 사람들이 많아요.

델리 시내는 매캐한 냄새와 스모그가 낍니다. 아마 쓰레기를 많이 태워서 그런 것 같아요. 중국에서 갑자기 코로나를 해제하니 그 파급 효과가 인도에까지 미치네요. 다행히도 제가 인도에 들어온 다음 날부터 한국에서 들어온 항공기 승객을 무작위로 추출하여 코로나 검사를 한답니다. 😐 인도에서 동양인은 무조건 중국인으로 봅니다. 그만큼 중국 사람들이 인도에 많다는 증거이기도 합니다. 동양인을 코로나라고 조롱하는 사람들도 있어요.

  인도 사람들은 코로나에 크게 민감하지 않고, 자기와 직접적인 관계가 없으면 일반적으로 무관심합니다. 인도 사람들이 코로나에 무관심한 것은 평소에 개나 코브라에 물려 죽는 사람이 1년에 몇 만 명이나 되니 코로나 사망자도 그런 부류로 취급한답니다.

  델리의 거리에는 소, 릭샤, 달구지, 벤츠, BMW가 섞여 달립니다. 인도에는 자동차 회사가 7개나 되지만 2개 정도의 회사만이 괜찮아요. 외국계 자동차 회사들도 많이 진출해 있어요. 한국의 현대자동차도 그중 한 회사입니다. 길거리에서 현대와 기아차인 베뉴, 셀토스, i20 등을 쉽게 볼 수 있어요.

릭샤

  델리 시내에 웅장한 7성급 타지Taj호텔과 쉐라톤호텔이 눈에 확 들어옵니다. 타지호텔이 더 웅장하고 화려한데, 고 노무현 대통령이 델리에 왔을 때 쉐라톤호텔에 묵었답니다. 돈을 아끼려고 한 것이 아니라 이전에 미국 클린턴 대통령이 이 호텔을 이용했기에 보안 측면에서 쉐라톤호텔을 택했어요. <호텔 뭄바이>라는 영화를 보면 뭄바이Mumbai의 타지마할Taj Mahal호텔에서 벌어진 시크교도들의 테러 실화를 다루었는데, 바로 그 호텔이 뭄바이의 타지마할호텔이었어요.

타지마할호텔은 한국의 삼성과 비견되는 인도의 타타그룹TATA Group이 운영하는 인도 최상급 호텔입니다. 인도 사람들에게 타타그룹은 한국에서의 삼성보다 더 존경을 받습니다. 테러에 희생된 분들의 후손은 자동적으로 타타그룹에 입사가 되고 학비는 물론 유학비까지 100% 지원합니다. 유학 후에 타타그룹에 입사도 보장됩니다. 이렇게 하니 타타그룹이 인도 국민의 신뢰를 받을 수밖에 없지요.

제가 뭄바이를 방문했을 때 타지마할호텔의 카페에 들러 홍차를 마신 기억이 납니다. 테러 영화에도 나왔던 서비스 맨은 노인이 되었지만 당시도 서빙을 했어요.

인도의 스타벅스도 타타그룹이 운영하고 있어요. 한국 대우자동차의 상용차 부문을 타타그룹이 인수해 '타타대우상용차'로 운영되고 있지요. 타타그룹이 호텔업에 발을 들여놓은 계기는 독특합니다. 창업자인 타타가 어느 날 영국의 한 호텔에서 '개와 인도인은 호텔에 입장할 수 없다'는 경고문과 함께 쫓겨났어요. 복수를 위해 인도 최고의 호텔을 만들었고, 그를 문전박대했던 그 호텔도 사버렸답니다. 아무튼 타타그룹은 대단합니다.

자이푸르 가는 길

　델리에서의 첫째 날은 시차 때문인지 새벽 3시에 잠에서 깼어요. 새벽 6시 자이푸르 행 기차를 타려면 5시에는 출발해야 합니다. 시간적 여유를 가지고 호텔에서 걸어 델리역으로 갔어요.

　새벽이지만 길거리에는 제법 사람들이 많아요. 델리역의 조명은 밝지 않았어요. 전광판에 제가 타야 할 기차를 확인하니 카주라호 행 열차 19666호가 6시 30분에 1번 홈에서 출발한다는 안내문을 보고 1번 홈으로 갔어요.

　기차역 광장과 모퉁이 군데군데에 모포를 뒤집어쓰고 자는 노숙자가 꽤 많습니다. 10번 홈으로 가려면 고가 횡단보도의 계단을 오르내려야 합니다. 일행 중 한 분의 짐이 무거워 주춤하는 사이에 중년의 건장한 인도 사람이 아무렇지 않게 어깨 위로 들어올려 지고는 따라옵니다. 오르고 내리고 1번 홈에 도착해서 2달러를 주었는데 달러는 필요 없다고 하네요. 200루피를 달라고 합니다. 사전에 흥정을 했었어야 했는데 경황이 없어서 팁으로 50루피를 주고 열차에 올랐어요. 만족은 아니지만 실망은 아니라는 표정이 읽혀집니다.

기차 플랫폼

　열차는 낡았지만 인도에서

는 상급 열차입니다. 한국의 새마을호 열차와 비슷합니다. 일단 짐 가방을 선반 위에 올려놓고 자리에 앉았어요. 19666열차 B4칸의 54번에 앉아서 4시간 반 정도를 달려야 자이푸르Jaipur에 도착할 예정입니다. 차창 밖으로 보이는 풍경은 가난한 시골마을을 연상케 합니다. 철로 변은 쓰레기가 방치되어 있고, 가끔 소가 쓰레기 사이에 돋아난 풀을 뜯고 있어요. 철로와 일정 간격을 두고 단층의 벽돌집과 서성이는 주민들이 보입니다.

도심을 벗어나니 초원이 펼쳐지고 시야가 깨끗해집니다. 초원의 중간 중간에는 버드나무처럼 생긴 키가 큰 나무들이 나타나더니 갑자기 제주도의 유채밭처럼 노란 세상이 펼쳐집니다. 이 노란색의 꽃은 유채가 아니라 겨자랍니다. 겨자의 꽃과 줄기 그리고 잎이 유채와 거의 비슷합니다. 겨자밭이 10분 정도 계속 이어집니다. 겨자가 향신료의 원료가 되는 것 같아요. 겨자의 생산량이 어마어마할 것 같아요. 제가 동양대학교에서 학생들을 가르칠 때 일본에서 공부한 고 교수님이 일본에서 자생하는 겨자를 갖고 와서 시험재배를 했으나 계속 성공하지 못했고 울릉도에서는 겨자의 재배가 가능하다는 것을 들은 기억이 납니다.

기차 승무원이 작은 유리잔의 주스를 주네요. 달콤합니다. 1시간쯤 달리니 이번에는 승무원이 도시락을 줍니다. 도시락을 열어 보니 식빵 두 조각에 케첩, 버터 그리고 오믈렛에 삶은 그린 빈과 당근과 망고주스가 있어요. 일단 먹어보니 큰 맛은 없지만 먹을 만합니다. 망고주스 팩에 스트로를 찔러 빨아먹으니 훌륭한 디저트가 되네요.

왜 디저트라고 할까요? 뒤에 먹으니 디저트죠. 그러면 앞에 먹는 음식은 무엇일까요? 아페타이저입니다. 세종대왕께서 이미 영어를 관통하신 것 같아요. 😊 이렇게 먹는 이야기를 하면 저는 기분이 좋아집니다.

앞에서부터 기차표 검사를 합니다. 제복을 입은 승무원이 근엄하게 한 사람씩 표를 검사합니다. 요즘 한국에서는 흔치 않은 광경이죠. 저는 최근 표 검사에 걸린 적이 있어요. 왕십리역에서 경의선을

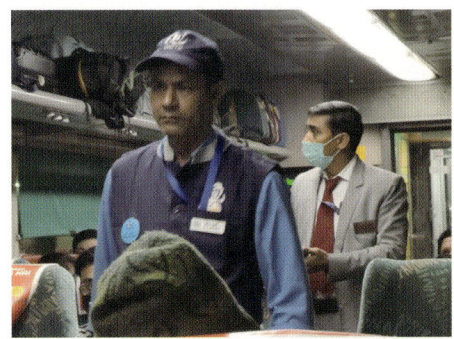

근엄한 표정의 승무원

타고 회기역에 내려야 하는데 이 열차가 청량리역에서는 잘만 정차하더니 회기역은 통과하는 것입니다. 갑자기 급당황입니다. 상봉이나 망우역에 설 것으로 기대했는데 이 역들도 통과하고 바로 평내호평역에 정차한답니다. 약 30분을 더 가야 내릴 수 있어요. 그 순간에 검표원이 나타나 표를 보잡니다. 사정을 말하니 4,500원을 내랍니다. 카드로 계산하고 나니 기분이 찝찝했어요. 인도에 와서 검표원을 보니 벌금 4,500원과 시간을 낭비한 기억이 새록새록 떠오릅니다.

열차는 드디어 자이푸르역에 도착했어요. 자이푸르역도 델리역과 비슷하게 역의 시설이 많이 낡았어요. 울퉁불퉁한 길을 따라 나가니 릭샤꾼들이 몰려옵니다. 호텔 파크오션으로 가자고 하니 200루피를 달라고 합니다. 릭샤에 짐을 싣고 먼지 폴폴 나는 복잡한 길을 릭샤는 잘도 달립니다. 인도는 바로 이 맛입니다. 빵빵거리는 복잡한 도로에 이리저리로 달리는 릭샤에서 느끼는 이상야릇한 기분이 바로 인도에서 느낄 수 있는 감흥입니다. 한 30분을 달려 호텔에 도착하여 짐을 풀고 민생고를 해결하고 또

릭샤를 타고 암베르 성으로 향했어요. 참! 릭샤는 바퀴가 세 개 달린 오토바이에 세 명 정도 탈 수 있도록 한 인도의 대중적인 교통수단입니다.

자이푸르

자이푸르는 인도 라자스탄 주의 주도입니다. 인도 사람들은 자이뿌르라고 발음하네요. 자이푸르 시보다 상위의 자이푸르 현이 있는데 자이푸르 시는 인구가 300만 명이 넘고, 자아르 현의 인구는 600만 명이 넘습니다. 인도에서 인구로 10위의 도시입니다.

자이푸르의 별명은 핑크 시티입니다. 블루시티라 불리는 조드푸르와 서로 경쟁을 하고 있답니다.

자이푸르는 인도의 여러 도시 중에서 상공업의 중심로서, 1728년부터 암베르Amber의 통치자인 사와이 라자 자이싱 2세Sawai Raja Jai Singh II(1688~1743)가 계획도시로 기획했어요. 전체 모양을 사각형으로 하고 거리는 온통 분홍색으로 꾸몄지요. 그래서 자이푸르를 분홍도시 혹은 핑크 시티라고 부릅니다. 이 도시는 라자 자이싱이 고대 힌두교, 무굴제국Mughal Empire 그리고 오늘날 서양의 아이디어를 가미하여 건설했는데, 당시 유행을 선도하는 역할을 했어요.

자이푸르에는 36가지 산업이 번창했어요. 그중에서 대표적인 것은 보석 원석, 랙lac 장신구, 돌 조각상, 세밀화 등 주로 공예품과 관련이 있어요. 거리에도 낙타나 조랑말 같은 공예품을 만들어 팔고 있어요.

자이푸르 신도시는 통치자인 자이싱 2세와 왕실의 건축가이자 도시계획자인 비디아드하르 바타차리아Vidyadhar Bhattacharya(1693~1751)가 야심차게 추구한 비전이 표현된 매력적인 무역 및 상업도시로 완성했어요.

암베르 성

　성곽도시인 자이푸르는 세계문화유산으로 등재되어 있어요. 자이푸르의 대표적인 문화유산은 암베르 성입니다. 암베르 성은 자이푸르 시내에서 11킬로미터 떨어진 작은 마을인 아메르의 험준한 산악에 있는 성입니다.

　릭샤로 암베르 성에 도착하니 늘어선 릭샤와 사람들로 붐벼요. 맞은편 작은 산 자체가 붉은 흙색의 암베르 성입니다. 입구의 호수 쪽에서 바라본 암베르 성의 모습은 티베트 포탈라궁 같은 웅장한 느낌이 듭니다.

　인도 사람들도 가족 단위로 많이 왔어요. 인도의 가족들과 함께 찰칵! 아가씨도 함께 사진을 찍자고 해서 포즈를 취했어요. 인도 사람들은 제가

한국에서 온 연예인으로 알고 있는 것 같아요. 잠시 제가 곧 추락할 비행기를 탔어요! 😬

암베르 성을 향해 지그재그 길을 따라 오르다가 중간 중간에 성문인 달의 문을 통과하면 잘렙 촉Jaleb Chowk이라는 큰

인도인과 함께

광장이 나와요. 이 광장은 옛날 전쟁에서 승리하면 왕 앞에서 퍼레이드를 벌이던 장소입니다. 드디어 큰 광장에서 왔던 길을 내려다보니 해자 역할을 하는 강처럼 보이는 마오다Maotha 호수 위에 무굴양식인 사각형의 사분정원四分庭園이 아름다워요.

광장에서 강 너머의 산을 보니 성벽이 계속 산 위로 이어져 있어요. 아! 흔히들 '중국에는 만리장성, 인도에는 암베르 성'이라고 하는 말이 이제야 이해가 됩니다. 당연히 이해가 가는 것은 오늘이 바로 12월 30일이라 이틀이면 이해가 가기 때문에 쉽게 이해가 갑니다. 🙂

저는 성을 걸어서 올라왔는데 지프차를 타고 오는 사람과 코끼리를 타고 오는 사람들도 있네요. 500루피의 입장권을 사서 달의 문을 통과해 잘렙 촉 광장으로 들어왔어요. 잘렙 촉 광장은 온통 노란 빛의

사분정원

건물로 둘러싸여 있어요. 정면에는 디완이암Diwan-i-am, 오른 쪽에는 실라 데비Shila Devi 사원이 있어요. 이 궁전은 외궁과 내궁으로 되어 있어요. 외궁은 공식 접견실이고 내궁은 사적 접견실과 쾌락의 정원이 있어요. 내궁 안쪽에는 성벽을 사이에 두고 정자 형태의 바다나리 광장과 여성들의 공간인 제나나zenana가 있어요. 왕궁과 정원이 어우러진 것은 이슬람의 영향인 것 같아요. 쾌락의 정원을 보니 마치 제가 스페인의 알함브라 궁전에 온 느낌입니다.

환락의 정원 혹은 쾌락의 정원은 물을 이용해 여름에 내부를 시원하게 하는 장치가 설치되어 있어요. 그 물이 정원으로 흘러들어 식물들에게 생명수를 공급해 꽃들이 만발하게 합니다. 물을 인위적으로 궁전에 끌어들여 낙원을 만드는 것이 이슬람 건축의 기본 콘셉트입니다. 이슬람 문화가 사막에서 꽃을 피우다 보니 물을 항상 중요하게 여기며 활용한답니다. 타레가의 〈알함브라 궁전의 추억〉이 제 귀에 끝없이 울리는 듯합니다.

암베르 궁의 하이라이트는 거울의 궁전이라 불리는 쉬시 마할Sheesh Mahal입니다. 왕과 왕비의 침실로 사용된 곳으로 벽과 천정이 온통 거울로 치장되어 있어요. 또 쉬시 마할은 궁전건축의 극치를 보여주는 암베르 성에서 가장 아름다운 궁전입니다.

암베르 성의 옥상에서 산 정상에 있는 자이가르 포트Jaigarh Fort가 한 눈에 들어옵니다. 자이가르는 '승리'라는 의미가 있어요. 자이가르 포트를 뒤로하고 성 밖으로 나오니 현악기의 음악과 함께 인형극이 한창입니다. 인형들이 신나는 음악과 함께 춤을 추며 나그네에게 쉼과 안식을 줍니다.

자이푸르 지역의 붉은 사암과 대리석으로 건축된 암베르 성은 짙은 베

환락의 정원

이지 색을 바탕으로 힌두와 이슬람 양식이 조화롭게 어우러진 하나의 거대한 예술 작품입니다.

자이푸르 시티 팰리스

　자이푸르의 암베르 성을 내려오는데, 길옆에 커다란 돌 항아리가 전시되어 있어요. 쌀을 담았던 항아리입니다. 성을 빠져나와 내려가는 비탈에 얼룩무늬 점박이 염소가 편안하게 풀을 뜯고 있네요. 그 옆의 건물에는 이불 같은 천을 전시하고 있어요. 입구의 정원에는 비둘기가 아주 많아요. 한 번씩 무리를 지어 머리 위를 나는 모습이 장관입니다. 사진을 찍으려니 이미 비둘기 무리는 지나가 버리고 5분을 기다려도 비둘기 무리는 다시 날아오지 않아서 포기하고 입구를 나오니 다시 비둘기 무리들이 머리 위를 날았어요.

　저를 태워주었던 릭샤 운전사를 찾아야 합니다. 아까 내릴 때 시티 팰리스City Palace까지 데려다 주기로 했거든요. 릭샤 번호판으로 다른 릭샤 운전사에게 찾으니 대부분의 운전사들이 모른답니다. 릭샤 번호판보다 릭샤 운전사의 얼굴을 사진으로 찍었으면 더 찾기 쉬웠을 겁니다. 한참이나 릭샤 주차장을 헤매다 겨우겨우 찾아내어 자이푸르 시티 팰리스로 올 수 있었어요.

　시내 한복판에 핑크 빛의 크고 특이한 건물이 우뚝 서 있어요. 자이푸르를 핑크 시티라고 부르는 이유를 알겠어요. 시티 팰리스는 당연히 핑크빛이고, 다른 건물들도 대부분 붉은 빛으로 칠해져 있어 핑크 시티로 불립니다.

　시티 팰리스는 자이푸르 도시를 계획하고 건설한 마하라자 자이 싱 2세가 지은 궁전입니다. 성의 일부 구역은 비공개입니다. 이유는 마하라자의 후손들이 거주하고 있어서랍니다.

궁전의 내부는 무기고, 공예품 전시관 등이 많은데 촬영 불가랍니다. 시티 팰리스의 하이라이트는 온통 핑크로 가득한 디와니카스 Diwan-i-Khas가 있는 안뜰입니다. 디와니카스는 마하라자 Maharaja의 공식 접견실로 핑크한 느낌이 꽉꽉 옵니다.

하와마할, 바람의 궁전

디와니카스에서 가장 볼만한 것은 초대형 은 항아리입니다. 당시 마하라자인 마호 싱 2세 Madho Singh II는 영국의 에드워드 7세의 대관식에 초청받았어요. 마하라자는 바다를 건너 타국에 가면 카스트의 신성함을 잃어버릴 거라는 불안감에 휩싸였어요. 그래서 마호 싱 2세는 거대한 은 항아리에 신성한 갠지스 강의 물을 떠가는 계획을 세웠어요. 그는 갠지스 강의 물을 마시며 영국을 돌아다닐 예정이었어요. 그 이유는 갠지스 강의 물을 마시면 신성함을 간직하고 더러운 것을 씻어낼 것이라는 믿음 때문이었죠. 이 은 항아리는 무려 8,182리터의 물을 담을 수 있는 엄청난 크기로 기네스북에도 등재되어 있어요.

건축 · 계획 · 천문학 · 수학 등에 관심이 많았던 마하라자 자이 싱 2세는 식견이 뛰어난 군주였어요. 1720년대 말경 자이 싱 2세는 새로운 수도 건설의 계획 중 하나로 잔타르 만타르Jantar Mantar 천문대를 만들었어요. 이 천문대는 바람과 비를 예고하고 우기를 알려주었지요. 1734년에 프랑스 예수회 소속 학자 2명이 자이푸르의 정확한 위도와 경도를 밝혀냈어요. 잔타르 만타르 천문대는 아랍-이슬람, 페르시아와 유럽문화에 이미 존재하는 수많은 기구인 해시계, 각도계. 원형 단면도, 천문 관측기구 등을 재현해 놓았어요.

시티 팰리스가 있는 구 시가지에는 오래된 건물들이 많아요. 구 시가지를 걸으니 서울의 청계천 공구상점들을 지나는 기분이었어요. 핑크 시티는 지나갔고 회색빛의 낡은 구 도심에 몸은 지쳐가고 있어요.

릭샤로 호텔로 돌아와서 하루의 여독을 풀며 내일 오전 5시 30분 아그라Agra 행 새벽열차를 타기 위해 잠을 청했어요.

아그라 타지마할 입장권 구입

　새벽 5시 열차로 타지마할Taj Mahal이 있는 아그라로 가기 위해 4시 30분에 호텔을 나서니 호텔에서 자그마한 도시락을 주네요.
　자이푸르 역에 도착하니 구걸하는 어린이와 어디로 가느냐며 말을 걸어오는 사람들이 많아요. 길거리와 역 앞 광장에 모포를 덮어쓰고 자는 노숙자가 눈에 띕니다. 어떻게 하면 노숙자들이 없어질까 생각해 봅니다. 서울역 앞 지하통로에도 노숙자들이 있지요? 가난한 자들은 많은 세월이 지나도 여전히 있을 것이라고 하신 예수님 말씀에 머리가 숙여집니다.
　아그라로 가려면 카주라호 행 19666열차를 타고 가다가 아그라 역에서 내리면 됩니다. 인도에서 열차의 연착은 다반사라던데 두 번째의 열차도 정확한 시간에 들어옵니다. 지난번의 열차는 좌석에 앉아서 왔는데 이번 열차는 3층 침대칸으로 바꾸어 누울 수 있습니다. 열차를 양쪽으로 나누면 넓은 쪽은 3층 침대로 바꿀 있고, 좁은 쪽은 2단 침대로 되어 있어서 1층에는 걸터앉거나 눕기에 아주 좋습니다.
　열차는 다섯 시간을 달려 아그라 역에 내려줍니다. 인도의 여느 역처럼 어딘가 좀 어설픈 광경이 펼쳐집니다. 대개 출구로 나가기 위해서는 육교를 지나야 하는데, 무거운 여행용 가방을 낑낑 대며 계단을 오르내리기가 여간 고된 게 아닙니다. 하지만 다행히 아그라 역의 육교는 계단 대신 경사로로 만들어 놓아 그냥 끌고 오르내리니 참 행복했어요. 원래 행복은 이렇게 작은 것에서 오는 것이죠. 서울의 역과 비교하면 안 됩니다. 로

기차와 함께

마에 가면 로마법을 따라야지요. 인도를 두 번째 방문해서인지 2~3일 만에 인도에 적응된 것 같아요. 감사하는 마음으로 오늘 하루를 보내고 있어요.

아그라 역을 나서니 릭샤 운전사들이 몰려옵니다. 200루피를 지불하고 Hotel Marine House로 갔어요. 200루피는 약 3천 원 정도입니다. 저에게는 참 싸게 느껴집니다.

일단 체크인을 하고 점심 민생고를 해결하기 위해 릭샤를 타고 타지마할 남문 근처에 있는 타지 카페로 갔더니 코로나 때문에 문을 닫았답니다. 꿩 대신 닭이라고 인근의 Joney's Place로 갔어요.

Joney's Place에는 한국어로 된 메뉴판이 있어요. 불고기 덮밥, 김치볶음밥, 수제비 그리고 라씨^{lassi}를 주문했더니 식사는 안 나오고 라씨를 먼저 주네요. 바나나 라씨였는데 맛이 아주 달콤합니다. 바나나 100%에 코코넛 가루를 뿌려주는데 맛있어요.

김치볶음밥은 한국식으로 흉내를 내었지만 한국의 김치볶음밥과는 비교가 되지 않아요. 아마 원재료인 김치가 달라서 그런 것 같아요. 수제비도 티베트 식 뗀뚝^{Thenthuk}을 기대했는데 그 맛에는 훨씬 미치지 못합니다. 마지막으로 나온 불고기 덮밥은 짜장 덮밥처럼 보였지만 맛은 아주 좋습니다. 그리고 이 식당에서 담근 열무김치의 맛은 한국의 열무김치를 빰칠 정도입니다. 열무김치는 굿굿 베리굿, 베리베리굿, 따블 베리굿, 따따블 베리굿, 쌍꺼풀 굿입니다. 😊 이렇게 실컷 먹었는데도 만 원 정도네요. 싼 가격에 또 한 번 놀랐어요.

이제 민생고도 해결했으니 타지마할로 고고씽! 아뿔싸 점심 식사를 한 레스토랑 가까이에 있는 남문이 코로나로 폐쇄되었답니다. 20분 정도를 걸어 동문으로 가니 표를 사서 입장하려는 사람들로 붐볐어요.

식당의 한국어 차림표

외국인의 입장료는 인도 사람들보다 최소한 10배 이상 비싼 것 같아요. 입장료가 1,300루피인데 2,000루피 지폐를 주었더니 아가씨가 잔돈이 없답니다. 그래서 1,000루피 하나와 500루피 하나로 바꾸어 내었더니 아가씨의 청바지 주머니에서 꺼내 200루피를 거슬러 주었어요. 그리고는 종이를 한 장 주며 이름, 생년월일, 성별, 여권번호, 전화번호, 주소 등을 쓰랍니다. 여권까지 꺼내어 어렵사리 작성하여 주었더니 읽지도 않고 옆에 쌓아 둡니다. 조그만 토큰 하나와 영수증 같은 입장권을 주네요. 토큰과 입장권을 옆 창구로 내미니 생수 한 병과 덧신 한 켤레를 주네요. 이 덧신은 타지마할 내부로 들어갈 때 신발을 벗는 대신 사용하면 됩니다.

타지마할을 품은 아그라

아그라Agar는 인도 우타르프라데시 주Uttar Pradesh에 있는 도시로 1504년 로디Lodi 왕조의 술탄 시칸다르 로디Sultan Sikandar Lodi에 의해 창건되어 델리를 대체하는 수도가 되었어요. 그 후로 세 차례(1526~1530, 1560~1571, 1598~1648)에 걸쳐 무굴제국의 수도로 번영하여 아그라에는 타지마할과 악바르Akbar 영묘 등 여러 문화유산이 있어요..

아그라는 19세기 영국의 지배를 받으며 델리, 러크나우Lucknow 등에 밀려 지방의 소도시로 전락했어요. 영국으로부터 독립한 이후 관광산업과 직물산업 등의 발전에 힘입어 인구 200만에 가까운 정도의 대도시로 부활

인도 북부에 위치한 아그라

했어요.

아그라는 무굴제국 전성기의 수도였기에 이슬람 풍의 옛날 건물이 많고, 무슬림의 비중이 16%나 됩니다. 아그라는 델리, 자이푸르와 함께 북인도 관광의 골든 트라이앵글로 불립니다. 셜록 홈즈 시리즈의 장편 중 하나인 <네 사람의 서명 The sign of Four>에서 과거편의 주요 무대로 아그라가 등장하죠.

인도 여행은 기차를 타 보아야 실감할 수 있어요. TV에서 보았던 기차 지붕 위까지 사람들이 타고 가는 모습은 요즘 보기 힘들 것 같아요. 기차는 한국의 80~90년대와 비슷합니다.

인도는 인구가 많다 보니 기차표를 사기가 상당히 어렵습니다. 우리처럼 모바일로 예약하는 시스템은 아직 아닌 것 같아요. 기차표와 여권상의 이름이 다르면 벌금을 내야 합니다. 이 벌금이 철도청으로 들어가는지도 알 수 없어요. 기차표는 2~3개월 전에 예약을 해야 하니 여행사 입장에서는 일단 가명으로 예약을 해 놓고 나중에 취소하거나 정정을 합니다. 취소 수수료도 있어요.

기차 화장실과 호텔 화장실에 물바가지가 있어요. 일을 본 다음 바가지로 물을 퍼서 부으라는 것 같아요.

인도의 닭은 100% 토종닭입니다. 백숙처럼 삶아서 먹으니 근육 살 외에 심줄이 하나 더 있고요, 쫄깃쫄깃한 맛이 일품입니다.

아그라는 타지마할로 인해 세계적인 관광 명승지가 되었어요. 타지마할은 인도 우타르프라데시 주 아그라에 있는 큰 무덤입니다. 타지마할은 인도 건축미의 우수함을 보여주는 정수이자 랜드마크입니다. 당연히 세계문화유산으로 등재되어 있어요. 타지마할의 건축 책임자는 페르시아 출신의 아흐마드 라호리^{Ahmad Lahori}라고 알려져 있어요.

한국을 동방의 빛이라고 한 시인 라빈드라나트 타고르^{Rabindranath Tagore}(1861~1941)가 타지마할이라는 시를 썼어요. 한 번 볼게요.

어느 날 흘러내린 눈물은 영원히 마르지 않을 것이며
시간이 흐를수록 더욱 더 맑고 투명하게 빛나리라.
그것이 타지마할이라네.
오, 황제여!
그대는 타지마할의 아름다움으로 시간에 마술을 걸려 하였다네.
그대는 경이로운 꽃다발을 짜서 우아하지 않은 주검을
죽음을 모르는 우아함으로 덮어버렸다네.
무덤은 자기 속으로 파묻고 뿌리내리어 먼지로부터 일어나
기억의 외투로 죽음을 부드럽게 덮어 주려 한다네.

드디어 눈앞에 맞이한 타지마할

　동문은 타지마할에 입장하려는 사람들로 인산인해를 이룹니다. 한 정원을 지나니 이슬람 양식 특유의 문 안쪽으로 타지마할이 모습을 드러냅니다. 이 장면을 찍으려는 사람들 사이를 비집고 들어가니 사진으로만 보았던 진짜 타지마할이 그 자태를 드러냅니다.

　분수대가 있는 중앙 수로에 타지마할의 모습이 비추어집니다. 수로 옆으로 통로가 있어서 타지마할에 가까이 가며 사진을 찍었어요. 수로와 잔디밭 사이의 길을 통해 중간쯤까지 가니 십자로에 다이애나 의자가 정중앙에 있어요. 바로 여기도 좋은 포토 존입니다.

다이애나 의자를 지나 하얀 건물 입구에 다다르니 신발을 벗으라고 합니다. 매표소에서 받은 생수와 덧신이 여기서 필요하군요.

덧신을 신고서도 줄이 너무 길어서 천천히 반 바퀴를 돌아서 가니 뒤로 야무나^{Jumna} 강이 보입니다. 이 강이 뒤쪽의 해자 역할을 하고 있어요.

아그라의 야무나 강이 완전히 마르면서 지난 30년 동안 타지마할은 3.5cm가 기울었답니다.

타지마할의 네 모퉁이에 세워진 4개의 미나레트^{minaret}는 높이가 각각 40미터나 됩니다. 혹시 지진이라도 나서 미나레트가 무너지더라도 타지마할에 영향을 주지 않기 위해 약간 바깥 방향으로 기울였다고 하는데, 제 눈에는 안으로 약간 기운 모습입니다. 타지마할을 완전히 한 바퀴를 돌아서 입구로 들어갔어요.

내부는 사진 촬영이 금지되어 있어요. 그래도 인도 사람들은 핸드폰으로 막 찍습니다. 경비원은 사진 찍은 사람들의 핸드폰에서 삭제를 하도록 하네요. 만약 외국인이 불법 촬영을 했다면 벌금을 매겼을 것입니다.

멀리서 타지마할을 보았을 때에는 하얀 백색이었는데 가까이서 보니 밝은 회색에 검은 무늬가 있는 돌로 지었어요. 입구의 돌에는 식물들과 꽃무늬를 새겨 놓았어요. 이슬람에서는 인물이나 동물은 우상숭배에 해당되어 식물을 새겨 놓았어요.

내부를 한 바퀴 돌다 보면 타지마할 정중앙에 황후 뭄타즈 마할 Mumtaz Mahal의 석관이 있고 그 옆에 샤 자한 Shah Jahan의 석관이 있어요.

타지마할은 모두 대칭으로 되어 있는데 단 하나만이 비대칭입니다. 바로 샤 자한의 석관입니다. 타지마할을 지으며 자신도 여기에 묻힐 거라는 생각은 하지 못했나 봅니다.

타지마할 문 앞에서

타지마할을 관람하며 주위의 붉은 건물들이 옆에 자리하고 있었어요. 다시 분수대가 있는 중앙 통로는 여전히 사람들로 붐벼서 동문으로 나오며 입장권을 살 때 받은 토큰을 반납하고 나왔답니다.

타지마할에 얽힌 순애보

　세계문화유산인 타지마할은 무굴제국의 황제 샤 자한이 11번째의 아기를 낳다가 죽은 왕비 뭄타즈 마할을 위해 지은 무덤입니다. 해가 비치는 방향과 정도에 따라 그 분위기가 시시각각으로 바뀝니다.

　타지마할은 완벽한 비율과 좌우대칭이 보여주는 조형미, 주변 경관과의 조화를 이루는 배치가 훌륭합니다. 특히 대리석에 비치는 빛에 따라 자태가 변하는데요, 때문에 해가 뜨고 기우는 시간마다 분위기가 바뀌는 아주 특이한 건축물입니다. 규모와 예산이 엄청난 것은 두 말할 나위도 없겠죠. 17세기 당시 건축 기술로 22년 만에 완공했다고 하니, 샤 자한의 순애보적인 집념 하나로 이루어냈다고 보면 되겠습니다.

　타지마할을 지은 샤 자한은 17세기 초에 재위한 무굴제국의 5대 황제였어요. 당시 무굴제국의 국력은 악바르 대제와 자한기르^{Jahangir}(1569~1627)의 치세를 거치며 절정기를 구가하고 있었어요. 선황제들에 비해 샤 자한은 정복보다 예술을 애호하는 문화 군주로서의 측면이 강했고 종교적으로도 상당히 관용적이었어요. 한마디로 말하면 태평성대였어요.

　황후 뭄타즈 마할이 죽자 샤 자한은 비통에 잠겼어요. 이 비통을 엄청난 무덤을 만들어 해소하려고 했어요. 이 무덤을 만드는 데 막대한 세금과 인력을 징발해서 짓게 되었어요. 타지마할이 축조된 22년 동안 페르시아, 이탈리아, 프랑스 등에서 기술자와 장인들을 초빙했고, 미얀마, 중국, 오스만 제국, 이집트 등에서 건축자재들을 들여왔어요.

　실용성이 전혀 없는 순수한 예술 건축물에 무굴제국의 국력이 소진되었어요. 타지마할 건축에 반대한 신하들의 의견은 묵살해 버렸어요. 공사 중에 샤 자한이 사망했다면 공사가 중단되어 오늘의 타지마할은 없을 것입니다. 샤 자한은 22년이나 걸려 1648년에 완공하고도 10년을 더 살았답니다.

　그런데 샤 자한의 아들 아우랑제브Aurangzēb가 아버지를 아그라 요새 탑에 가두어 폐위시키고 말았어요. 백성들의 부담이 얼마나 컸으면 아들이 아버지를 감옥에 가두어도 백성들은 불평하지 않았어요. 샤 자한은 아그라 요새 탑의 창문 너머로 보이는 자신의 위대한 건축물을 하염없이 바라보며 1666년 겨울에 옥사했어요.

야사에 의하면 샤 자한이 검은 타지마할을 축조할 계획이 있어서 실각 당했다는 말이 있어요. 하지만 이는 장 바티스트 타베르니에르^{Jean Baptiste Tavernier}라는 유럽 여행가가 아그라를 방문하고서 자신의 소설에 '검은 타지마할'이라는 것을 꾸며 넣어서 그런 소문이 났답니다.

제2차 세계대전 때에는 일본군 폭격기에 공격 받지 않으려고 대나무 더미인 것처럼 보이게 완전히 위장을 시켰어요. 크로아티아의 두브로브니크^{Dubrovnik} 성이 세계대전 중에 공격당할 것을 우려하여 유럽의 지식인들이 인간 띠로 폭격을 막았다는 사실을 생각해 봅니다. 전쟁으로 문화재를 잃으면 그보다 더 큰 손실이 어디에 있을까요?

아그라 요새

타지마할에서 릭샤를 타고 30분 정도를 달려 아그라 성으로 왔어요. 입장료가 650루피입니다. 타지마할을 제외한 유적들은 보통 600루피에 문화 관람료 50루피를 붙여 650루피입니다.

아그라 성 입구에 들어서니 델리의 붉은 성보다 규모가 더 압도적이었어요. 아그라 성은 왕궁이기도 하지만 요새이기도 해서 아그라 포트라고도 부릅니다. 아그라 성은 악바르 황제의 아들 자한기르를 위해 지은 왕궁으로 인도 양식과 아프간 양식이 섞인 왕궁이자 요새이기도 합니다. 당연히 아그라 성은 세계문화유산으로 등재되어 있어요. 입구 경사로를 따

라 들어가면 여러 건물들이 나옵니다.

아그라 성 정중앙쯤에 있는 건물 디와니카스는 고위관리나 외국대사를 만났던 접견실입니다. 기둥의 그림과 정교한 문양 그리고 조각이 엄청납니다. 디와니카스를 중심으로 다양한 모습의 궁전들이 있는데 천장이 화려하고 돔 모양의 창문이 참 아름다워요.

붉은 성 성벽에서 보면 저멀리 타지마할이 보이네요. 날씨가 조금 흐려서인지 타지마할을 카메라에 담으려니 희미하게 보입니다. 이래서 샤 자한이 8년간 유폐된 아그라 성 감옥인 무삼만 버즈Musamman Burj에서 타지마할을 보며 상념에 잠겼음을 알 수 있어요.

무삼만 버즈는 포로의 탑이란 뜻을 가지고 있어요. 무삼만 버즈에서 부인의 무덤인 타지마할을 바라보던 샤 자한의 심정이 어땠을까요? 무삼만 버즈의 내부는 화려하고 멋있지만 옥에 갇힌 샤 자한에게는 아마 고통스러운 공간이었으리라 생각됩니다.

아그라 성의 중앙에 큰 잔디밭이 있어요. 2층의 테라스에서 보는 타지마할의 정경이 멋집니다.

샤 자한이 여름용 궁으로 지은 쉬스 마할이 있어요. 벽과 천장에 유리장식이 일품입니다. 여기에 쓰여진 유리는 시리아에 갖고 왔어요. 쉬스 마할의 정원 또한 아주 멋집니다. 잔디밭을 도형의 경계로 일률적으로 디자인했어요. 출구의 내리막길을 통해 바깥으로 나와 마트에 들러서 계란과 야채를 조금 사서 내일 하루 종일 열차로 카주라호Khajuraho를 향해 갈 때의 점심을 준비했어요.

카주라호

아그라에서 타지마할과 아그라 성을 보고, 호텔에서 하룻밤을 묵은 후 릭샤를 타고 아그라 역으로 와서 카주라호Khajuraho 행 열차에 몸을 실었어요. 여전히 역 주변에는 노숙자들이 모포를 덮어쓰고 누워 있고, 어린이와 어른들이 한 푼 달라고 손을 내밉니다.

아그라 역내에는 원숭이들이 참 많습니다. 원숭이들은 사람을 무서워하지 않고 오히려 사람들이 원숭이를 무서워합니다. 그런데 갑자기 원숭이가 한 아저씨의 비닐봉투를 낚아챕니다. 비닐봉투 안에는 샌드위치와 과일이 들어 있네요. 원숭이는 잽싸게 비닐봉투를 들고 철길로 내려가서 동료들과 맛있게 아침 식사를 들고 있네요.

오늘도 열차번호는 19666입니다. 코치 넘버는 B1, 좌석번호는 51번입니다. 드디어 30분 정도 연착되어 기차가 플랫폼으로 들어옵니다. 30분의 연착은 아주 드물게 연착이 되지 않은 것이랍니다. 보통 몇 시간은 연착이 된다고 합니다.

일단 기차에 올라 큰 가방은 의자 밑으로 넣고 작은 백은 무릎에 올렸어요. 오늘 열차도 좁은 쪽은 2단의 침대칸이고, 넓은 쪽은 3단의 침대칸입니다. 여덟 시간 반 정도를 달려 카주라호 역에 도착했어요. 여전히 릭샤 운전사들이 몰려옵니다. 래디슨호텔까지 200루피를 달라고 합니다.

래디슨호텔은 한국에서는 만나기 어렵지만 이집트 카이로와 러시아의 모스크바에서도 본 기억이 있어요. 시설이 깨끗한 5성급 호텔입니다. 앞마당에는 잔디밭과 수영장이 아름다운 풍경을 연출하고 있어요.

카주라호는 인도 마디아프라데시 Madhya Pradesh 주에 있는 마을로, 뉴델리에서 남동쪽으로 620km 정도의 거리에 있어요. 카주라호에는 중세 힌두교와 자이나교 사원들이 있어요. 힌두교 사원에는 생명력이 넘치는 성적인 조각품들로 구성된 독특한 예술 유적이 있어요. 좀 야해 보이는 이 예술 작품은 인간의 원초적 본능을 자극하는 모습을 솔직하게 표현하였

다는 긍정적인 평가와 종교의 거룩함을 훼손하는 해괴망측한 표현이라는 부정적인 평가를 동시에 받고 있어요.

카주라호는 10세기 초에 이 지역을 통치한 라지푸트^{Rajput} 일족의 힌두 왕조인 찬델라^{Chandela}의 수도였어요.

카주라호 사원들은 서기 950~1050년 사이에 지어졌어요. 찬델라 왕조는 카주라호 일대에 85개의 사원을 축조했으나 지금은 22개의 사원만 남아 있어요. 이슬람의 여행가인 이븐 바투타^{Ibn Battuta}는 1335년에 카주라호를 방문하여 "이곳은 여전히 눈부시게 빛난다"라고 기록했어요. 후세에 이병원이 여기에 방문하여 "카주라호는 아직도 빛나고 있다"라고 기록했다고 알려주면 좋겠어요. 🙂

찬델라 왕조 당시의 사회는 성을 포함해 삶의 모든 부분을 솔직하게 개방적으로 다루는 것이 옳다고 여겼어요. 힌두^{The Hindu}와 탄트라^{Tantra} 철학

에 따르면 사람들은 타인 없이 어떤 것도 얻을 수 없으며 이는 우주의 모든 면에서 그대로 드러난다고 해요.

카주라호 사원의 예술작품은 예술과 외설의 경계를 넘나들고 있어요. 마하트마 간디는 이곳에 방문하여 "모두 부수어 버리고 싶다"고 했어요. 예술적인 영화와 외설적인 영화의 차이는 무엇일까요? 종이 한 장 차이일 수도 있어요. 예술적인 영화는 전체를 다시 보고 싶은 것이고, 외설적인 영화는 특정 부분만 다시 보고 싶은 차이입니다. 😝

래디슨 호텔을 나오며 서쪽 집단 사원으로 가려면 어떻게 가냐고 프런트 직원에게 물었더니 호텔에서 왼쪽으로 돌아 다시 오른 쪽으로 곧장 가라고 합니다. 아뿔사! 호텔 직원은 큰 길 기준으로 말했는데 저는 호텔 안쪽의 길에서 좌회전 후 우회전을 하니 완전히 반대 방향을 향하게 됐네요. 가다 보니 간간이 사원들이 있어서 한 시간 반 정도를 갔는데도 시골로만 들어갔어요. 땡볕 아래서 한참을 걸으니 피곤이 몰려옵니다. 민가에 들러 릭샤를 불러달라고 했더니 알았다며 어디론가 전화를 걸더니 5분 후에 온답니다. 한 40분 정도 기다려 릭샤가 와서 서쪽 집단 사원으로 왔어

요.

입장료는 550루피인데 문제는 어플로 전자신청을 해야 한답니다. 그 사이에 청년들이 도와주겠다며 600루피랍니다. 야매 같지만 일단 입장해야 하니까, 청년의 도움을 받아 입장을 했어요.

여러 사원이 잔디밭 너머에 있네요. 과연 어느 사원에 가야 야한 조각이 있는지 알 수 없어서 왼쪽 사원부터 돌기로 했어요. 5개 정도 사원을 다 돌았는데도 야한 작품을 만날 수 없어서 잠시 실망했어요. 지나가는 사람에게 민망스럽지만 그 조각이 어디에 있느냐고 물었더니 손가락으로 가르쳐 주어 바로 거기로 갔더니 야한 작품들이 탑의 중간 부분에 있었어요. 심봤다! 사진을 몇 장 찍어 왔어요. 소문만큼 야하지는 않았어요. 남인도의 사원에서 본 작품이 더 자극적이라 생각됩니다. 갑자기 제가 속물이 된 기분입니다. 인도에 왔으니 인도법을 따랐다고 이해해 주시면 고맙겠습니다. 😊

사원을 나와서 닭백숙을 먹었는데 한국식과 비슷해서 오랜만에 폭식을 했어요. 네 명이 먹었는데 600루피랍니다. 한국 돈으로 9,000원 정도이니 맛에 놀라고, 또 싼 가격에 다시 한 번 더 놀랐어요.

이제 호텔에 맡겨놓은 짐을 찾아 카주라호 역으로 가서 자정에 출발하는 바라나시 Varanasi 행 열차를 타야 합니다. 11시에 역 구내로 들어서니 사람들이 많습니다. 역 구내에 소도 어슬렁거리며 쓰레기통에서 먹을 것을 찾고 있어요. 역 구내에 소똥이 있어서 피해서 걸어야 합니다.

카주라호의 풍경

카주라호 서쪽 집단 사원에 큰 호수가 있어요. 이 호수에서 한 할머니가 목욕을 하고 있어요. 일반적인 목욕이 아니라 종교적이고 영적인 목욕으로 보입니다.

호수 주변에는 제단이 있고, 화장의 장소로 쓰일 수 있겠다는 생각이 듭니다. 아마 갠지스Ganges 강까지 못 가는 분들을 위한 장소로 보입니다. 또 검은 소들이 쓰레기통을 뒤지며 먹을 것을 찾고 있어요. 인도의 소는 식용이 아닙니다. 제가 뭄바이에서 먹었던 스테이크는 물소라고 했지요. 물소를 버팔로buffalo라고 합니다. 대부분의 힌두 사람들은 버팔로도 먹지 않는답니다.

소 중에서 암소는 주인이 있는데, 주인이 가끔 나타나서 젖을 짜 갑니다. 그런데 먹이를 주는 모습은 보지 못했어요. 길거리 검은 소의 수컷은 아예 주인이 없답니다. 어차피 생활에 도움이 되지 않으니 수소는 아무도

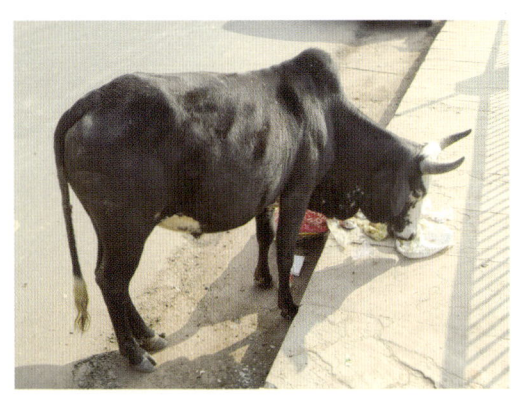

관심을 가져 주지 않아 그저 길거리를 배회하며 쓰레기통을 뒤져 허기진 배를 채웁니다. 인도 사람들이 소를 숭배하며 신으로 모시기도 한다고 했잖아요? 사원 내부에서

조차 어슬렁거리며 응가를 해도 제지하지 않아요. 인도에 와서 실제로 소의 삶을 보니 인간 못지않게 빈부격차가 엄청납니다. 사원 안에서 네 다리 쭉 펴고 자는 윤기 나는 소도 있고, 땡볕 아래서 쓰레기통을 뒤지며 민생고를 해결하는 소도 있어요.

큰 나무 그늘에 노천 이발소가 있어요. 이용사 아저씨가 10세 정도 아이의 머리를 깎고 있어요. 깎은 머리의 모양이 제법 괜찮습니다. 저도 머리를 깎고 싶은 마음이 생겼으나 주저주저 했어요. 왜냐하면 2006년쯤 아프리카 케냐에 갔을 때 현지 이발소에 저의 머리를 맡겼다가 혼비백산한 경험이 있거든요. 이발사가 다짜고짜 바리캉을 들고 나오는 것이 아니겠어요? 곱슬머리의 흑인 머리만 자르다가 직모인 동양인의 머리는 처음 만지다 보니, 가위로 저의 머리카락을 자르다가 저의 머리카락이 튕겨 이발사의 입으로 들어가더군요. 중간에 이발을 멈추고 좀 이상한 머리 모양으로 이발소를 나왔어요. 바로 모자를 눌러쓰고 2주 정도 케냐를 누빈 좋지 않은 추억 때문에 망설였어요.

이발사의 얼굴을 보니 인자한 아저씨였어요. 일단 저의 머리를 맡기기로 했어요. 나무 밑동에 큰 거울을 놓아서 의자에 앉은 저의 모습을 볼 수 있었어요. 그냥 커트만 해 달라고 했어요. 아주 정성스럽게 머리카락을 자르고 면도기로 부분 부분을 정리하며 새로운 면도날임을 보여 주었어요. 30분 정도 걸려 이발이 완료되었어요. 바리캉 없이 가위로만 이발하는 솜씨가 아주 정교했어요. 당연히 머리 모양이 한국의 권오훈 이발사님이 해 주시는 수준에는 못 미치지만 그런대로 인도인 상황을 감안하면 대성공입니다. 호텔로 돌아와서 머리를 감으니 개운합니다.

카주라호의 여정이 서서히 마무리되어 갑니다. 배속에서 꼬르륵 하는 소리가 납니다. 이 동네에서 한국식 닭백숙을 하는 식당에 전화로 마늘과 쌀을 듬뿍 넣어 푹 끓여달라고 주문을 했어요. 어느덧 날은 저물었고 식당까지는 30분 정도 걸립니다. 릭샤를 부르려니 묵고 있는 래디슨호텔은 5성급이라 릭샤가 들어오지 못한답니다. 산책 삼아 걸어가기로 했어요.

어두운 길을 4명이 함께 걸었어요. 밤길이 위험하지 않을까 걱정이 되시죠? 혼자 다니면 위험할 수 있어요. 가끔씩 어둠 속에서 사람들과 마주쳤지만 무섭지는 않았어요. 어쩌면 그들이 우리를 무서워하지 않았을까요? 왜냐하면 저의 얼굴 자체가 무기이거든요. 😃

인도 식당에서 한국식 닭백숙을 하다니 기대가 됩니다. 드디어 앞 장에서 언급한 적이 있는 닭백숙이 커다란 냄비에 담겨 식탁에 올라 왔어요. 1시간 30분 정도 끓인 닭백숙입니다. 정신없이 퍼 먹었어요. 땀이 온 이마에서 흐릅니다. 엄청나게 많은 마늘을 넣었는데 다 녹아 내렸어요. 인도 닭은 한국의 토종닭과 비슷하게 쫄깃쫄깃합니다. 쌀도 안남미와 같이 길쭉한 쌀인데 끓여 놓으니 한국 쌀과 같아졌어요. 닭 한 마리로 네 명이 실컷 먹었어요. 인도에서 이렇게 맛있는 닭백숙을 만들 수 있음에 놀랐

고, 가격에 또 한 번 놀랐어요. 600루피랍니다. 한국 돈으로 치면 9,000원 정도됩니다. 그만큼 인도의 물가가 싸다는 의미입니다. 인도에 와서 가장 맛있는 식사를 했어요.

이제 민생고도 해결했으니 호텔로 돌아가서 짐을 찾아 카주라호 역으로 가서 야간열차를 타고 10시간 반 정도 걸리는 바라나시Varanasi로 향합니다. 이렇게 카주라호Khajuraho의 마지막 밤은 깊어갑니다.

바라나시 행 야간열차

　래디슨호텔을 나와 릭샤에 짐을 싣고 카주라호 역으로 나왔어요. 바라나시 행 열차는 오전 0시에 출발하여 오전 10시 30분에 도착할 예정입니다. 카주라호 역에 나오니 겨울 날씨가 꽤 쌀쌀한데도 역 바깥에서 노숙하는 사람들이 담요를 뒤집어쓰고 자고 있어요.

　역내로 들어오니 구내 바닥에 담요를 깔고 누워 열차 시간을 기다리고 있는 사람들이 많아요. 저도 이 역에서 한 시간 정도 기다려야 바라나시 행 열차를 탈 수 있어요.

　역 구내를 구석구석 살펴보니 한국의 역과 다른 점들이 눈에 띕니다. 역 대합실 내에 20명 정도 들어갈 소 대합실이 여러 개가 있어요. 소 대합실 안에는 텔레비전도 있고, 앉을 의자도 있어요. 역 대합실보다 훨씬 따뜻하고 안에 화장실까지 있어요. 역 대합실보다 소 대합실이 훨씬 아늑합니다. 열차 시간이 되어 일어나는 분의 의자를 인계받아 좀 쉬려는데 우리 열차의 시간이 다되어 아쉽게도 소 대합실의 아늑함과는 이별을 해야겠어요.

　바라나시 행 열차는 연착이 보통 몇 시간씩 된다는데 우리 열차는 20분 정도 연착되었지만 아주 준수한 편입니다. 일단 기차역 플랫폼으로 가서 우리 열차 번호가 맞는지 확인을 하니 맞아요. 때마침 유럽 관광객들도 우리 열차와 같은 칸인 것 같아요. B4칸 표시에서 함께 기다리게 되었네요. 나중에 알게 되었는데, 이들은 스위스에서 온 여행객들이었어요. 이

제 기다렸다가 열차가 오면 타기만 하면 될 줄 알았는데, 우리 열차의 도착 예정 시간 5분을 남기고 우리 플랫폼에 다른 열차가 도착할 예정이라는 전광판 표시와 안내 방송이 흘러나옵니다. 이 플랫폼에 다른 열차가 들어온다면 우리 열차는 도대체 어느 플랫폼으로 들어온단 말인가? 갑자기 급당황했어요. 우리 열차에 대한 멘트는 없고, 새로 바뀐 열차가 곧 플랫폼에 들어올 예정이라는 멘트만 계속됩니다.

역 대합실에 가서 물어보아야 하는지 망설이고 있는데, 들어올 거라던 다른 열차는 들어오지 않고 전광판에 우리 열차가 곧 들어온다는 표시가 떴어요. 방송 안내도 우리 열차가 곧 플랫폼에 들어온다고 합니다. 잠시나마 급당황했던 가슴을 쓸어내리고 기차에 짐을 들고 올랐어요.

짐을 들고 기차를 탈 때에는 번호가 앞 번호인지 뒷 번호인지를 확인한 다음에 열차 칸의 앞뒤 출입문을 선택해서 타야 열차 안에서 쉽게 자리를 찾아 앉을 수 있어요. 특히 짐을 들고 탈 때에는 더욱 그렇습니다.

그런데 이게 무슨 운명의 장난이란 말인가! 열차가 도착하자 한국 그룹과 스위스 그룹이 각기 다른 방향의 문으로 열차에 올랐는데, 서로가 반대쪽 문으로 타서 열차 안에서 짐을 들고 자기 자리를 찾아가느라 서로 엉켰어요. 이때 교통정리가 필요하더군요. 일단 통로를 트고 스위스 여행객들이 먼저 통과하게 하니 우리의 자리를 찾아가기가 쉬웠어요.

열 시간 넘게 열차를 타고 가야 하기에, 짐을 의자 밑으로 잘 넣고 체인으로 의자 기둥 고리에 묶어야 합니다. 3층의 침대 열차입니다. 다행히도 저는 1층이라 위로 올라가야 하는 번거로움이 없었어요. 우리가 승차한 카주라호 역에서 내린 분들이 쓰던 담요와 린넨(아마포)이 쌓여 있고, 우리는 짐을 정리해 의자 밑에 넣는 등 상당히 부담스럽습니다. 새로운 린넨을 어디서 구할지도 막막합니다.

열차 칸 사이의 공간 캐비닛에서 흰 린넨 두 장씩을 넣은 종이봉투를 발견했어요. 서너 개의 종이봉투를 갖고 와서 우왕좌왕하는 동료 분들에게 나누어주니 너무너무 고맙다고 인사를 하네요. 야간열차라서 저는 옷도 두껍게 입고 왔지만, 그래도 하얀 린넨 두 장을 먼저 깔고 그 린넨 위에 담요를 덮어 두 린넨 사이로 쏙 들어가서 잠을 청했어요.

열차 벽에 충전용 소켓이 있어서 핸드폰을 꼽고, 핸드폰은 제 가슴 쪽으로 안았어요. 혹시라도 자는 사이에 밤손님이 슬쩍하면 저만 손해니까요. 통로와 침대 사이에 칸막이가 없어서 오픈되어 있기에 소지품 관리에 주의를 기울여야 합니다.

여행용 가방을 체인으로 묶고, 충전 중인 핸드폰을 가슴에 안고 잔다고 하니 인도의 열차 치안이 아주 위험하다는 인상을 받으셨을 것입니다. 제가 경험한 인도의 치안은 비교적 양호합니다. 만에 하나 짐 가방을 잃어버리거나 도난을 당할까봐 사전에 방지하는 차원에서 조심하는 것입니다. 남인도와 북인도를 다니며 소매치기나 도둑을 만난 적은 없답니다.

린넨 속으로 들어가 잠을 청했어요. 흔들리는 열차에서 10시간 이상을 달려야 하고, 바라나시에 도착하면 바로 바라나시 투어에 나서야 하기 때문에 무조건 잠을 자야 합니다. 열차 내의 전등을 모두 각자의 벽에 있는 스위치로 소등하고 나니 열차 안이 캄캄해졌어요. 이내 저는 잠에 골아떨어졌어요.

아침에 잠에서 깨니 열차는 계속 달리고 있고, 바깥은 환한 대낮입니다.

화장실에서 간단한 고양이 세수를 하고 하차 준비를 했어요.

드디어 바라나시 역에 도착하니 인도의 여느 역 같이 붐빕니다. 육교를 건너야 하는데 계단이 아니라 경사로로 되어 있어서 여행용 가방을 옮기기가 편했어요. 계단 대신 경사로로 하면 모두가 편리할 터인데 왜 계단으로 된 육교가 많을까요? 그 이유를 알게 될 때쯤이면 인도를 떠날 때가 되겠죠.

바라나시 역에서 기다리던 버스를 타고 HHI(호텔 힌두스탄 인터네셔널)에 짐을 풀고 1층 식당에서 민생고를 해결했어요. 레스토랑의 메뉴는 인도인을 위한 메뉴였는데, 우리가 먹을 만한 음식은 볶음밥과 볶음면 정도였어요. 주문을 하고 30분 정도 기다리니 볶음밥과 볶음면이 나왔어요. 시장이 반찬이라고 엄청 맛있게 먹었어요.

바라나시와 갠지스 강

　바라나시Varanasi는 산스크리트어이고, 힌디어로는 베나레스 혹은 카시로 불립니다. 바라나시는 인도 우타르프라데시Uttar Pradesh 주에 위치한 도시로, 옛날 카시Kashi 왕국의 수도이자 동시에 힌두교의 최대 성지입니다.

　바라나시를 흐르는 갠지스 강은 힌두교도에게 성스러운 젖줄로, 강과 건물들 사이의 계단 지역을 가트ghat라고 하는데, 이 가트에는 강에 몸을 담그고 그 물을 마시기 위해 모여든 힌두교도들로 북적거립니다. 강가에서 화장火葬을 하는 모습은 바라나시에서 흔히 볼 수 있는 풍경입니다. 가

트는 갠지스 강의 서쪽 제방을 따라 5km 가량 뻗어 있었어요.

바라나시에서 개발된 인도 고전 음악의 버나러스 가라나^{Benares gharana}와 인도 철학자, 시인, 작가, 음악가 등 수많은 유명 인사가 바라나시에 거주하였거나 거주하고 있어요. 그 예로, 아유르베다^{Ayurveda}가 바라나시에서 시작되었다고 하며, 고타마 붓다^{Gautama Buddha} 시절에 바라나시는 카시의 수도였어요. 중국의 순례자 수안장은 바라나시가 종교, 교육, 예술 활동의 중심이라고 했지요.

바라나시는 버나러스 힌두 대학^{Banaras Hindu University}의 고향이며 거주자들은 주로 힌두어와 밀접한 관련이 있는 카시카 보즈푸리어^{Kashika Bhojpuri language}를 사용하며 바라나시를 사원의 도시 또는 인도의 종교 및 문화의 수도라고 합니다

바라나시는 힌두교의 성지인 만큼 바라나시에서 죽기 위해 이곳으로 오는 인도 사람들이 많아요. 바라나시를 흐르는 갠지스 강가에는 수십 개의 가트가 있고, 갠지스 강에는 기도하는 사람, 물을 긷는 사람, 목욕하는 사람, 빨래하는 사람, 관광객 그리고 관광객들을 상대로 장사하는 사람들로 인산인해를 이룹니다.

강가에는 화장장이 두 군데나 있어서 연기 냄새가 메케합니다. 갠지스 강에서는 배를 타거나 저녁 6시 30분에 있는 힌두의 제례 행사인 뿌자^{Puja}

를 보는 것이 하일라이트입니다.

　바라나시의 생활하수와 쓰레기, 폐기물, 파리와 해충들, 바퀴벌레, 쥐, 들개, 까마귀, 독수리 등으로 갠지스 강 주변은 어수선하고 비위생적으로 보입니다.

　바라나시는 콜레라의 원산지이자 이 지역 풍토병의 근원지였어요. 갠지스 강은 성스러운 강이라 불려요. 매년 백만 명이 넘는 순례자들이 이곳을 찾아요. 인도 인구의 80%가 넘는 힌두교도들이 가장 숭배하는 파괴의 신인 쉬바^{Shiva} 신의 머리로부터 내려온 물이 바로 갠지스 강으로 흐른다고 믿기 때문입니다.

바라나시의 이모저모

인도 바라나시의 HHI^{Hotel Hindustan International}에 여장을 풀고, 호텔 레스토랑에서 점심을 먹었어요. 볶음밥에 볶음면을 주문하니 양이 많아요. 밤새 열차의 여독이 점심 식사로 풀린 것 같아요.

민생고를 해결했으니 바라나시 시내로 나가 봅니다. 바라나시의 갠지스 강 여행은 시내에서 일단 고돌리아 사거리^{Godowlia crossing}로 가야 합니다. 릭샤를 타고 40분 정도 복잡한 골목길들을 관통하여 드디어 고돌리아 사거리에 도착했어요. 고돌리아 사거리는 차와 릭샤 그리고 노점상들로 북적북적 인산인해를 이룹니다. 네 방향 모두 사람들과 차들이 가득 찼어요.

갠지스 강가로 가기 위해서는 핵심 목적지인 가트^{Ghat}가 표시된 표시판을 찾아 따라가면 돼요. 고돌리아부터는 화석 연료를 사용하는 릭샤나 교통수단은 출입이 금지됩니다.

자전거를 이용한 인력거와 전기 릭샤 운전사가 호객 행위를 하네요. 그냥 걸어가기로 했어요. 별로 넓지 않은 도로에 사람들과 차들이 뒤엉켜 지나갑니다. 길 양변에는 여러 종류의 상점들이 있어요. 인도는 실크가 유명한가 봅니다. 이왕 바라나시에 왔으니 인도 실크를 구경하고 싶었어요. 실크 가게에 들어가니 직원이 한국말로 양털 스카프를 권하네요. 일단 가벼운 목도리용 스카프를 몇 장 샀어요. 아주 저렴합니다.

쇼핑을 하며 가니 고돌리아에서 강가까지 30분 정도의 도보가 짧게 느

껴졌어요. 이제 갠지스 강이 가까워집니다. 마지막 채소 난전을 지나니 뻥 뚫린 공간이 나옵니다. 바로 갠지스 강입니다.

강과 건물이 있는 바닥 사이에는 상당한 높이 차가 있어서 계단으로 연결시켰어요. 이 계단들을 구역으로 나누어 무슨무슨 가트라고 불러요.

제가 가고 있는 가트가 메인 가트 같아요. 가트 계단에 상인들이 관광객을 상대로 물건을 팝니다. 계단 중에서 폭이 넓은 평평한 부분에는 소가 한가롭게 누워서 통행에 불편을 주어도 누구하나 불평하는 사람이 없어요. 거기다가 응가까지 해서 소도 나름대로의 전시회를 하고 있네요.

계단 아래로 보니 수많은 배들이 강가에 정박하고 있어요. 갠지스 강 유람을 위한 배들입니다. 계단 사이로 난 통로에서 호객꾼들이 싸게 배를

타게 해 주겠다며 말을 걸어옵니다. 그리고 생화와 여러 색깔의 물감을 가지고 다가옵니다. 어떤 종교 지도자 같은 분은 파라솔 아래에서 종교적 상담과 종교의식을 행하고 있습니다.

  갠지스 강 너머에는 하얀 모래사장이 있어요. 모래사장에는 천막들이 쳐져 있어요. 천막 안에는 사람들이 있는데 무엇을 하고 있는지는 잘 알 수 없어요.

갠지스 강에서 배를 타다

가트를 걷다 보면 호객꾼이 배를 타지 않겠냐면서 싸게 해 주겠답니다.

갠지스 강 투어의 배에는 여러 종류가 있고 가격도 다릅니다. 엔진이 있는 통통배, 엔진 없이 노를 저어가는 배, 유람선 등 여러 배 중에서 저는 유람선을 탔어요. 배가 가트와 일정 거리를 두며 강을 오르내립니다. 가트에 붙은 건물들의 모양이 다양합니다. 어느 배는 어부의 배입니다. 작은 배에 3명이 타서 그물을 내리고 있어요. 갠지스 강에서 잡은 물고기를 먹는다는 의미입니다. 화장장에서 나온 유골을 뿌리는 모습과 물고기를 잡는 어부의 모습이 이상한 기분을 들게 합니다. 이 장면이 인도의 심오한 철학과 생활상이 아닐까 생각해 봅니다.

갠지스 강변의 화장장에는 두 종류가 있어요. 메인 가트에서 좌회전해서 올라가면 나오는 화장장은 전통적인 방식인 장작으로 시체를 태우는 방식입니다. 강변에 정박 중인 배에는 장작이 가득 실려져 있어요. 메인 가트에서 우회전해서 가다가 나오는 화장장은 전기식으로 시체를 태웁니다. 현대식이라고 보면 됩니다. 우리나라의 화장장은 모두 전기식이죠.

그렇다면 인도 사람들에게는 어느 화장장이 인기가 있을까요? 전통적인 장작으로 태우는 방법을 선호합니다. 그래서 그런지는 몰라도 장작으로 태우는 화장장의 불길 수가 더 많아요. 화장장에 가까이 가니 연기와 냄새가 메케하고 표정 없이 불길을 바라보는 사자의 친인척분들의 모습이 눈에 들어옵니다.

혹시나 불에 타는 시신을 볼 수 있는지 가까이 가서 보았어요. 사각형의 틀 아래에 시신을 두고 장작을 위로 덮어서 불로 장작을 태우는 방식인 듯 시신은 보이지 않아요. 또 가난한 사람은 장작을 충분히 살  수 없어서 시신을 덜 태우고 버린다는 말은 사실과 다른 것 같아요. 바람에 날려 불길이 이리저리로 휘어집니다. 삶과 죽음이 교차하는 갠지스 강의 화장장을 보니 머리가 숙연해집니다.

제가 탄 배가 갠지스 강을 오르내리며 화장장뿐만 아니라 여러 풍경들을 볼 수가 있네요. 강변으로 사원 같은 건물들도 있고, 강변의 탑이 피사의 사탑처럼 기울어진 탑이 넘어지지 않으려고 안간힘을 쓰고 있는 것 같아요. 가트 주변에는 작은 꽃들을 파는 아이들이 많았어요. 저도 작은 꽃접시를 샀어요. 아주 저렴해요.

제가 탄 유람선이 한 바퀴를 돌고 돌아오는 길에 가져간 작은 꽃접시의 양초에 불을 붙여 소원을 담아 강물에 띄워 보냈어요. 다른 배에서도 꽃

접시를 강물에 띄우니 순식간에 갠지스 강은 영롱한 빛을 발하는 은하수가 된 것 같아요.

  이렇게 갠지스 강에서 유람하며 밤은 깊어만 갑니다.

  인도 여러 도시를 돌아보며 인디라 간디 국제공항Indira Gandhi International Airport에서 보았던 포스터를 볼 수 있었어요. 모리 총리의 사진과 함께 게시된 포스터는 2023년 G20 회의를 인도에서 개최한다는 내용입니다. 내용을 보니 One Earth, One Family, One Future입니다. 하나의 지구, 하나의 가족, 하나의 미래입니다. 인도의 아름다운 미래를 기대해 봅니다.

쿠트브 미나르

바라나시에서 비행기로 2시간 정도 날아 델리국제공항으로 왔어요. 공항에서 택시로 로얄프라자호텔에 짐을 풀었어요. 이미 밖은 어두워졌어요. 일단 잠을 청해 자고, 이튿날 델리 여행에 나섰어요. 델리는 뉴델리와 올드델리로 나누어집니다. 호텔은 뉴델리에 있어요. 호텔에서 가장 먼 델리 남쪽에 위치한 쿠트브 미나르Qutb Minar로 택시를 불러 700루피에 갔어요.

쿠투브 미나르는 터키계의 무슬림으로서 델리에 노예왕조를 세웠던 쿠트브 웃 딘 아이바크Qutb-ud-Din Aybak 장군이 인도 북부 정복을 기념하기 위해 1192년부터 1198년까지 6년에 걸쳐 건설되었어요. 쿠트브 미나르

는 높이 72.5m, 기저부의 지름 14.5m의 거대한 탑입니다. 쿠트브는 이 탑을 만든 사람의 이름이고, 미나르는 탑이라는 뜻입니다. 쿠트브 미나르는 인도에서 가장 오래된 모스크Mosque이자 가장 높은 석조탑입니다. 아프가니스탄의 얌의 첨탑Minaret of Jam을 모델로 세워졌으며 기단부의 지름이 14.5m이지만 높이에 따라 점점 가늘어져 정상부의 지름은 3m입니다.

쿠트브 미나르는 처음에는 4층이었으나 1368년에 개축되어 5층이 되었고, 그 위에 흰색 돔 지붕을 씌웠지만 지진으로 돔 지붕이 부서졌어요. 19세기에 영국의 스미스 소령에 의해 다시 만들어졌지만 건물과 어울리지 않는다는 이유로 1848년에 탑에서 떼고는 인근 잔디밭에 내려놓았어요.

입구 매표소에서 600루피의 입장권을 사서 들어가니 안개 속에 우뚝 솟은 탑이 눈에 들어옵니다. 높은 탑 주위로는 폐허가 된 유적들이 골조만 드러내고 있어요. 유적들 사이로 개들이 한가로이 우리를 구경합니다. 콩을 던져 주니 잘 주워 먹네요. 이를 본 다람쥐들이 앞에서 재롱을 부리네요. 다람쥐들에게도 콩을 주니 한 알 한 알 잘도 받아먹으며 두 손을 모아 콩을 비비며 고맙다는 인사를 하네요.

쿠트브 미나르 주위를 돌며 사진을 찍고 있는데, 경비원이 나타나 좋은 포인트를 알려주겠다며 저의 핸드폰을 받아서는 이리저리로 다니며 여러 군데서 사진을 찍어 주었어요. 역시 포인트에서 찍은 사진의 구도는 안성맞춤이었어요. 고맙다는 인사를 하며 100루피를 드렸어요. 팁을 좀 더 달라고 하네요. 얼마를 주든 인도 사람들은 더 달라고 합니다. 카주라호에서도 서부사원에서 래디슨호텔까지 100루피에 가기로 하고 오토바이 뒷좌석에 올랐는데, 호텔에 도착해 100루피를 주니 또 더 달라고 했어요.

쿠트브 미나르의 총 다섯 개 층 중에서 아래 세 층은 세로로 홈이 새겨진 적색 사암으로, 꼭대기 두 층은 대리석과 사암으로 만들어졌어요. 맨 아래층은 1200년에 지어졌고, 꼭대기 층은 150여 년이 지나서야 완공되었어요.

쿠트브 미나르를 세운 이유에 대해서는 여러 의견들이 있어요. 인도에서 이슬람의 통치가 시작되면서 승리의 상징으로 세웠다고 합니다. 또 신자들에게 기도 시간을 알리기 위한 탑으로 만들어졌다고 하기도 합니다.

탑의 정원에는 수백 년 동안 녹슬지 않는 7m 높이의 철 기둥이 있어요. 인도 사람들은 이 철 기둥을 안고 소원을 비네요. 뒤편 정원에는 아주 큰 흙기둥처럼 생긴 건물이 있는데, 위층은 허물어져 없어지고 밑동만 있는데도 주위를 한 바퀴 도는 데 꽤 시간이 걸려요.

후마윤의 묘

쿠트브 미나르를 나와 릭샤를 타고 300루피에 후마윤의 묘Humayun's Tomb로 가기로 했어요. 릭샤 운전사가 한참을 가더니 길을 달리던 다른 릭샤 운전사에게 뭐라고 말을 걸더니 우리에게 다른 릭샤로 갈아타라고 했어요. 우리가 옮겨 타는 사이 새 릭샤 운전사가 우리를 태워 온 릭샤 운전사에게 100루피를 건네 주었어요. 새 릭샤 운전사는 우리를 태워 얼마간을 달리더니 주유소에 들러 기름을 넣고 다시 달렸어요. 아마 기존 릭샤 운전사는 자기가 태워 온 만큼의 요금을 받고 되돌아갔고, 새 운전사는 남은 거리의 요금을 받는 것 같았어요.

릭샤는 우리를 후마윤의 묘 입구에 내려 주었어요. 입장권을 끊어 입구로 들어가니 우측에 출입문이 있어서 들어갔어요.

이사칸의 정원 무덤Isa Khan's tomb이 나오네요. 이사칸의 정원 무덤은 후마윤의 무덤보다 20년이나 앞선 1548년에 지어졌어요. 널찍한 잔디밭 중앙에 있는 무덤 건물의 양식이 특이합니다. 잎이 떨어진 앙상한 나뭇가지 사이에 해가 걸려 있어요. 반대편에는 울창한 나무가 숲을 이루고 있어요.

이사칸의 정원 무덤을 나와 후마윤의 무덤을 향하는데 넓은 정원이 또 펼쳐지네요. 네팔 아주머니들이 정원의 풀을 뽑고, 남자들은 벽돌로 정원의 보수공사를 하네요. 그 옆에는 두 아이를 데리고 나와 한가로이 휴식을 취하는 장면이 한 폭의 그림 같습니다.

아사칸의 정원 무덤

정원의 안 끝자락에 인디아게이트^{India Gate} 같은 큰 문이 있어서 갔더니, 문 안으로 어디선가 본 듯한 건물이 보입니다. 언뜻 보기에 타지마할이 왜 여기에 있지 하는 생각이 들었어요. 타지마할 비슷한 건물이 바로 후마윤의 묘입니다. 후마윤이 어떤 인물인지 궁금해집니다.

후마윤은 무굴제국의 제2대 황제로 선황인 바부르^{Bābur} 못지않은 시대의 풍운아였어요. 후마윤이 22세에 황위에 올랐으나 나라는 크게 흔들리고 있었고, 형제들 간의 갈등은 지속되었어요. 1540년 후마윤은 수르의 셰르 샤^{Sher Shah of Sur}에 대패한 후, 페르시아의 사파비^{Safavi} 왕조로 망명하여 15년이나 방랑하게 됩니다.

후마윤은 15년 만인 1555년에 북인도로 돌아와 델리를 수복하고 무굴

후마윤의 묘

제국을 재건합니다. 무굴제국 재건 1년 후인 1556년에 후마윤은 도서관에서 실족사하여 어이없게도 황당한 죽음을 맞이합니다.

　무굴제국의 전성기인 악바르 대제 때 지어진 후마윤의 묘는 수준 높은 건축 기술로 지어진 북인도 최초 페르시아 양식의 영묘입니다. 후마윤의 묘는 황제가 서거한 지 9년이 지난 후에 황후 하미다 바누 베굼Hamida Banu Begum의 지시로 착공된 적색 사암과 대리석을 이용한 대표적인 초기 무굴제국의 건축물입니다.

　후마윤의 묘 내부로 들어가니 네 구역으로 나뉜 정사각형의 잔디밭 사이로 포장된 산책로가 나오네요. 길 한가운데는 좁은 수로가 있는데, 이 수로는 이슬람에서 일컫는 천국 자낫jannat에 흐르는 네 개의 강을 의미합

후마윤 내부

니다.

　우뚝 솟은 붉은색 건물은 2층의 적색 사암으로 지었어요. 꼭대기에는 두 개의 돔이 있어 멀리서 보면 붉은 타지마할 같은 느낌이 듭니다. 후마윤의 묘에는 후마윤의 무덤 외에도 다른 무굴제국 통치자들의 무덤도 많이 있고, 남동쪽 방향에는 이발사의 무덤도 있네요. 천정을 올려다보니 원형 문양이 특이합니다. 벽면의 대리석에 새겨진 식물과 꽃문양도 인상적이네요.

양꼬치를 파는 상인

　후마윤의 묘를 나와 자마 마

스지드Jama Masjid로 가서 계단 위의 건물 사진만 찍고 내려오니 오가는 사람들로 거리는 붐빕니다. 길가에서 연기를 내며 굽는 양꼬치의 냄새에 빨려들어가 양꼬치를 사 먹었어요. 시장해서인지 양꼬치 맛이 일품입니다.

길 건너 저 멀리 레드 포트The Red Fort가 보이네요. 걸어서 갈 수 있는 정도의 거리입니다. 걸어서 레드 포트로 가는데, 길가의 리어카에서 사탕수수 즙을 팔고 있어요. 남인도에서 많이 마셨던 사탕수수 주스의 기억으로 입안에 침이 고입니다. 사탕수수 즙 한 잔 마시니 피로가 확 사라집니다.

후미진 길가에는 남자들이 아무 거리낌 없이 노상방뇨를 합니다. 에티오피아의 아디스아바바에서 본 풍경을 델리에서 다시 보게 됩니다.

올드 델리의 레드 포트

 후마윤의 묘에서 릭샤를 200루피에 타고 올드 델리의 레드 포트로 갔어요. 입구에서 입장권을 샀는데 외국인은 600루피, 인도 현지인은 40루피입니다. 과거 중국이 외국인에 대한 입장료가 비쌌는데, 요즘 중국은 외국인과 내국인의 입장료 차이가 없어요. 인도가 외국인에 대해 입장료를 비싸게 받는 것은 인도가 그만큼 경제적으로 어렵다는 점을 인정하는 것 같아서 속히 인도도 잘 살게 되어 내·외국인에 대한 차등 요금이 없어지면 좋겠다는 바람입니다.

매표소에서 입장권을 사고 15분 정도 걸어가야 입구가 나옵니다. 이 구간에 전동 릭샤와 인력 자전거가 운행됩니다. 매표소를 지나자마자 붉은 성이 압권입니다. 이 붉은 성벽이 입구까지 계속 이어집니다. 성벽 바깥에는 해자인 물웅덩이가 있었는데, 지금은 갈수기라서 그런지 물이 없어요.

붉은 성벽을 따라가다 보면 성벽에 특이한 건축물들이 일정한 간격으로 나타나는데, 지나는 사람들에게 좋은 포토 존이 되어 주네요. 입구에서 성벽 위를 보니 한 군인이 총을 메고 걸어가고 있어요. 아마 임무 교대 시간이 되어서 성벽에서 내려오는 것 같았어요. 입구의 성벽 아래에는 큰 대포가 전시되어 있는데, 사람들이 대포에 올라타서 사진을 찍고 있어요. 한 중년 남성은 대포에 올라타서 대포 총구가 자신의 거시기인양 폼을 잡으며 익살을 부리고 있네요.

입구 안으로 들어가니 이슬람 문양의 건물들이 아주 많습니다. 그리고 넓은 잔디 정원이 중앙에 자리 잡고 있어요. 이 잔디밭을 가꾸는 여인들이 잡초를 뽑고 있어요.

잔디밭 사이로 난 길을 걷고 있는데 한 인도 청년이 사진을 찍자고 제안을 해 옵니다. 무심코 "노!"라고 대답했어요. 그런데 이 청년이 저에게 왜 "노!"라고 말하느냐며 따져 물었어요. 그러고 보니 인도 청  년이 사진을 함께 찍자고 했는데 제가 "노!"라고 대답할 명분이 없었어요. 그래서 함께 찍자고 동의하며 사과하니 괜찮다며 함께 사진을 찍었어요. 그리고 제 핸드폰으로 함께 셀카를 찍었어요. 인도의 거리를 다니다 보면 많은 사람들이 말을 걸어옵니다. 일단 반응을 보이면 결론은 팁을 달라는 것이었기에 조건반사로 이 청년에게도 "노!"라고 대답한 것입니다.

잔디밭에 작은 물웅덩이에서 새들이 목욕을 합니다. 비둘기들이 물에서 날개를 치며 목욕하는 모습은 처음 보는 광경이라 신기해서 동영상으로 촬영했어요. 여러 번 보아도 질리지 않아요.

레드 포트에는 외국인 관광객들도 많지만 인도 사람들도 많이 옵니다. 초등학생으로 보이는 두 딸을 데리고 온 엄마도 있네요. 두 어린이는 사진을 찍으니 포즈도 자연스럽게 취해 줍니다. 하늘에는 레드 포트를 둥지 삼아 나는 새들이 무리를 지어 이리저리로 날아다니면서 레드 포트의 모습을 더 아름답게 수놓아 주네요.

레드 포트의 역사

레드 포트의 거대한 성채에서는 무굴제국 시대의 예술과 역사와 전통을 느낄 수 있었어요. 거대한 붉은색 사암 벽의 높이가 최대 33m나 되어 레드 포트 혹은 붉은 요새로 불립니다.

레드 포트는 델리 북쪽 야무나Yamuna 강변에 위치하고 있어요. 성채의 벽은 17세기에 타지마할을 지은 샤 자한 무굴 황제의 통치 기간 동안 외부의 침략을 막기 위해 지은 왕궁이자 요새입니다. 1639년에 짓기 시작하여 1648년에 아그라 성에서 레드 포트로 천도를 했어요. 레드 포트와 레드 포트가 있는 샤자하나바드Shahjahanabad는 샤 자한 황제가 조성했답니다. 샤 자한 황제는 아그라 성에서 천도하여 최대 번영을 대내외에 보여주고 싶었어요.

이 훌륭한 요새를 보기 위해 전 세계에서 관광객들이 몰려들고 있어요. 저 또한 그 중의 한 명입니다. 1년 중 가장 많은 사람이 레드 포트에 모이는 날은 인도 총리가 국기를 높이 들고 영국으로부터 독립을 축하하는 8월 15일입니다. 우리나라가 일본으로부터 독립한 8월 15일의 광복절과 같아요.

레드 포트는 약 100만 제곱미터에 달하는 부지에 2.4km의 방어벽으로 둘러싸여 있어요. 레드 포트에는 무굴제국 건축물의 절정기를 보여주는 꽃무늬 장식, 이중 돔, 정교한 조각의 예술양식으로 장식된 여러 개의 건물들이 있어요.

야무나 강변에 서 있는 성채는 대부분 해자 형태의 연못으로 둘러싸여 있어요. 1783년 5월 11일, 시크교도가 레드 포트를 점령하면서 다와니암 Diwan-i-Am이 이 성의 주인이 되었어요. 1857년 세포이 항쟁 Sepoy Mutiny 이후 레드 포트는 영국군의 본부로 사용되었어요. 이때 80% 정도의 전각이 해체되었고 정원도 파괴되었어요. 신사의 나라라는 영국, 참 나빠요.

1903년에 복구 계획이 시작되었어요. 레드 포트는 모든 인도 건축물을 대표할 만큼 중요한 건축물입니다. 이전에는 3,000명 정도의 주민이 레드 포트에 살았으나 1857년 영국이 지배하면서 주거 기능은 없어졌어요. 1947년 인도가 독립하자 인도군이 레드 포트의 소유권을 되찾았어요. 또 인도군은 레드 포트의 소유권을 인도 관광청으로 이전하여 지금은 인도 관광청이 레드 포트를 관리하고 있어요.

레드 포트를 나와 릭샤를 타고 뉴델리의 로얄프라자호텔로 향했어요. 호텔로 돌아오는 길에 릭샤 운전사에게 과일가게에 들러 달라고 했어요. 알았다고 했는데 릭샤 운전사는 길을 헤매고 있어요. 아마 올드델리에서 뉴델리로 들어오니 거리가 낯선가 봅니다. 릭샤 운전사는 내비게이션이 없어요. 그래서 일행이 준 핸드폰 내비게이션을 보면서 야채시장에 들러 과일을 살 수 있었어요.

북인도에서의 마지막 이틀을 로얄프라자호텔에서 머물게 되었네요. 로얄프라자호텔은 뉴델리의 중심가에 위치하고 있으며 내부 시설이 화려합니다. 로마의 궁전 같아요. 천정에는 천지창조와 비슷한 그림이 그려져 있고, 화려한 샹들리에 벽면은 우아한 벽화와 조각품들로 치장되어 있어요. 로마에 온 기분입니다. 식당도 우아합니다.

    저녁 식사를 한 후 테이블을 옮겨 감자와 치킨 그리고 맥주를 시켜 놓고는 일행들과 지난 북인도 여행의 소회와 담소를 나누었어요. 인도 음식이 짠 편이네요. 치킨도 짜고, 감자 스낵도 약간 짠 편입니다.

    북인도 여행을 돌이켜보니 남인도와 스리랑카 여행과 비교가 됩니다. 여행 인프라는 북인도가 남인도보다 나은 것 같아요. 특히 교통편을 보면 남인도에서는 데칸고원의 비포장도로를 12시간이나 밤 버스로 달린 기억이 있어요. 북인도는 철도가 잘 정비되어 웬만한 도시 간 이동은 기차를 이용할 수 있었어요. 남인도에서는 기차도 있었지만, 버스로 비포장도로를 달린 기억이 많아요. 바라나시에서 뉴델리까지 비행기로 이동할 수 있는 것도 남인도보다 북인도의 교통 인프라가 좋다는 뜻이겠네요.

    이번 북인도 여행에서 느낀 점은 남인도의 배낭여행 때와는 다르게 호텔들이 좀 고급스러웠어요. 그러다보니 인도에서 쉽게 이용할 수 있는 릭샤는 저렴하고 편리하지만 로얄프라자호텔 같은 고급 호텔에는 릭샤의 출입이 금지됩니다. 호텔에서 교통수단을 부를 때 택시를 불러야 해요.

릭샤보다는 3~4배 정도의 비싼 택시비를 지불해야 했어요. 인도에는 신분제도인 카스트 제도만 있는 것이 아니라 숙박시설의 수준에 따라 출입하는 교통수단의 계급이 있다는 사실을 깨달았어요.

인천에서 올 때는 뉴델리로 들어왔다가, 북인도를 한 바퀴 돌고 다시 북인도의 뉴델리로 들어와 시가지와 관광지를 둘러보고, 이제 뉴델리에서 네팔의 카트만두^{Kathmandu}로 내일 아침에 떠납니다.

2부

네팔
Nepal Adhirajya, Kingdom of Nepal

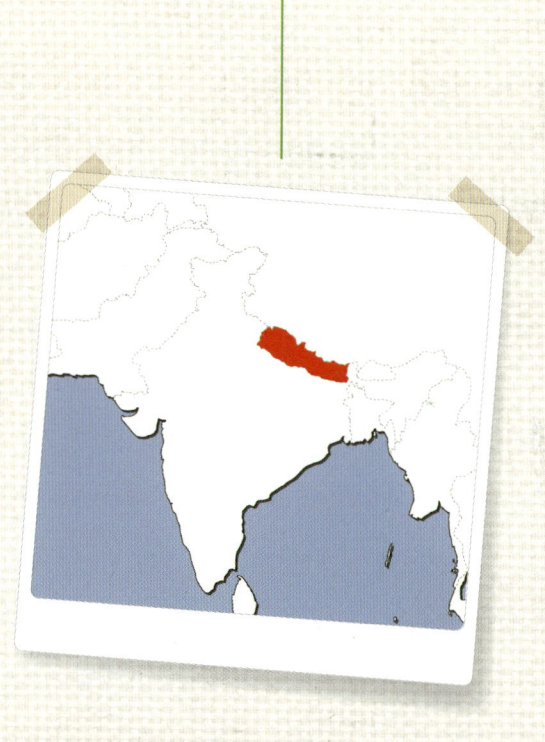

북인도의 뉴델리에서 네팔의 카트만두로

뉴델리의 로얄프라자호텔에서 아침을 일찍 먹고 델리 인디라간디 국제공항으로 갔어요. 이제 뉴델리라는 도시에 좀 익숙해지려니 떠나야 할 시간이 되었네요. 인디라간디 국제공항은 인천공항에 비할 바는 못 되지만 나름대로 깔끔한 인상을 줍니다.

12시 40분 출발이라 공항에 도착하니 9시 30분이 되었어요. 보딩패스를 받아 수하물을 부치고 면세점으로 들어갔어요. 비행기를 탈 때마다 짐이 많아서 비행기에 실을 수 있는 무게를 조금씩 초과하는 바람에 다른 사람들에게 맡기기도 하고 꼭 필요하지 않은 것은 버리기도 했어요. 그런데 이번에는 20kg이 채 되지 않아요. 신기한 일인데 그 이유는 바라나시에서 뉴델리로 오는 국내선 비행기의 수하물 무게의 한도가 15kg이었기에 이미 짐을 많이 줄인 덕분입니다. 한국에서 가져간 깻잎, 라면, 과자 등등을 지난 열흘 동안 다 비웠기 때문이기도 합니다. 인디라간디 국제공항의 면세점이 많지만 구미가 당기는 상품은 거의 없어요.

공항 안에 물고기처럼 생긴 날렵한 전기차에 담배와 양주를 진열하여 광고를 하고 있어요. 전기차가 깜찍하여 파노라마 사진을 찍기로 했어요. 일행 중 한 분에게 파노라마 촬영을 부탁했어요. 근데 이 분이 파노라마 사진에 대한 이해가 없어서 제가 촬영 시작하자마자 촬영자의 뒤를 돌아 반대편에 가서 포즈를 잡았는데 첫째 장면에서 뛰는 모습이 나오고 둘째 장면은 포즈를 잡고 있는 모습이 찍혔어요. 그래서 한 사진에 제가 다른

파노라마 기능으로 찍은 사진　　　　　　　　　　　　　기내식과 나무 숟가락

　포즈의 두 사람으로 등장하게 되었지요. 다시 찍고 싶었지만 상대방에게 민폐가 될 것 같아서 그 사진으로 만족해야만 했어요.

　AI 215편에 몸을 실었어요. AI는 Air India를 의미합니다. 즉 에어 인디아 항공의 비행기를 타고 카트만두로 향한 셈이죠. 비행기가 이륙한 지 30분이 지나니 기내식이 나옵니다. 인천에서 뉴델리 그리고 바라나시에서 뉴델리로 오는 비행기에서의 기내식은 항상 똑같아요. 일단 '난베지'냐고 물어봅니다. '난베지'는 None Vegetarian 즉 채식주의자가 아니라는 말입니다. 당연히 '난베지'라고 했더니 커리에 안남미 쌀밥 그리고 병아리콩을 발효시킨 것에다가 치킨 몇 조각을 더 줍니다. 향과 맛이 저의 취향이 아니라 배고픔을 해결할 정도만 먹고 반도 먹지를 못했어요.

　기내에서 식사를 할 때마다 좀 특이한 것은 포크와 나이프가 나무로 되어 있다는 점이에요. 북유럽에 갔을 때 핀에어의 기내식에서도 나무 포크와 나무 숟가락이 딸려 나왔거든요. 핀란드와 노르웨이, 스웨덴에는 나무가 너무 많으니까 나무로 된 포크와 숟가락을 사용하는 것은 이해가 되었어요. 인도에도 나무가 많아서인지 아니면 환경보호 측면에서 화학제품을 쓰지 않는 이유인지는 잘 모르겠어요. 나무로 된 포크와 숟가락이 플라스틱 제품보다 원가가 더 높을 것 같은데 말이죠. 나무 제품이 플라스틱 제품보다 견고하지는 못하지만 촉감은 좋아요.

뉴델리에서 비행기를 타고 발아래의 높은 산들을 보며 두 시간 정도 비행을 했는데, 곧 도착한다는 기내 방송이 나옵니다. 뉴델리와 카트만두는 참 가깝습니다. 뉴델리와 카트만두의 시차가 15분 정도 됩니다. 제가 2시간 여 비행을 하는 사이에 15분 정도 빨리 늙어버렸어요. 한국과 네팔은 시차가 3시간 15분이고, 한국과 인도 뉴델리는 시차가 3시간 30분입니다. 뉴델리보다 카트만두가 더 동쪽에 위치함을 알 수 있어요.

드디어 네팔의 수도 카트만두Kathmandu 국제공항에 내렸어요. 공항 이

름은 트리부반 국제공항Tribhuvan International Airport입니다. 인천공항과 델리의 인디라간디 국제공항에 비하면 규모나 시설이 초라해 보입니다. 공항이 작다 보니 입국 수속도 비교적 빨리 진행됩니다. 시골 공항의 느낌이 들지만 정겹습니다. 주차장도 소박하기만 합니다.

우리가 묵을 호텔에서 대기시켜 놓은 버스에 짐과 몸을 싣고 카트만두 시내를 통과했어요. 산악 지대에 위치하다 보니 높은 고층 빌딩은 거의 보이지 않았고, 한국의 지방 소도시 분위기와 비슷합니다. 카트만두의 시내를 통과하며 차창 밖으로 모양이 특이한 키 큰 나무들이 보이는 곳에서 연기가 자욱이 피어오릅니다. 불이 났나 보다 생각했어요. 마중을 나온 분에게 저기 불이 났냐고 물어보았더니 깜짝 놀랄만한 말을 했어요. 화장장에서 나오는 연기라고 했어요. 아니 네팔의 수도 한복판에 시체를 태우는 화장장이 있다니 이해가 되지 않았어요. 또 그 연기가 이 일대에 자욱합니다. 인도 바라나시의 갠지스 강변에서 화장장을 보긴 했지만, 바라나시의 한복판에 있는 건 아니었어요. 인도와 네팔 사람들은 시체를 태우는 연기에 대해서는 전혀 개의치 않는다는 생각이 들었고, 삶과 죽음에 대해서도 초연하다는 생각이 들었어요.

우리를 태운 버스는 카트만두의 타멜 지구Thamel District에 있는 돔 히말라야 호텔Dom Himalaya Hotel에 내려주었어요. 돔 히말라야 호텔은 7~8층의 건물 외관에 여러 색깔의 기를 달았고, 입구에 불상이 있고, 호텔 내부에도 불상이 있는데, 향을 피워서 향냄새가 납니다. 네팔에 불교가 많은지 아니면 호텔 사장님이 불교신자라서 그런지는 알 수 없네요. 이 지역의 문화라고 생각을 하니 마음이 편합니다.

히말라야 호텔 입구

    호텔에 체크인한 후 짐을 객실에 두고 일단 타멜이라는 지역을 둘러보기로 했어요. 천년고도의 고색창연한 건물들이 즐비합니다. 거리에는 사람들로 붐빕니다. 거리는 상가로 이어지고 이 지역의 시장이 아산시장이라고 합니다. 온양 온천이 있는 충남 아산이 생각납니다. 거리에는 전봇대가 중간 중간에 있는데 전봇대 사이의 전선줄 수백 가닥이 뽀얀 먼지와 함께 서로 엉켜 있는데, 이 도시의 역사만큼이나 서민들의 애환이 얽혀 있다는 느낌이 듭니다.

네팔 그리고 카트만두

　네팔^{Nepal}은 히말라야 산맥 속에서 인도와 중국의 티베트 자치구 사이에 위치한 국가로 정식 명칭이 네팔연방민주공화국입니다. 네팔 국민들은 인도계가 70% 정도 되고, 나머지는 티베트계와 미얀마계입니다. 생각보다 다양한 민족들이 섞여 살고 있어요. 피부가 까만 사람, 하얀 사람 그리고 우리와 비슷하게 생긴 사람들도 있어요. 티베트계도 20% 정도 있지만 인도계의 사람들과 생활하는 영역이 달라요.

　네팔에 발을 들여놓기 전에는 네팔 하면 히말라야 산속의 못사는 작은 나라로 생각했어요. 그러나 여기 와서 보니 인구가 3,000만 명이 넘어요. 국토 면적도 한반도의 2/3나 되니 남한보다 더 넓어요. 중국과 인도라는 어마어마한 나라 사이에 있다 보니 작은 나라로 보이지만 결코 작은 나라가 아닙니다. 만약에 네팔이 유럽에 있다면 중간 정도 규모의 국가랍니다.

　네팔이라는 나라 이름은 산스크리트어에서 유래한 신의 보호를 받는 땅이라는 의미가 있어요. 국기 모양도 좀 특이합니다. 가로가 세로보다 긴 사각형이 일반적인 국기 모양인데, 네팔의 국기는 세로가 가로보다 더 길어요. 침엽수 나무를 형상화한 것 같기도 합니다.

네팔 국기

네팔은 힌두교 나라일까요? 불교의 나라일까요? 네팔은 인도의 축소판 같아서 힌두교의 나라라고 할 수 있어요. 그런데 네팔 하면 불교 나라로 인식되고 있는 이유는 무엇일까요? 불교의 창시자 석가모니는 카필라 Kapila 및 샤카왕국의 왕자로 룸비니 Lumbini 에서 태어났어요. 카필라 왕국의 옛 땅이 네팔의 남부 지역에 위치하고 있어요. 그래서 네팔 사람들은 석가모니가 인도가 아닌 네팔에서 태어났다고 합니다. 이러다보니 영화가 많이 생산되는 인도에서 석가모니가 인도인이라고 설정된 영화가 네팔에 수입되었는데 네팔인들이 난리를 쳐서 상영한 지 며칠도 안 되어 상영을 중단하고 바로 비디오와 DVD로 출시하기도 했어요.

네팔에서 힌두교가 85% 정도 되고, 불교는 8% 정도 되는데 불교도들은 대부분 티베트계 사람들입니다. 이밖에 시크교도와 이슬람 신자들도 4% 정도의 소수로 존재하고, 기독교 신자도 1% 정도이나 급속하게 증가하고 있어요. 한국에서 파송된 선교사님들이 대도시보다는 시골 마을로 가서 많은 교회를 개척하고 네팔인들과 함께 생활하고 있어요. 2015년 4월 25일 네팔에 지진이 났을 때에도 우리나라의 선교사님들이 많은 구제와 구호를 했답니다.

힌두교는 다신교로 여러 신을 포괄하는 종교입니다. 석가모니도 힌두교에서는 여러 신 중 하나이고 심지어 예수님을 신으로 모시는 힌두교 사원도 있어요. 네팔은 종교를 강요하지 않는 세속 국가이지만, 점점 힌두교 중심으로 가고 있어서 가끔 기독교 선교사님들이 추방되기도 합니다. 힌두교를 기반으로 하는 카스트 제도도 아직 강하게 남아 있어요.

네팔의 수도는 카트만두로 네팔에서 가장 큰 도시입니다. 카트만두는 네팔 중앙의 카트만두 계곡에 위치하고 있으며 인구는 약 330만 명 정도입니다. 카트만두의 해발고도는 1,281m로 주위의 산들에 에워싸여 있어요. 인구는 서울의 1/3밖에 되지 않으나 면적은 서울과 거의 같은 넓이입니다. 카트만두의 옛 이름은 칸티푸르Kantipur로, 15세기 말라 왕조Malla Dynasty 때부터 크게 번성하여 18세기 후반에 말라 왕조의 뒤를 이은 구르카 왕조Gurkha Dynasty가 이곳을 수도로 정한 이래로 지금까지 네팔의 수도로 번영하고 있어요.

카트만두도 서울의 한강처럼 바그마티 강Bagmati River을 기준으로 강남과 강북으로 도심이 나누어지네요. 역시 강남은 여기서도 부자들이 많이 사는 동네입니다. 싸이의 〈강남 스타일〉이 카트만두에도 영향을 끼쳤을

바그마티 강

것으로 짐작이 됩니다. 그런데 한강보다 바그마티 강은 너무 좁아서 한강에 비하면 개울 수준입니다.

카트만두의 동북쪽에는 티벳 계열의 사람들이 많이 거주하고 있어서 인도계의 사람들과는 문화적 차이가 확연하게 다릅니다. 한국의 옛 시골처럼 티벳 계열의 동네는 길도 널찍하고 동아시아의 가옥구조로 우리에게 친숙하게 다가옵니다.

카트만두는 네팔의 정치, 상업, 문화의 중심지이며 풍요로운 문화예술의 전통이 살아 있는 이국적이고 매혹적인 인종 전시장 같아요. 타원형 그릇 모양의 카트만두 계곡, 테라스 모양의 녹색 산들로 둘러싸여 있어요. 전설에 의하면 아주 오래 전에는 호수로 덮여 있었는데, 문수보살이 지혜의 검을 들어 벽처럼 막고 있던 산을 갈라 길을 내고 물을 모두 빼내어 처음으로 사람들을 살게 했답니다.

카트만두의 두르바 스퀘어Durbar square에서 북쪽으로 걸어가다 보면 타멜Thamel 지역이 나와요. 배낭 여행객들에게 인기가 높아 다양한 호텔과

게스트하우스 그리고 각종 식당들이 즐비합니다. 저는 타멜에 여장을 풀고 호텔 인근의 아산시장을 둘러보고 하룻밤을 묵고 내일은 포카라Pokhara로 이동하여 안나푸르나Annapurna 봉을 본 후 다시 카트만두 타멜로 와서 카트만두의 속살을 다시 느껴볼 예정입니다.

타멜 지역은 주로 5~6층의 건물이 밀집한 도심이고 길거리 과일 가게에는 사과, 오렌지, 바나나, 레몬, 수박, 납작 사과 등을 팔고 있어요. 유럽에서 납작 복숭아를 먹어보았는데, 여기서는 납작 사과를 맛보네요. 한국의 사과보다 덜 단 것 같아요. 또 길거리에는 푸줏간이 있고 난전의 야채상에서는 고추, 오이, 피망, 고구마, 당근 등을 팔고 있네요. 자전거에 광주리를 싣고 사과, 오렌지를 파는 상인도 있네요. 아마 가게를 얻을 만한 형편이 되지 못하는 상인인 것 같아요.

타멜 거리에는 세 발 인력거가 다니고 비단이 울긋불긋한 포목점과 각종 공구와 기물을 파는 철물점도 있어요. 나체의 생닭가게와 구워서 파는 통닭가게에 통닭이 진열되어 있어요. 네팔 전통옷 가게에 들러 안나푸르나 봉에 갈 때 입을 전통 문양의 점퍼를 하나 샀어요. 가격도 합리적이고 패션감도 괜찮아요. 또 티셔츠에 문양을 새겨 주는 가게에 들러 안나푸르나 봉의 무늬를 새겨달라며 4~5일 후에 다시 방문하겠다며 주문을 했어요. 호텔로 돌아와 일행들과 호텔 앞마당에서 담소를 나누다 보니 타멜에서의 밤은 깊어만 갑니다.

카트만두에서 포카라로

    돔 히말라야 호텔Dom Himalaya Hotel에서 단잠을 자고 새벽 일찍 일어나 포카라로 가기 위해 시외버스 정류장으로 갔어요. 20분 정도 걸어서 가는데 길거리에는 리어카 위에 호떡과 과자를 파는 중년 부부가 눈에 들어옵니다. 45인승 정도 되는 낡은 버스에 몸을 실었어요. 카트만두 시내를 벗어나자 창밖으로 만년설로 덮인 높은 산들이 나타나니 마음이 설레고 덜컹거리는 창가로 사진을 찍기에 여념이 없었어요.

    한참을 달린 시외버스가 한 정류장에 섭니다. 내릴 사람은 내리고 탈 사

람들이 타는 사이에 공동 화장실을 이용할 수 있었어요. 7칸 정도 되는 간이 화장실에는 여성분들과 큰 것을 보는 사람들이 이용하고 남자들은 가장자리의 소변전용 화장실을 이용했어요. 시멘트로 된 도랑을 만들어 여러 사람이 한꺼번에 소변을 볼 수 있도록 하였어요. 위생 문제를 생각할 겨를도 없이 시외버스에 몸을 다시 실었어요.

   카트만두 시내와는 달리 시외버스가 산속으로 접어들자 길은 온통 공사 중이라 덜컹거렸어요. '중국건설'이라는 푯말이 있는 것을 보니 중국에서 네팔에 도로공사를 하고 있는 것 같았어요. 이제부터는 네팔의 하이웨이이입니다. 하이웨이는 원래 고속도로를 뜻하지만, 네팔의 하이웨이는 속도가 나지 않고, 덜컹거리는 고산 위의 높은 위치에 있다는 하이웨이입니다.

8시간 정도 비포장도로를 달려 드디어 히말라야의 시작점인 평화로운 포카라Pokhara에 도착했어요. 맑고 청명한 날씨에 높은 산들이 눈앞으로 성큼 다가옵니다. 포카라는 네팔의 대표적인 휴양도시이자 안나푸르나 트래킹을 위한 전초기지로 해발 800m 정도의 낮은 구릉에 자리 잡고 있어요. 시내에서 해발 7~8,000m급 설산을 볼 수 있는 것은 세계에서 유일한 곳이 바로 포카라이지 않을까 싶습니다.

카트만두라는 엄연한 수도가 있지만, 네팔을 찾는 대부분의 사람들은 여행자와 트래커들로, 대자연의 장쾌함을 맛보기 위해 오기 때문에 포카라는 네팔과 동일시됩니다. 포카라에는 깨끗한 페와 호수Phewa Tal가 있어서 호수에 높은 설산이 비치는 장면은 세계 사진작가들의 으뜸 버킷리스트라 할 수 있어요.

복잡한 북인도의 여러 도시를 거쳐 온 저로서는 지독한 매연과 대기오염에 질린 상태라 포카라의 청정함에 몸과 마음이 아주 상쾌합니다. 페와 호수는 포카라의 심장이라고 합니다. 네팔에서 두 번째로 큰 호수로 넓이가 4.4제곱킬로미터나 됩니다. 페와 호수 동쪽 주변을 레이크 사이드Lakeside라고 하고 남쪽은 댐 사이드Damside라고 합니다. 레이크 사이드에 주로 호텔들과 식당들이 많고, 댐 사이드는 비교적 한산한 편입니다.

시외버스 정류장에서 릭샤를 타고 레이크 사이드 중간 부분에 있는 페와 캠프 호텔Phewa Camp Hotel로 와서 여장을 풀고 포카라 시내로 나갔어요. 거리는 카트만두의 타멜 거리만큼이나 사람들로 붐빕니다. 거리 상점은 등산용품 가게와 카페 그리고 기념품 상점들이 많습니다. 버팔로 스테이크 집도 있어요. 새벽부터 시외버스에 시달리다 보니 날이 저물지도 않았는데 배꼽시계가 요란합니다. 포카라에 한국 식당이 있다고 해서 찾아갔어요.

페와 캠프 호텔에서 10분 정도의 거리에 있는 한국 식당의 이름은 '산촌다람쥐'로 양옥집을 식당으로 개조하고 정원을 갖춘 아담하고 아늑한 식당입니다. 식당 주인이 한국 아주머니인데 아주 친절합니다. 직원은 7명 정도이고 모두 네팔 사람인데 한국말을 참 잘하네요. 우리 일행을 빼고는 모두 네팔 사람입니다. 포카라에서 아주 고급식당인가 봅니다. 네팔 손님들은 나름대로 부유층으로 보이는 젊은이들입니다.

식당 내부 홀에는 네팔 손님들이 주로 있어서 우리는 마당의 탁자에 자리를 잡고 삼겹살과 된장찌개를 주문했어요. 우와! 삼겹살이 왜 이렇게 맛이 있습니까? 삼겹살과 된장찌개 외에도 밑반찬으로 오이, 김치, 깍두기, 백김치, 마늘, 고추, 상추 등등으로 한국의 맛이 고스란히 담겨 있어요. 정신없이 삼겹살과 된장찌개 그리고 공기밥을 먹었어요. 한국에서보다 더 맛있는 식사를 즐겼답니다.

어느 정도 배가 부르니 음료수와 커피를 마시고 싶어졌어요. 네팔에는

커피의 맛이 아주 좋아요. 카트만두에서 포카라로 오면서 휴게실에 들를 때마다 커피를 파는 카페가 있었어요. 그러고 보니 네팔에 자생하는 커피나무에서 커피가 생산된다는 말을 들은 기억이 납니다. 커피를 만드는 바리스타 분께 여쭈어 보았어요. 왜 네팔에 커피를 파는 카페가 이렇게 많죠? 간단한 대답이 돌아옵니다. 관광객이 많아서 카페가 많답니다. 커피 가격도 네팔 사람들의 소득 수준에 비해서 비싼 편이었거든요. 저나 관광객들 입장에서는 커피가 그렇게 비싸지 않았답니다.

커피 외에도 신기한 산소주가 있었어요. 산소주는 네팔 소주인데 한국 사람이 개발했군요.

오스트레일리안 캠프 트래킹

네팔에 왔으니 일단 히말라야 등산을 해야겠죠? 그런데 제가 엄홍길 대장님도 아닌데 어떻게 히말라야 등반을 하겠어요? 오늘은 안나푸르나 봉을 가깝게 볼 수 있는 오스트레일리안 캠프Australian Camp로 등산을 갑니다.

오스트레일리안 캠프는 호주 원정대가 처음 자리를 잡은 곳이라서 오스트레일리안 캠프라고 불러요. 우리는 쉽게 '오캠'이라고 부른답니다. 오스트레일리안 캠프로 가는 길은 두 가지가 있어요. 칸데Kande에서 올라갔다가 담푸스Dhampus로 내려오는 방법과 담푸스에서 올라갔다가 칸데로 내려오는 방법이 있어요. 저는 칸데에서 올라가 오스트레일리안 캠프에서 하룻밤을 자고 다음 날 담푸스로 내려오는 길을 택했어요.

호텔에서 한 시간 정도 산길을 달리니 칸데에 도착했어요. 여기서부터 등산이 시작됩니다. 입구에 시골 마을이 나오고 칸데 게스트하우스의 간판이 보입니다. 경사진 마을 길을 걷다 보니 장작을 쌓아둔 집들과 양철지붕의 집들이 이어집니다. 마당 안 빨랫줄에는 형형색색의 옷들이 걸려 있네요. 또 오방색의 기를 걸

어 놓은 집도 있어요. 공사 중인 집들도 있어요.

  마을을 벗어나 본격적으로 산길을 오르니 빈집과 큰 깨어진 물 항아리 단지들이 방치되어 있어요. 집 대문에는 제주도에서 볼 수 있는 정낭과 정주석이 여기에도 있어요. 양쪽 돌기둥에 구멍이 세 개씩 있는데 멀리 외출 때에는 세 개의 나무 막대기를 꽂고 잠깐 비울 때는 하나의 막대기를 꽂는답니다.

  한참 산길을 오르니 나무 지팡이를 파는 할아버지가 있어요. 마침 잘 됐다 싶어서 지팡이 하나를 샀는데, 덕분에 좀 더 쉽게 등산을 할 수 있어서 그 할아버지께 감사를 드립니다. 간간이 보이는 좁은 밭에서는 푸른 채소, 그리고 유채꽃과 비슷한 겨자꽃이 노랗게 피어 있어서 등산객의 피로를 씻어줍니다.

산허리 중턱 위에서 웬 아주머니가 한국말로 쌍욕 비슷한 말을 저에게 합니다. 깜놀 해서 다가가 보니 장봉도 욕쟁이 아주머니네요! 이 아주머니가 남인도 여행을 할 때 인솔을 맡은 사람을 저라고 착각하여 구수한 욕을 저에게 했다네요. 물론 사실이 아닌지라 사과 비슷한 해명을 하는군요. 다음에 장봉도에 가면 욕쟁이 아주머니 식당을 꼭 들러야겠어요. 이

아주머니가 TV에도 많이 나와서 꽤 유명하답니다. 포터를 대동하고 2주 정도 히말라야 산들을 등산하고 있답니다.

   산길을 계속 올라가니 간간이 집들이 나오고 마당에는 친숙한 맷돌과 닭장이 있어요. 아마 산에 있는 짐승들로부터 닭을 보호하기 위한 닭장으로 보이고 대나무 바구니를 엎어서 닭을 가두어 놓기도 하는군요. 흑염소들이 풀을 뜯고 양철지붕 사이로 마차푸차레Machaapuchare(6,993m), 안나푸르나Annapurna(8,091m), 다울라기리Dhaulagiri(8,167m), 마나슬루Manaslu(8,156) 봉들이 눈에 들어옵니다. 마차푸차레 봉이 이 중에서 가장 낮은 높이임에도 눈에는 가장 높게 우뚝 서 있어요. 그 이유는 오스트레일리안 캠프에서 마차푸차레 봉이 가장 가까이에 있고, 또 마테호른Matterhorn 봉과 비슷해서 눈에 잘 띄기 때문입니다.

    2시간 정도 트래킹을 해서 드디어 오스트레일리안 캠프에 도착했어요. 만년설로 덮인 8,000m나 되는 봉우리들이 우리 눈길을 사로잡았어요. 식당으로 가서 간단하게 닭칼국수를 맛있게 먹고 난 후 게스트하우스에 짐을 두고 김영철과 이만기처럼 오스트레일리안 캠프 동네를 한 바퀴 돌아보았어요. 칼국수에는 칼이 없고, 붕어빵에는 붕어가 없지만 가래떡에는 가래가 있답니다. 혹시 식사 전인 분에게는 용서를 구합니다. 🙂

    호텔이라고 하기에는 좀 어설픈 게스트하우스 10여 개 정도가 마을을 이루고 있네요. 게스트하우스의 처마 밑에는 여기에 사는 주민들의 일용양식인 옥수수 묶음들이 매달려 있어요. 각 게스트하우스마다 잔디밭 마당이 있어요. 설산 봉우리 쪽 골목으로 가니 계단 길이 이어집니다. 이 길은 제가 다시 포카라로 돌아갈 때 이용할 담푸스 행 길로 이어지고 또 안

나푸르나 봉을 갈 때도 이 길로 가야 합니다.

  각 게스트하우스에는 각 나라에서 온 등산객들로 붐빕니다. 제가 묵는 게스트하우스의 맞은편 게스트하우스에는 카페가 있어요. 이 카페에 들러 생강차와 커피를 마시며 창가에 비친 설산들을 감상했어요. 이 카페를 나오니 마당 잔디밭에 한 아낙네가 맷돌로 곡식을 갈고 있어서 다가가서 저도 한 번 맷돌질을 하겠다고 하니 아주 환영을 하며 저에게 맷돌을 맡겼어요. 신났어요. 그런데 이 아낙네는 사라지고 1시간 정도 맷돌을 돌리니 팔도 아프고 갈 곡식도 다 떨어졌어요. 그제야 나타난 이 여인은 얼굴에 웃음꽃이 함빡 피었어요. 이 분에게는 맷돌질이 노동이었는데 제가 한 시간 정도 맷돌을 돌려주었으니 기쁠 수밖에 없었겠지요.

  아침부터 트래킹을 하고 칼국수 한 그릇만 먹어서인지 배꼽시계가 요란합니다. 식당에 가니 닭백숙 메뉴가 있어서 닭 반 마리만 주문을 하고 김치볶음밥 등을 주문했어요. 인도 카주라호에서 먹은 닭백숙이 생각나서 다시 닭백숙을 시켰는데 이번에도 네팔의 닭백숙은 양도 많고 맛이 있

었어요. 한국에서 먹는 토종닭과 비슷했어요. 인도와 네팔의 닭은 모두 토종닭이며 힘줄이 하나 더 있는 아주 쫄깃쫄깃한 맛이 일품입니다. 주방장님이 직접 담근 김치 맛이 한국의 김치 맛보다 더 좋습니다. 그 비결을 물었더니 엄홍길과 고 박영석 산악인들에게 음식을 만들어 주었답니다.

오스트레일리안 캠프 게스트하우스에는 난방시설과 온수가 잘 나오지 않아요. 그래서 옷을 두껍게 입고 잠자리에 들었지만 새벽이 되니 추웠어요. 덕분에 일찍 잠에서 깨어 전망대로 갔더니 일출을 보러 여러 종족의 사람들이 모여 있었어요. 오스트레일리안 캠프에서 떠오르는 해를 맞이하니 감개무량했어요. 저 아래로 페와 호수도 아련하게 보였어요.

오스트레일리안 캠프에서 아침 식사를 하고 담푸스로 하산했어요. 안나푸르나와 마차푸차레 봉을 이웃 삼아 차가 들어오는 길까지 1시간 30분 정도를 내려 오는데 꽃들과 설산의 산봉우리가 한 장의 그림처럼 연출이 됩니다. 틱톡 광고판에서 설산 봉우리들을 배경으로 사진을 찍으니 화보 같아요. 우리를 태운 지프 차가 페와 호수변의 캠프 호텔까지 태워 주네요. 이렇게 오스트레일리안 캠프 트래킹의 추억을 만들었어요.

페와 호수

오스트레일리안 캠프 트래킹을 마치고 다시 포카라로 돌아와서 산촌 다람쥐 한국 식당에서 김밥과 함께 점심 식사를 한 후 티벳 난민촌을 찾아 갔어요. 김밥이 죽으면 어디로 갈까요? 김밥천국으로 갑니다. 티벳 난민촌 입구에는 전통적인 기념품 가게가 즐비하게 있어요. 이 가게들을 통과하니 큰 운동장이 나오고 초등학교와 같은 건물 벽에는 달라이 라마 사진과 그의 사상이 적인 인쇄물이 붙어 있어요. 달라이 라마와 악수하는 사진을 찍고 건물 안으로 들어갔어요. 민속공예품과 티벳 전통복장들을 팔고 있었어요.

티벳 사람들이 네팔에 많이 살고 있다 보니 네팔 정부에서 티벳 사람들을 위해 난민촌을 만들어 준 것 같았어요. 나라를 잃으면 이렇게 남의 나라에 와서 서럽게 살게 된다는 사실을 깨달았어요. 제가 아는 선교사님도 카트만두의 티벳 난민촌에서 사역하고 있다고 했는데, 포카라의 티벳 난민촌을 보며 카트만두의 티벳 난민촌의 상황을 연상해 봅니다.

포카라의 심장인 페와 호수에서 배를 탔어요. 입장권처럼 표를 사니 안내인이 뱃사공을 불러 우리 일행을 태웠어요. 5명 정도 탈 수 있는 배인데, 뱃사공은 50세 정도로 보이는 여성 분이었어요. 배의 뒷부분에서 노를 저어 우리를 페와 호수 한 가운데로 인도합니다. 페와 호수는 안나푸르나 등 히말라야 설산에서 녹아내린 물이 모여 형성되었어요.

페와 호수 동쪽 기슭은 레이크 사이드라고 했죠? 레이크 사이드를 바이담 Baidam이라고 부르기도 해요. 레이크 사이드에 대부분의 호텔, 식당, 상점 등의 편의시설이 자리하고 있어서 저와 같은 관광객들이 주로 머문답니다.

비록 50대이겠지만 초로의 할머니로 보이는 뱃사공의 검붉은 얼굴에서 네팔 사람들의 힘든 삶을 느낄 수 있었어요. 영어가 통하지 않으니 그분의 마음을 읽을 수는 없었어요. 힘겹게 노 젓는 모습에서 미안한 마음이 들었어요. 한참 노를 저어 호수 중앙에 이르니 작은 섬이 나오네요. 이 섬에 힌두교 사원인 바라히 사원 Barahi Temple이 있어요. 네팔 사람들은 이 사원에 예를 표하는군요.

다시 배는 페와 호수 중앙을 지나 반대편의 가장자리로 가는데, 산 너머로 설산들이 나타납니다. 페와 호수 자체도 아름답지만 호수에서 바라보는 안나푸르나와 마차푸차레 봉이 넓게 펼쳐져 장관을 이룹니다. 붐비는 카트만두와 포카라 시내와는 달리 조용한 호수에서 멀리 보이는 설산들을 감상하고 있노라면 딴 세상에 와 있는 것 같아요.

호수에서 보니 큰 언덕 위에서 패러글라이딩을 하는 사람들이 있네요. 저곳이 바로 사랑콧이라고 합니다. 사랑콧은 마차푸차레의 설산이 호수에 비치는 것으로 유명합니다.

뱃사공은 우리를 태우고 호수 한 바퀴를 돌아 출발점으로 향하고 있네요. 학생들이 수학여행을 왔는지 20명 정도가 한 배에 타고 노를 저으며

왁자지껄 합니다. 호수가 넓어서 수십 개의 배가 호수에 떠 있어도 복잡하다는 생각이 들지 않아요.

배에서 내려 안전복을 반납하고 나오는데, 페와 호수에 비친 안나푸르나와 마차푸차레 봉이 담긴 사진을 파는군요. 한 장 사서 저의 연구실에 걸어 놓을 예정입니다. 다시 배꼽시계의 알람이 울려서 오늘 저녁은 평소와 색다르게 한국 식당이 아닌 포카라에서 가장 우아한 식당으로 갔어요. 라이브 카페가 함께 있는 식당의 2층에 자리를 잡고 바비큐를 주문했어요. 남자 종업원이 코리안 스타일의 바비큐를 원하느냐고 묻길래 좋다고 했어요. 그런데 바비큐가 나왔는데 저의 기대와는 다르게 삼겹살이 나왔어요. 아! 이 사람들은 삼겹살을 코리안 스타일 바비큐라고 한다는 사실

을 깨달았어요. 할 수 없이 그냥 먹었는데 냉동 삼겹살이라 산촌 다람쥐 식당에서 먹은 삼겹살에 비교할 수는 없었어요. 그렇지만 우아한 레스토랑에서 남자 직원이 직접 구워 주는 삼겹살과 함께 한 저녁 식사가 그렇게 나쁘지는 않았답니다.

저녁 식사를 한 다음 레이크사이드 지역으로 산책을 나갔어요. 북동쪽 호숫가에는 카페의 네온사인이 휘황찬란합니다. 라이브 카페에서는 음악 연주와 가수의 노래가 페와 호수의 야경과 어우러져 라스베이거스에 온 기분이 듭니다.

다음 날 아침에 페와 호수로 산책을 나가니 조깅하는 사람이나 강아지를 데리고 나온 사람 등 꽤 많은 사람들이 오갑니다. 대학생으로 보이는 젊은이들은 단체 체조도 하고, 배구 게임도 하는군요. 페와 호수는 밤은 정열적이고 낮에는 설산을 바라볼 수 있는 차분함을 느끼게 합니다.

페와 호수는 천연의 자연 호수는 아니랍니다. 히말라야 설산에서 녹아 내린 물을 댐으로 막아서 만든 인공호수입니다. 바로 댐 사이드라고 한 남쪽 부분에 댐을 만들었어요. 비록 인공 호수이지만 다른 곳에서는 볼 수 없는 것이 있어요. 호수 속에 히말라야의 안나푸르나와 마차푸차레 봉을 담아내고 있어요. 호수에서 바라보는 아침 해와 저녁에 지는 호숫가의 일몰 풍경은 황홀하기만 합니다. 해가 뜨기 전 호수에 비친 달 또한 신비롭기만 합니다.

치트완 국립공원

　오늘은 아름다운 호반의 도시 포카라를 떠나 치트완 국립공원Chitwan National Park으로 가는 날입니다. 호텔에서 아침 식사를 하고 그동안 우리에게 친절을 베풀어 주셨던 호텔 관계자분들께 감사의 인사를 드리고 함께 사진도 찍었어요. 특별히 주방에서 근무하는 네팔 아가씨가 자연산 꿀을 듬뿍 듬뿍 준 것에 대해 조그마한 선물로 감사의 표시를 했어요. 오스트레일리안 캠프 트래킹을 하며 산 나무지팡이 두 개도 호텔 직원분께 드리니 고맙답니다. 투박한 나무 지팡이이지만, 등산할 땐 너무 고마웠죠. 그래서 기념품으로 한국에 들고 갈까 생각도 해 보았지만 너무 길어 여행용 가방에 들어가지 않네요. 그래서 현지인에게 주게 된 것이기는 하지만, 지팡이에게 조금은 미안한 마음이 들었어요.

　호텔에서 20분 정도 걸어 정류장에 서 있는 버스에 짐을 싣고 출발했어요. 네팔에서의 길은 항상 울퉁불퉁해서 이리저리 흔들려도 불편하지는 않았어요. 몽골에서 처음 말을 탔을 때도 한 시간 정도는 몸이 굳어 긴장되었지만, 그 후부터는 말과 혼연일체가 되어 함께 리듬을 타며 승마를 한 것처럼 네팔에서 버스를 타면 흔들리는 대로 몸을 맡겨 리듬을 타는 맛도 괜찮아요.

　버스는 중간 중간 휴게소에 들러 주어 화장실을 이용할 수 있었고, 간식과 점심을 먹을 수 있었어요. 휴게소에서 점심을 먹기가 쉽지 않아요. 현지 음식이라서 내키지가 않아요. 만두 비슷한 것을 사서 음료수와 함께 먹으며 점심을 때웠어요. 일행 중 한 분은 현지식을 맛있게 먹네요. 나물 비빔밥 같은데 당근과 계란도 있어요. 이 음식은 포크나 숟가락이 아닌 맨 손으로 먹어요. 아주 맛있게 먹는 모습을 보니 부러워

요. 이 분은 인도에서의 경험이 많아서 그렇답니다.

 한 휴게소는 작은 도시의 시내에 있어서 거리를 구경할 수 있었어요. 알록달록한 무 같은 뿌리채소의 장아찌를 큰 병에 담아서 팔고 있어요. 참 맛있어 보입니다. 리어카에 귤을 파는 과일 행상, 옛날 우리나라에서 보았던 가스통 그리고 머리에 과자류를 이고 걸어가는 행상 등 거리는 붐빕니다. 생각보다 우리의 버스가 늦게 출발합니다. 근처 카페에 들어가서 짜이chai를 한 잔씩 주문하여 마시며 버스가 떠날 시간을 기다려 봅니다.

 우리를 태운 버스는 8시간 정도를 달려 시골의 작은 도시 길가에 내려줍니다. 아마 호텔이 마을 안쪽에 있는 것 같아요. 버스 정류장에 있는 집의 마당에는 푸른 바나나가 탐스럽게 열려 있어요. 바나나 줄기 끝에 수류탄 같이 달려 있어요. 이게 바나나 꽃봉오리라고 하네요. 시골길 가에 여행용 가방을 두면 호텔에서

차가 와서 싣고 온다고 해서 마을길을 10분 정도 걸어서 호텔로 들어섰어요. 마을의 어느 집안에 높다란 풀 더미가 보이는데 이는 짐승을 키우는 외양간 같아요.

호텔은 상당히 넓어요. 2~3층의 건물이 10여 개 동이나 됩니다. 호텔 입구에는 인부들이 벽돌로 벽을 쌓고 있어요. 저녁 식사를 하기에는 좀 일러서 객실에 짐을 풀어 놓고 호텔 시설들을 둘러보았어요. 건물들은 좀 낡았어요. 정원이 꽤 넓어요. 3층으로 올라가는 계단도 조금 위험하다는 느낌이 듭니다. 조심을 해야겠지요. 정원이 잘 꾸며져 아늑합니다.

저녁 식사는 뷔페식의 인도 음식과 비슷했는데, 나름대로 먹기에는 괜찮았어요. 아마 한국인의 입맛에 맞추어준 것 같았어요. 식사를 하고 옆 건물의 공연장으로 갔어요. 흰옷을 입은 젊은이들과 중년의 아저씨들이 장구처럼 생긴 긴 북을 치는 장단에 맞추어 막대기를 서로 부딪치며 고함을 지릅니다. 아주 힘찬 박력 있는 공연입니다. 젊은이들은 이 지역의 대학생들로 대도시에서 공연도 하는 팀이랍니다. 무예 같기도 하고 막대기끼리 부딪치는 소리와 기합 소리는 천지를 진동합니다. 특히 함께 관람했던 중고등학생들의 응원의 함성도 일품이었어요. 공연의 말미에 관객들도 초청하여 함께 춤추는 장면에서 남녀학생들이 장단에 맞추어 춤을 추는 장면은 치트완 국립공원에서의 또다른 추억거리가 될 것

같아요.

 치트완 국립공원의 호텔에서 편안한 밤을 보내고 아침에 일어나 밖으로 나가니 안개가 자욱합니다. 안개 속의 정원을 걸으니 빨간 장미가 아주 탐스럽게 피어 있어요. 측백나무와 향나무 같은 정원수들이 안개 속에서 신비감을 자아냅니다. 아침 식사를 하고 우리를 기다리고 있는 지프차에 올랐어요.

 호텔에서 20분 정도 시골길을 달리니 치트완 국립공원 입구가 나오네요. 우리의 뒤로 수학여행을 온 인도 중고등학생들이 해맑은 웃음으로 손을 흔들며 인사합니다. 어젯밤에 공연을 함께 보아서인지 상당히 친숙한 느낌이 듭니다. 국립공원 입구에 뿔이 하나 달린 코뿔소와 벵골호랑이 사진이 우리를 맞이합니다. 어제 오후에 치트완에 들어서며 들판 저 멀리서 보았던 코뿔소입니다. 이 코뿔소는 여기 네팔에서만 볼 수 있답니다. 한국의 쌍용자동차에서 만든 무쏘의 상징인 그 코뿔소입니다. 〈무쏘의 뿔처럼〉이라는 영화도 생각이 나네요. 무쏘는 힘이 좋아서 제가 그 차를 사

려고 했는데 단종이 되어 후속 모델인 렉스턴을 사서 6년간 저의 애마로 삼은 기억이 납니다.

우리를 태운 지프차는 안개가 채 가시지도 않은 좁은 숲속 길을 헤치고 계속 나아갑니다. 숲속에서 여러 동물들과 새가 나타납니다. 사슴, 꿩, 학, 공작, 흰 청둥오리들을 자연 속에서 만날 수 있는 행운을 잡은 느낌입니다. 덜컹거리는 숲속을 한참이나 달려 크지 않은 호숫가에 내려 호젓하게 산책하던 중 안개꽃이 넓게 피어 있어서 사진을 찍었어요. 호수에는 젊은 이들이 작은 배로 뱃놀이를 하는 것이 낭만적으로 보입니다. 호수에 비친 나무 그림자가 몽환적인 풍경을 연출해 줍니다.

다시 지프차에 올라 숲속 길을 달리니 코끼리를 탄 목동의 여유로움이 치트완 국립공원의 대미를 장식해 줍니다.

치트완 국립공원과
카트만두 스와얌부나트 사원

　치트완 국입공원은 네팔 남부에 위치한 정글을 보호하기 위해 설치한 자연보호 공원이자 세계문화유산의 자연유산에 등재되어 있어요. 2006년까지는 로얄 치트완 국립공원이었는데, 국왕이 2006년에 권좌에서 내려와 로얄이라는 단어가 사라지게 되었어요.

　네팔은 산악지역이 많아서 해발이 높은 산들이 많아요. 그러나 치트완은 해발 50~200m 정도의 아열대 기후입니다. 치트완 국립공원 내에는 인도코뿔소, 벵골호랑이, 표범, 늪지악어 등 멸종 위기

의 동물들이 서식하고 있답니다. 저는 인도코뿔소와 사슴 그리고 공작새들을 볼 수 있었고, 벵골호랑이와 표범들은 제가 온다고 하니 숨어버린 것 같았어요.

　호텔에서 아침 식사 후 치트완 국립공원의 사파리 투어를 하고 호텔로 돌아와 점심 식사를 한 다음 버스를 타고 카트만두로 향했어요. 이제는 네팔의 버스와 울퉁불퉁한 길에 익숙해져서 흔들리는 버스 안에서도 깊은 잠을 잘 수 있었어요. 중간 중간 들르는 휴게소에서 짜이와 커피도 마시며 8시간 정도 걸려 카트만두의 타멜에 도착했어요. 이미 주위는 어두

워졌고 DOM HIMALAYA 호텔이 우리를 다시 반겨주었어요.

타멜 거리는 낯설지가 않아요. 아산시장에 들러 수박과 과일도 사고 기념품도 몇 개 구입했어요. 4일 전에 주문한 안나푸르나 봉 표시의 티셔츠를 찾으러 갔어요. 골목길을 헤매고 헤매다 겨우 골목 안의 그 가게를 찾아가서 며칠 전에 주문한 티셔츠를 찾으러 왔다고 하니 주인 할아버지는 눈만 멀뚱멀뚱 했어요. 아마 준비를 하지 않은 것 같았어요. 여행객들이 주문을 하고 찾으러 오지 않은 경우가 많았던 것 같아요. 계약금이라도 미리 주었다면 준비를 해 놓았을지 모르겠어요.

타멜의 밤거리는 희미한 전등 아래에서 생활상들이 드러나고 있어요. 소박한 이발소에서는 남자 손님이 머리를 깎고 있네요. 과자를 파는 구멍가게에는 팝콘 같은 과자 봉지를 줄줄이 매달아 놓았어요. 제가 어릴 때 동네 가게에서 본 광경입니다. 골목마다 제법 큰 사원들이 있어요. 어떤 사원은 쇠창살을 한 신전 안의 불상에 불을 켜 놓고 있어요. 신전 옆 빈터에는 노숙자 한 명이 남루한 옷을 걸치고 누워 있어요. 간이식당에는 젊은이들이 식사를 기다리고 있어요.

호텔에서 아침을 먹고 카트만두 시티투어에 나섰어요. 호텔에서 예약한 차로 오전 9시 30분에 출발하여 세 곳의 관광지를 방문하기로 했어요. 차는 인도 마힌드라의 스콜피오 SUV 차량입니다. 제가 한국에서 SUV 차를 10년 이상 타고 있어서 기분이 아주 좋았어요. 운전사를 포함한 차량 렌트 가격은 운전기사를 포함해 65달러라고 합니다. 첫 행선지가 스와얌부나트 사원Swayambhunath Temple입니다. 호텔에서 차로 20분 정도 달리니 스와얌부나트 사원에 도착하네요.

스와얌부나트 사원은 네팔의 수도인 카트만두 서쪽 언덕에 있는 카트만두를 상징하는 대표적인 불교 사원으로 큰 불탑이 있어요. 이 불탑은 카트만두를 지켜 주는 수호신으로 여겨져 사시사철 방문객들이 끊이지 않는답니다. 전설에 의하면 옛날 카트만두 계곡은 호수였고 스와얌부나트 사원은 호수 한가운데 섬처럼 떠 있었답니다. 신화로만 알고 있

던 카트만두의 호수설이 최근 지질학자들의 연구를 통해 사실로 밝혀졌어요.

스와얌부나트 사원에는 원숭이들이 많이 살고 있어서 원숭이 사원이라고 불리기도 합니다. 카트만두 계곡에서 카트만두 중심과 가까우면서도 높은 언덕에 위치하고 있어서 카트만두 시내 정경을 가장 잘 볼 수 있는 곳이랍니다. 스와얌부나트 사원은 2,000여 년 전에 아쇼카(Ashoka)왕이 카트만두 일대를 순례한 후 세운 네팔에서 가장 오래된 사원입니다.

스와얌부나트 사원 입구에서 티켓을 구입하여 사원 안으로 들어가니 길거리 상인들이 나무로 불을 피워 손을 쬐고 있어요. 여러 물건들을 파는데, 원숭이 먹이도 팔고 있어요. 상인들의 거리를 지나니 하얀 반구형 큰 스투파(stupa)가 나타납니다. 이 탑이 네팔의 대표적인 불탑입니다. 탑의

모양이 아이스크림 같은 사람의 얼굴 형상을 하고 있어요. 두 눈과 코가 있어요. 돔 형태의 스투파 상단에는 네팔식 불탑이 자리 잡고 있어요. 불탑 중앙의 눈은 부다의 눈을 상징하며, 동서남북 사방으로 카트만두 계곡을 응시하고 있어요. 물음표 같은 코는 네팔 숫자로 1을 나타내며 모든 진리는 하나라는 의미를 내포하고 있어요. 두 눈 사이에 있는 점은 진리를 꿰뚫는 제3의 눈인 삼지안입니다. 눈이 그려진 탑신 위로 13개의 둥근 원이 차곡차곡 포개져 있는데, 이는 티베트 불교에서 말하는 해탈에 이르기 위한 13단계의 과정을 뜻합니다. 스투파 하단에 있는 반구형의 원을 따라 수많은 마니차가 설치되어 있어요. 불교 신자들은 시계 방향으로 돌며 마니차를 돌리고 있어요. 흰 스투파 아래쪽에는 금동불상이 있어요. 사원 안을 거닐다 보니 언덕 아래로 인구 350만 명 정도의 카트만두의 시내가 보입니다.

사원이 꽤 넓습니다. 스투파 반대쪽으로 가니 붉은 4층 정도의 건물 1층에는 기념품과 골동품을 파는 가게가 있는데 전시된 물품들이 화려합니다. 금동불상과 골동품들이 아주 많습니다. 석탑도 여러 개 있어요. 탑과 건물 그리고 담벼락의 나무 위에는 항상 여러 마리의 원숭이들이 놀고 있어요. 양지바른 곳에서는 털 고르기를 하고 길거리에서는 원숭이들이 무리를 지어 관광객들의 소지품을 노리고 있어요. 비닐봉지를 낚아채어 바나나 같은 먹을거리를 빼앗아

가곤 합니다. 간간이 개들도 있는데 개들은 완전히 군기가 빠져 퍼져 자고 있어요. 개 팔자가 상팔자네요.

  사원 안에는 원통형을 손으로 돌리는 사람들이 있어요. 마니차라고 불리는 이 원통을 한 번 돌리면 경전을 한 번 읽은 것으로 간주한답니다. 이분들 불경을 쉽게 잘 읽네요. 성경도 이렇게 읽을 수 있다면 1년에 한 번 읽기가 쉽지 않은 성경을 1년에 몇 번은 읽을 수 있을 텐데……. 괜한 생각을 해 보았어요.

카트만두의 파탄

스와얌부나트 사원에서 나와 어디를 갈까 망설이다가 카트만두에서의 일정이 파탄나지 않으려면 파탄Patan으로 가야겠다고 생각했어요. 거리는 크게 멀지 않지만 20분 정도 골목길들을 돌아 돌아서 파탄에 도착했어요.

파탄은 네팔어로는 랄릿푸르Lalitpur이고 산스크리트어로 파탄 또는 얄라로 알려진 '미의 도시'라는 의미를 지닌 도시입니다. 파탄은 카트만두에서 남쪽으로 5km 떨어진 고대도시입니다. 파탄은 15세기 이후 박타푸르Bhaktapur, 카트만두와 함께 카트만두 계곡의 3왕국 중 하나로 번영을 누려왔어요. 파탄의 인구는 17만 명 정도이고 카트만두 계곡의 남서부에 위치합니다. 파탄에는 불교사원과 왕궁 등 수많은 문화유산과 전통 수공예품이 유명합니다. 파탄의 중잉에 있는 두르바르 광장Durbar square은 유네스코에서 세계문화유산으로 등재했어요.

파탄은 1769년 프리트비 나라얀 샤Prithvi Narayan Shah가 카트만두 계곡을 점령하여 이곳을 약탈하고 주민들을 잔혹하게 다룬 곳으

로 알려져 있어요. 네와르^{Newar}족에 속하는 반라족의 본거지로 농경에 바탕을 둔 생활을 하며 보리, 쌀, 밀, 기장, 야채, 과일을 재배하고 있어요. 두르바르 광장에 있는 마첸드라나트 사원$^{Machhendranath\ Mandir}$을 비롯해 아름다운 불교사원이 많이 있고, 여기에 살던 승려들의 자손이 사는 정사^{精舍}도 많아요. 네 지역에 있는 스투파는 기원전 250년에 인도 황제 아쇼카 왕이 세웠다고 전해집니다.

17세기에 건립된 파탄의 두르바르 광장에는 크리쉬나 사원$^{Krishna\ Temple}$, 딸레주 종$^{Taleju\ Bell}$, 물 촉$^{Mull\ Chowk}$, 하리 샹카르$^{Hari\ Shankar}$ 사원 등 약 10여 개의 크고 작은 사원들이 모여 있어요. 파탄 박물관은 14~17세기에 왕궁의 일부를 개조하여 진귀한 네팔 불상과 힌두 신상을 전시하고 있어서 미술적, 역사적 가치가 뛰어납니다. 두르바르 광장은 왕궁과 사원이 밀집되어 있어서 네팔 전통 건물의 전시장 같아요. 두르바르 광장의 중앙길을 중심으로 서쪽은 사원군이고 동쪽은 왕궁 건물입니다. 사원들은 대부분 17세기에 지어졌고, 왕궁은 16세기에 지어졌어요.

사람들이 붐비는 시장과 같은 거리에 차를 세우고 내리니 가이드가 다가와서 매표소의 위치를 알려 주며 자기를 안내원으로 써 달라고 애원을 합니다. 여행 안내서를 보니 파탄은 넓지 않고 왕궁과 사원들이 밀집되어 있어서 가이드는 필요 없다고 했어요. 입장권은 여기도 1,000루피로 만 원이 조금 넘습니다. 저의 옷차림새가 외국인으로 보이나 봅니다. 좀 남루한 옷을 입고 얼굴도 햇빛에 좀 더 선탠을 하면 공짜로 입장이 가능했을지도 모릅니다. 어차피 저는 여기에 관광을 하며 돈을 쓰기 위해 왔기에 1,000루피는 전혀 아깝지 않아요.

크리쉬나 사원

파탄의 두르바르 광장에 들어서니 입구에서부터 큰 탑과 고건물들이 압도합니다. 왼쪽의 첫 번째 건물이 크리쉬나 사원으로 북인도 시카라shikhara 양식의 8각형 석조건물입니다. 이 사원은 소위 짝퉁이고 광장의 안쪽으로 들어가면 진짜 크리쉬나 사원이 나와요. 크리쉬나 사원은 17세기 말라Malla 왕조 때 크리쉬나 신에게 봉헌된 북인도 양식의 석조 사원으로 정면에는 크리쉬나의 자가용인 인간 새 가루다garuda가 있고, 꼭대기에는 21개의 금으로 장식되어 있어요. 탑 정상 네 귀퉁이의 사자 조각상은 금방 튀어나올 것만 같은 생동감이 넘칩니다. 저는 힌두교인이 아니라고 출입을 할 수 없답니다.

오른쪽 첫 번째 건물은 물 촉Mull Chowk이라고 하는데, 파탄 왕궁의 정원으로 중요한 의식이나 결혼식이 거행되는 곳입니다. 중앙의 작은 신전은 꾸마리Kumari 신전으로 축제 때 꾸마리 여신이 이곳으로 행차하여 사람들에게

축복을 내려 줍니다. 꾸마리는 달라이 라마^{Dalai Lama}처럼 어린 소녀를 점지하여 신으로 모시는 것을 말합니다. 네팔 현지인들에게 꾸마리는 힌두교의 신 두르가^{Durga}(시바신의 아내)의 화신으로 숭배되고 있어요. 4~5세의 여아들의 여러 조건(용모, 별자리) 등을 통해 선발하고, 전임 꾸마리가 쓰던 소지품들을 골라내는 아이가 꾸마리로 선정된답니다. 이렇게 선

발된 꾸마리는 가족과 함께 초경을 치르기 전까지 꾸마리 사원에서 거주하며 신으로 추앙받는다고 합니다. 네팔의 국왕도 꾸마리 앞에서 고개를 조아릴 정도로 네팔에서 지위가 가장 높답니다.

두르바르 광장 중앙길을 따라 올라가다 보면 오른쪽에 파탄 박물관이 나와요. 이 박물관은 16세기에 왕궁의 일부를 개조하여 건립되었지만 1934년 지진으로 무너졌어요. 1997년에 오스트리아가 지원하여 박물관으로 다시 개관했어요. 안으로 들어가니 짝퉁이 아닌 진짜 크리쉬나 사원이 나오네요. 내벽에는 왕실 여인들이 외부 행사를 볼 수 있도록 구멍 난 창을 만들어 놓았어요. 목조로 된 건물의 2층과 3층의 전시장에는 14~17세기에 제작된 불상과 힌두 신상들이 주로 전시되어 있어요.

박물관 뒤편 정원이 여행으로 지친 나그네에게 쉼을 주네요. 카페가 있

어서 식사를 하거나 차를 마실 수 있는 아주 편안한 공간입니다. 넓은 정원으로 나갔더니 15명 정도의 네팔 사람들이 노래를 부르고 있어요. 가만히 그 노래를 들어 보니 저에게 친숙한 음율입니다. 아니! 제가 네팔 노래를 전혀 모르는데 어떻게 그들과 함께 콧노래로 흥얼거릴 수 있단 말입니까? 바로 찬송가 79장(통일찬송가 40장) '주 하나님 지으신 모든 세계'였어요. 반가워서 그들에게 다가가서 함께 합창을 했어요. 물론 저는 한국말로죠. "주님의 높고 위대하심을 내 영혼이 찬양하네~". 이들이 놀란 눈으로 저를 쳐다봅니다. 제가 누가 목사님이냐고 물었더니 한 분이 나왔어요. 카트만두에서 3~4일 쯤 걸리는 지방에서 카트만두로 여행을 왔답니다. 아! 그곳에 교회가 있다니 신기하기만 합니다. 네팔에도 기독교인들이 있음을 파

탄 박물관에서 알게 되었어요. 이들과 단체사진을 찍고 작별인사를 나누고 박물관을 나오니 마당에 비둘기 떼 수천 마리가 뛰놀고 있어요. 어린 아이가 이 비둘기 떼 사이로 뛰어가니 모세의 기적처럼 비둘기 무리들이 나누어져 길이 생깁니다. 파탄의 두르바르 광장이 끝나는 골목에 이르니 나무 작대기를 든 경찰 5~6명이 줄을 지어 걸어갑니다. 아마 순찰 중인가 봅니다.

파슈파티나트 사원

파탄의 두르바르 광장을 나와서 기다리고 있던 스콜피오 마힌드라 지프차를 타고 30분 정도 달려서 파슈파티나트 사원Pashupatinath Temple으로 갔어요. 1,000루피의 입장권을 사서 들어가니 왼쪽은 강이 나오고 저 멀리서 연기가 피어납니다. 이 강은 한강이나 갠지스 강에 비교할 만큼 넓지 않은 작은 시냇물 같은 바그마티 강Bagmati River입니다. 인도에 갠지스 강이 있다면 네팔에는 바그마티 강이 있어요. 바그마티 강은 먼 인도에서도 순례를 올 정도로 힌두교도들에게는 아주 영험 있는 강으로 인정받고 있어요. 바그마티 강에 흐르는 물은 많지 않아서 수질이 좋지 않아요. 바그마티 강은 강변에 있는 화장터로 유명합니다.

바그마티 강변의 화장터는 6개가 있는데, 1년 365일 내내 시신을 태우다 보니 항상 매캐한 연기 냄새가 진동합니다. 인도 바라나시에서는 화장장 가까이에서 사진을 찍기가 어려웠는데, 여기서는 화장 현장 가까이에서 근접 촬영을 해도 아무도 말리지 않네요. 바그마티 강을 따라 10분 정도 걸어가면서 강 건너편의 화장장을 보며 가는데, 도로변에는 상인들이 물건들을 팔고 있어요. 강변 바닥에는 큰 얼룩소 한 마리가 건너편의 화장장을 물끄러미 쳐다보며 애도를 하고 있는 것 같아요. 아마 강변의 풀을 뜯어먹으러 나온 것 같아요.

화장장이 거의 끝나는 지점 오른쪽에 계단이 쭉 연결됩니다. 바로 파슈파티나트 사원입니다. 가파른 계단을 올라가니 화장터로 널리 알려진 파

슈파티나트 사원으로 접어듭니다. 이 사원은 네팔 힌두교의 총본산입니다. 인도에서 가장 성스러운 강으로 인정받는 갠지스 강('강가'라고도 함)의 지류인 바그마티 강이 흐르는 탓에 네팔 힌두교도들에게 파슈파티나트 사원은 인도의 바라나시와 맞먹는 종교적 지위를 가지고 있어요.

파슈파티나트 사원은 5세기경 리차비Licchavi 왕조가 세웠어요. 사원의 주신은 쉬바Shiva이고 파슈파티나트는 쉬바의 또 다른 이름으로 '짐승의 왕'이라는 의미가 있어요. 왕정 시대 때에는 네팔 왕이 순방 등 중요한 일로 국외로 나갈 때 반드시 이곳에 들러 신의 가호를 빌었다고 해요. 파슈파티나트 사원 안에는 벽돌 지붕이 있는 탑 혹은 신전 같은 크지 않은 건물들이 많아요. 어떤 건물 앞에는 종이 걸려 있어요.

　사원 안쪽에는 정원이 있는데 금동상과 석조물의 정원이 있어요. 금동상 앞에는 종이 걸려 있어요. 아마 이 지역을 다스린 분의 금동상 같아요. 이 정원에 개 한 마리가 아주 편안한 자세로 잠을 자고 있어요. 개 팔자가 상팔자입니다. 파슈파티나트 사원 후문으로 통하는 계단 옆에 흰색 건물이 있네요. 이 건물은 파슈파티 화장터에서 화장되기를 바라며 죽음을 기다리는 사람들이 머무는 곳입니다. 굳이 죽음을 기다리면서까지 이곳에 머무는 이유는 파슈파티 화장터에서 화장되면 고통스러운 윤회의 고리를 끊을 수 있다고 믿기 때문입니다. 특히 힌두교의 장례 예법은 사망 후 24시간 이내에 화장을 해야 하기 때문에 먼 거리에 있는 사람들은 미리 와서 죽을 때를 기다리고 있답니다.

파슈파티나트 사원을 한 바퀴 돌고 다시 올라간 계단으로 내려오니 아직도 화장장에는 연기가 자욱합니다. 바그마티 강을 건너 화장터로 갔어요. 화장터의 열기가 후끈하게 다가옵니다. 한 아저씨는 긴 작대기로 타고 있는 장작을 뒤집고 있어요. 다행히 시신은 보이지 않습니다. 화장터와 강이 연결되는 경사면에는 곧 화장할 시신을 흰 띠가 있는 노란 천에 싸서 물가로 내려가 발을 씻깁니다. 인도 바라나시 갠지스 강에서는 시신 전신을 물에 담갔다가 건졌는데 네팔에서는 발만 물에 담그네요. 기독교로 치면 침례교나 여의도 순복음교회는 온몸을 물에 담그고, 장로교 등에서는 머리에 물을 세 번 뿌려서 세례를 주는 정도의 차이가 아닐까 생각해 봅니다. 눈앞의 시신은 나체라서 남자임을 알 수 있었고, 피부가 뽀얀 50

세 정도의 비교적 젊은 사람 같았어요. 이 분의 명복을 빌어봅니다.

파슈파티나트 사원을 나와 15분 정도 걸려 보다나트 사원Boudahnath Temple으로 갔어요. 번잡한 도시 한가운데에 있어요. 주차하기가 쉽지 않습니다. 꽤 먼 거리에 차를 세워 두고 한참을 걸어 사원 입구에 다다르니 흰색의 큰 스투파가 나타납니다. 보다나트 사원은 네팔 티베트 불교의 총본산이자 네팔에서 가장 큰 규모의 불탑으로 스와얌부나트와 함께 카트만두를 상징하는 랜드마크로 유명합니다. 보다나트 사원은 옛날 한 노파가 카트만두를 다스리던 마하라자maharaja(왕, 통치자)를 찾아가 불탑을 조성하기 위한 땅을 기부해 달라고 했어요. 오만했던 왕은 소 한 마리를 내주며 이 소의 살을 저며 땅에 깔 수 있는 만큼의 땅을 기부하겠다고 했어요. 노파는 복어회보다 더 얇은 칼질로 현재의 보다나트 사원의 면적에 쇠고기를 깔아서 보다나트 사원을 세웠다고 전해 내려오고 있어요.

역사적으로 보다나트 사원의 건립에 대해 여러 학설이 있지만, 티베트의 통일 군주 송첸감포Songtsen Gampo가 자신의 두 아내를 위해 지었다는 설이 설득력이 있어요. 많은 사람들이 탑 주위를 시계 방향으로 돌고 있어요. 저도 군중에 묻혀 함께 돌았어요. 티베트 식 탑돌이인 코라를 도는 사람들과 오체투지를 하는 티베트 승복을 입은 사람도 있네요. 탑 주위에 비둘기 떼가 몰려 날아다니다 탑 주위 바닥에 내려앉으면 먹이를 주는 사람들이 있어요. 한꺼번에 수천 마리의 비둘기를 볼 수 있어요.

탑 주위의 건물들은 상가인데, 상점들 외에도 크고 작은 20여 개의 티베트 사원들이 자리 잡고 있어요. 입구에 있는 과일 상점에 들러 포도와 귤 등의 과일을 사서 호텔로 돌아와 휴식을 취했어요.

박타푸르

아침에 호텔에서 마힌드라 스콜피오 SUV 차로 스와얌부나트 사원과 파탄 그리고 파슈파티나트 사원을 방문하기로 했었는데 열심히 다녀서 그런지 오후 2시쯤에 여정이 끝날 것 같았어요. 박타푸르Bhaktapur는 카트만두 외곽에 있었던지라 오늘은 방문이 어려울 것 같아 미루어 놓았는데, 갈 수 있는 시간의 여유가 생겼어요. 운전사님께 박타푸르로 가자고 했더니 호텔의 허락을 받아야 한다고 했어요. 운전사님이 호텔로 전화를 하네요. 호텔 관계자에게 박타푸르를 가고 싶다고 했더니 좋다고 했어요. 대신 65달러에서 80달러로 추가해 달라고 했어요. 이에 박타푸르를 향해 달립니다. 좀 외곽으로 나오니 덜 붐비고 공기도 한층 맑아진 기분입니다.

박타푸르는 네팔의 도시로 네와르어Newar language로 바드가온Bhadgaon 또는 크와파Khwapa로 불리기도 합니다. 인구는 7~8만 명 정도로 15세기 후반까지 네팔의 수도였어요. 박타푸르는 중세 시대의 카트만두 계곡의 모습을 그대로 간직한 고대 생활방식의 일부가 유지되어 온 도시로 두르바르 광장Durbar square은 유네스코 세계문화유산으로 선정되어 있어요.

박타푸르는 카트만두, 파탄과 함께 카트만두 계곡의 3대 고도로 카트만두에서 동쪽으로 15km 정도 떨어져 있어요. 14~16세기에 티베트와 인도의 중계무역으로 막대한 부를 축적하여 최대의 전성기를 누렸어요. 그러나 18세기 샤 왕조 정권 교체기를 거치며 박타푸르는 쇠퇴하고 왕국의 중심이 카트만두로 옮겨갔어요.

박타푸르의 두르바르 광장은 1995년 키아누 리브스가 주연한 베르나르도 베르톨루치 감독의 영화 <리틀 부다>의 촬영지로 아주 고풍스러운 정취를 자아냅니다. 박타푸르에는 17세기 후반부터 18세기 초에 세워진 웅장한 건축물들이 굳건하게 자리를 지키고 있어요. 또 마을 전체가 붉은 벽돌로 쌓아 지은 복고풍 건물 양식과 전통 관습을 간직하고 있어서 마치 한국의 용인 민속촌 같은 분위기를 자아냅니다. 이곳에서 고대의 형태로 축제가 열리는데, 가장 인기 있는 축제는 비스켓 자트라Bisket Jatra로 네팔의 새해를 기념하는 축제입니다. 박타푸르 시내에는 지금도 사람들이 살고 있어요.

박타푸르 입구에서 차를 내리니 가이드가 다가와서 매표소로 안내하며 자기를 가이드로 써 달라고 애원을 합니다. 입장료가 파탄에서는 1,000루

피였는데 여기는 1,800루피로 거의 두 배로 비쌉니다. 비싼 만큼 볼거리가 많겠다는 기대를 하게 되네요. 이렇게 중요한 문화유산이 많은 곳에서는 가이드가 필요할 것 같아서 1,500루피에 안내를 부탁했어요. 물론 한국말이 아닌 영어로 했어요.

매표소에서 박타푸르 두르바르 광장까지는 20분 정도 걸어서 들어가야 합니다. 두 개의 해태와 사자를 닮은 석상이 우리를 반기고 고목의 밑둥지에는 작은 신전을 차려놓았어요.

이제 계단이 시작됩니다. 양쪽 계단 사이에는 시멘트로 길을 만들어 오토바이 같은 작은 차량은 계단 사이로 올라갑니다. 네팔인들의 지혜를 엿볼 수 있습니다. 길가에는 삼각형의 네팔 국기와 기념품을 파는 상점들이 있고 우물가에는 아낙네들이 빨래를 합니다. 건물들은 대부분 붉은 벽돌의 2~3층짜리입니다.

드디어 두르바르 광장에 들어서니 좌측 중학교 입구에는 해태 석상 두 개가 우리를 맞아 줍니다. 광장에 들어서자 3층의 목조 건물과 탑이 우뚝 서 있어요. 이 서쪽의 정문을 들어가면 넓은 광장에 왕궁과 사원들이 도열해 있어요. 왼쪽에 왕궁이 있고, 또 바로 옆에 국립 아트 갤러리가 있네요. 들어가 보니 내부에는 힌두교와 불교의 그림, 그리고 천에 그린 불화,

돌, 나무 조각품들이 있는데, 대부분 말라 왕조의 작품들입니다. 내부에서는 사진 촬영이 금지되어 있어서 입구에서만 한 장 찰칵했어요.

　아트 갤러리 옆의 왕궁 입구 앞에는 돌기둥이 있어요. 그 돌기둥 꼭대기에서 무릎을 꿇고 기도하는 사람은 말라 왕조의 전성기를 이끌었던 부파틴드라Bhupatindra 말라 왕입니다. 왕궁의 정문은 금박으로 화려하게 장식되어 있는데, 선 도카, 즉 '태양의 문'이라고 불립니다. 기둥 양쪽에는 깔리Kali, 가네쉬Ganesh 등의 힌두 신들이 조각되어 있어요.

　두르바르 광장으로 들어가면 오른쪽에는 사원들이 있는데, 기둥 뒤쪽으로 보이는 북인도 양식의 사원은 두르가 여신을 모신 바트살라 두르가 사원Vatsala Durga Temple이며, 사원 왼쪽 옆의 커다란 종은 딸레주 종입니다.

주춧돌 근처에도 작은 종이 있는데 종이 울리면 동네 개들이 짖는다고 해서 개들이 짖는 종으로 유명하답니다.

두르바르 광장 안의 오른쪽 코너에는 파슈파티나트 사원Pashupatinath Temple의 지붕 버팀목에 남녀교합상이 조각되어 있네요. 북인도의 카주라호 사원에서 적나라한 남녀 교합 조각들을 보았는데 네팔에서도 보게 되네요. 남인도에서도 본 적이 있어요. 인도와 네팔에서는 남녀 교합상을 자연의 하나로 받아들여 19금이 아닌가 봅니다.

파슈파티나트 사원 뒤편으로 100m쯤 걸어가니 터우마디 광장Taumadhi square이 나와요. 눈앞에 정림사지 5층 석탑 같은 냐타폴라 사원Nyatapola Temple이 눈에 들어와요. '냐타'는 5층, '폴라'는 지붕이라는 의미가 있어서 5층의 지붕을 지닌 건물이라는 의미입니다. 냐타폴라 사원은

카트만두 계곡에서 가장 높은 사원으로 높이가 30m나 됩니다.
　터우마디 광장에서 바이라브나트 사원Bhairabnath Temple을 끼고 10분 정도 가니 터추팔Tachupal 광장이 나오고 광장의 정면에는 박타푸르에서 가장 오래된 사원인 더터뜨레야Duttatraya 사원이 있어요. 더터뜨레야 신은 쉬바의 스승이라고 합니다. 사원에 붙은 건물은 골목길과도 연결되는데 전통음식점이 있어요. 어두컴컴한 식당 안에는 열 명 정도의 남녀 대학생들이 환한 얼굴로 음식을 기다리며 담소를 나눕니다. 제가 사진을 찍으니 더욱 환한 미소를 지으며 V자 손가락으로 촬영에 응해 줍니다. 저의 배꼽시계 소리도 요란하여 네팔의 전통음식인 빈대떡 같은 것을 주문하고 20분 정도 기다린 후에 드디어 먹을 수 있었어요. 시장해서인지 맛이 녹두전 같아서 아주 맛있었어요. 대학생들에게 물었더니 인근 도시에서 왔는데 이 음식을 꼭 먹고 싶어서 이 식당에 왔다고 했어요. 이 식당은 박타푸르의 맛집입니다. 골목을 돌아 나오니 도자기를 굽는 상점이 나오고 장인이 도자기 물레를 돌리는 모습에서 상당한 경지의 장인임을 느낄 수 있었어요.
　카트만두의 여정을 마무리하며 타멜로 돌아와 한식집인 경복궁으로 가서 삼겹살과 공기밥으로 저녁식사를 맛있게 먹었어요. 식당 벽에는 이효

리 씨가 모델인 소주 광고와 네팔 소주인 산소주가 다시 네팔로 오라고 손짓을 합니다.

3부

남인도
South India

남인도, 스리랑카
26일간의 여정을 시작하며

　오전 11시 20분에 인천공항을 출발하여 오후 3시 15분경에 방콕공항에 도착했어요. 약 5시간 반이 소요되었어요. 시간상 4시간 정도 차이인데, 실제 걸린 시간이 6시간 가까이나 되는 것은 한국과 태국 간 두 시간의 시차가 있기 때문이랍니다. 환승을 위해 3시간 정도 공항을 배회한 후 오후 6시 55분에 방콕공항을 출발했어요. 밤 10시 뭄바이공항에 도착하여 프리페이드 택시로 한 시간을 달려 Hira Hotel에 도착하니 새벽 1시가 되었네요.

　공항에서 호텔로 오는 길은 많은 차들로 매우 번잡했어요. 강변은 화려한 네온사인으로 장식되고 거리는 젊은이들로 가득했어요. 바로 오늘이

크리스마스이브이기 때문이죠. 청춘 남녀들이 거리로 나와 "메리크리스마스!" 하고 외치는 소리들로 활기가 넘칩니다. 그런데 여기는 힌두교의 인도인데 웬 크리스마스냐고요? 뭄바이를 포함한 인도의 남부 지역에는 크리스천이 많다고 합니다. 그래서 크리스마스가 국정 공휴일이기도 하죠. 그래도 그렇지 어떻게 공휴일까지 되었냐고요? 아마도 영국의 식민지였기 때문 아닐까요?

인도의 공식 명칭은 '인도 공화국Republic of India'입니다. 인도의 땅덩어리는 316만 평방킬로미터로 세계 7위입니다. 인구는 약 14억 명 정도로 이제는 중국을 앞서 세계 1위가 되었다지요. 중국은 현재 인구가 줄어들고 있고, 인도는 증가하고 있으니, 인도의 1위 지키기는 문제없지 않을까 생각됩니다.

인도의 수도는 델리Delhi로 인구가 2천만 명이 넘습니다. 주민 구성도 네팔, 인도, 티베트, 구룽, 따망, 셀파족 등의 다민족으로 구성되어 있어요. 정부는 연방공화제입니다. 인도는 힌디어와 영어가 공용어인데, 이외에 3,372개의 언어가 존재해요. 헌법에서는 18개 언어를 지정해 공용으로 사용하도록 했어요.

우리말 '안녕하세요'는 인도말로 '나마스떼'입니다. '나마스떼'는 '나마스namas = 머리를 낮춘다'와 '떼te = 당신'이 합쳐진 말로, '나는 당신에게 머리를 숙이고 존중합니다'가 겉으로 드러난 뜻입니다. 그런데 여기에서 '떼te'는 단순히 상대방(당신)을 가리키는 말이 아니라 '상대방의 내면 깊은 곳에 자리한 영혼, 믿음, 신적 존재' 같은 뜻을 함축하고 있답니다. 참으로 깊은 뜻이 담긴 진실한 인사말입니다.

나마스떼!

인도 최초의 영국 성공회
성 토마스 교회에서 성탄절 예배를

　뭄바이에서 볼거리는 시바지Shvaji 기차역, 프린스 오브 웨일즈 박물관Prince of wales Museum, 게이트 오브 인디아Gateway of India, 빨래터인 도비 가트Dhobi ghat, 간디 기념관 마니 바반Mani Bhavan, 힌두교 설화를 조각한 동굴들이 있는 엘리펀트 섬Elephant Island 등입니다. 인도의 경제적 핵심 도시인 뭄바이Mumbai를 탐방하고, 저녁에 뭄바이 고속버스터미널로 이동하여 인도의 아름다운 휴양도시 고아Goa로 출발하는 일정입니다. 뭄바이에서 고아까지 약 17시간이 소요됩니다. 기차로 가면 12시간 정도 걸리네요.

　아침에 뭄바이의 빈민촌에서 사역하시는 원정하 선교사님이 교회의 신실한 인도인 집사님인 아띠난드 형제님과 함께 SUV 차량을 가지고 호텔로 오셨어요. 오늘은 크리스마스입니다. 남인도·스리랑카 26일간의 일정 첫날에 크리스마스 예배(성탄절 예배)를 원정하 선교사님의 교회에서 함께 드렸으면 좋겠다고 했어요.

　원정하 선교사님의 사역 교회는 시내 중심가에서 몇 시간 정도 벗어난 빈민촌에 있어서 호텔 인근의 성 토마스 교회에서 함께 예배를 드리기로 했어요. 동행하는 분들에게 성탄절예배를 드리고 뭄바이 시내 투어를 하시고자 하는 분들을 모았어요. 7명이 성탄절 예배 드리기를 원했어요. 이를 어쩌나? 준비된 SUV가 최대한 7명을 태울 수가 있는데 저희 일행은 다섯 명만 탈 수가 있네요. 두 분의 양해를 구해 아침은 전복죽으로 먹고 성 토마스 교회로 향합니다.

뭄바이는 원래 교통 정체가 아주 심해요. 그런데 오늘 아침은 거리가 한산합니다. 원정하 선교사님도 아침 시간에 차가 밀리지 않은 것은 처음이라고 하네요. 아마 오늘이 성탄절 공휴일이라 다들 집에서 쉬고 있는 것 같아요. 9분이면 갈 수 있는 거리를 한 시간도 더 걸릴 수 있다는데, 교통 체증이 없어진 덕분에 예배 시간보다 무려 40분 전에 도착했어요. 우아하고 고풍스런 성 토마스 교회는 대영제국 인도 진출의 핵심 지역인 허니문서클의 중심부에 자리 잡고 있었어요. 경찰들이 교회 입구를 지키고 있네요. 갑작스런 테러를 경계하고 있는 것 같았어요.

성 토마스 교회 외관

원정하 선교사님의 안내로 교회 안을 둘러보았어요. 명동성당의 이미지와 비슷합니다. 성 토마스 교회는 성공회 교회입니다. 성공회는 영국 헨리 8세의 재혼과 관련하여 로마 교황청과 갈등 끝에 독립한 영국의 국교이지요. 그래서 성공회를 헨리 8세교라고 부르기도 한답니다. 교리는 개신교이고 예배 형식은 천주교식에 가깝습니다.

성 토마스 교회의 예배가 시작되었어요. 근엄하고 경건한 오르간 연주에 따라 찬양대가 합창을 하고, 주임 신부님과 예배 위원들이 긴 깃대를 앞세

성 토마스 교회 내부

우고 입장합니다. 예배 의식은 상당히 경건하고 성경과 비슷한 예배를 위한 낡은 책과 찬송집을 번갈아 가며 읽고 찬양하고, 헌금을 드리고, 성찬식도 함께 했어요. 제가 신학대학원에 다닐 때 타 교단의 예배 형식에 대한 리포트를 준비하기 위해 덕수궁 옆 성공회 교회 예배에 참석하여 함께 떡을 뗀 이래 두 번째로 참석하게 된 성공회 교회 예배네요.

  성찬식 때는 줄을 서서 강대상 비슷하게 생긴 지성소 앞으로 나아가 계단에 무릎을 꿇고 손을 모아 기다리니 주임 신부님이 밀떡을 주고 뒤따라 스테인리스 사발에 포도주를 담아서 저의 입가에 대어 줍니다. 한 모금 들이킵니다. 제가 마신 부분을 휴지 같은 천으로 닦고 옆 사람에게로 갑니다. 포도주가 진짜로 톡 쏘며 진합니다. 캄보디아에서 김길현 선교사님

테레사 수녀님이 앉았던 자리

이 집전한 성찬식 때 큰 빵을 손으로 뜯어 먹고, 흰 사발에 담긴 포도주를 돌려가며 마신 기억이 새롭습니다.

성찬식 줄에 서서 예배에 참석한 구성원들을 보니 백인도 꽤 있어요. 뭄바이 길거리의 백인들은 모두 관광객들이라고 생각했는데, 수백 년간 인도에 뿌리를 내리고 인도인으로 살아가는 백인들도 있음을 알게 됐어요.

예배당 앞줄에 영국의 왕 조지 5세와 테레사 수녀님이 앉았던 자리가 있는데, 테두리를 쳐서 기념석으로 정해 놓았어요. 벽면에는 영국의 용감한 전사들을 기념하는 문구가 새겨져 있어서 아직도 영국이 인도를 지배하고 있다는 느낌을 받았어요.

게이트웨이 오브 인디아와
타지마할 호텔

　인도 뭄바이 빈민가에서 사역하시는 원정하 선교사님이 동역자인 아띠난드 집사님과 함께 SUV를 갖고 호텔로 오셨어요. 뭄바이에 대해 아무것도 모르는 제가 원 선교사님 덕분에 호사를 누리게 되었네요.

　원정하 선교사님과 우리 일행은 호텔을 나서서 성 토마스 교회의 성탄절 예배를 마치고 게이트웨이 오브 인디아로 갔어요. 교회가 속한 허니문 서클 지역은 대영제국의 도서관, 학교, 은행, 관공서가 아직 고색창연한 자태를 뽐내며 옛 영화를 대변해 주고 있어요. 구찌, 샤넬, 에르메스 등의 명품점과 스타벅스 인도 1호점도 여기에 있네요. 인도의 스타벅스는 타타그룹TATA Group 계열이네요. 한국의 스타벅스는 신세계 조선호텔 계열이지요. 스타벅스의 세계화 전략이 각 나라의 재벌기업들과 제휴로 성장한다는 느낌을 받았어요. 영국의 부자는 인도에 있고, 인도의 부자는 바로 이곳 뭄바이에 있답니다.

　게이트웨이 오브 인디아에 도착하니 사람들이 바글바글합니다요. 크리스마스 휴일이라서 그런지 거리는 신기하게도 막히지 않았는데 여기는 딴판입니다. 엘리펀트 섬으로 여행가는 사람들의 줄이 뱀처럼 꼬불꼬불하게 길게 늘어서 있어요. 꼬불꼬불한 줄 사이를 헤쳐 드디어 게이트에 다달았어요.

　게이트웨이 오브 인디아는 1924년에 완공된 뭄바이의 상징물로 48미터 높이의 초대형 개선문입니다. 인도 황제를 겸직하던 영국의 조지(발음 조

케이트 오브 인디아

심☺) 5세의 1911년 인도 방문을 기념하여 세워졌어요. 성 토마스 교회에도 조지 5세가 예배에 참석해 앉았던 자리를 기념석으로 남겨 두었더군요. 테레사 수녀님의 기념석도 함께 있었어요.

당시는 비행기라는 날아다니는 기계가 없어서 배가 주요 교통수단이 되다 보니 인도를 출입국하는 사람들은 뭄바이 항을 이용했지요. 게이트웨이 오브 인디아는 바로 인도를 의미하기도 했지요. 그러나 1947년에 영국도 인도에서 떠나고 교통수단도 배에서 항공 중심으로 바뀌니 게이트웨이 오브 인디아는 엘리펀트 섬으로 관광객을 실어 나르는 정도의 선착장으로만 사용될 뿐입니다.

게이트웨이 오브 인디아에서 특이하게 보이는 건축물이 눈에 들어와요. 바로 1903년에 지은 타지마할 호텔이랍니다. 이 호텔의 설립자는 잠세치 누세르완지 타타Jamsetji Nusserwanji Tata입니다. 인도 경제의 30% 정도를 담당하는 한국의 삼성과 같은 회사의 회장님입니다. 타타자동차와 쌍벽을 이루는 인도의 마힌드라Mahindra 자동차가 한국 쌍용차를 인수한 회

타지마할 호텔

사죠. 타타 회장님이 영국인 친구와 아폴로 호텔에 갔는데 '인도인과 개는 출입금지'라는 그 호텔의 정책 때문에 쫓겨났어요. 인도에서 최고 부자였던 타타 회장의 두껑(?)이 완전 열려서 이 아폴로 호텔보다 더 좋은 호텔을 지어 복수하기로 마음먹고 1903년에 타지마할 호텔을 지어 인도 전역에서 가장 좋은 민족자본계 호텔 체인으로 성장했어요. 타타 회장님을 열받게 한 아폴로 호텔도 사들였어요.

2008년 11월에 파키스탄인들이 인도 중공업의 핵심인 타타그룹의 타지마할 호텔에서 테러를 감행했어요. 호텔은 처참하게 부서졌고, 많은 희생

자들이 발생했지요. 처참하게 부서진 호텔보다 인명 피해로 인한 슬픔이 더 깊게 가슴을 저밉니다.

이 호텔의 계단 높이와 간격은 사람에게 가장 편하고 이상적으로 설계되었어요. 호텔 1층 로비 바깥쪽 벽에 테러에 희생된 직원들의 이름이 새겨져 있고, 벽을 타고 흐르는 분수는 테러 때 희생된 직원들과 그 가족들의 눈물이랍니다. 더 감동적인 것은 희생된 자들의 자식들에게는 평생 교육비를 지원하고요. 박사를 저처럼(은근히 자랑 중임 🙂) 서너 개 따도 무한정으로 지원하고, 졸업 후 타타그룹에 취직이 보장됩니다. 그래서 인도에서는 죽으려면 타타그룹에 입사하고 나서 죽으라는 우스갯소리도 있어요.

바로 이 호텔의 카페에서 최고의 홍차를 마시니 기분이 너무나 좋아집니다. 최고로 만땅입니다요. 🙂

뭄바이의 이런 모습 저런 모습

　뭄바이Mumbai의 공식 인구는 1,200만 명이지만, 실제로는 미등록 인구, 계절 노동자, 인접 위성 촌락의 사람들까지 합치면 최대 4,000만 명까지 본다고 합니다. 뭄바이 시내는 완전 바글바글합니다요. 뭄바이에 세계 최대의 빈민가들이 있어요. 세계 최대란 말은 이때에 쓰는 것은 아닌 것 같아요. 그쵸? 암튼 뭄바이는 사람들로 붐비고, 일거리가 많다 보니 사람들이 계속 몰려들고 집세가 엄청 비쌉니다. 이곳의 원룸이 보통 7~80만 원으로 한국보다 비싸요. 이곳의 물가를 감안한다면 3백만 원이 넘을 것 같아요. 그래서 호텔 종업원들이 복도 구석에서 잠을 자는 것 같았어요. 집세도 매년 10% 이상 인상됩니다.

　여러분 봄베이Bombay라는 말을 들어 보셨죠? 봄베이가 90년대 초에 힌두어인 뭄바이로 바뀌었답니다. 봄베이 역도 차트라파티 시바지Chhatrapati Shivaji 역이랍니다. 차트라파티 시바지는 인도를 무슬림의 이슬람에서 구해낸 영웅이랍니다. 뭄바이 시내에도 이 분의 동상이 서 있어요. 차트라파티 시바지! 이 이름 엄청 길어요. 이렇게 힌두어로 도시 이름을 바꿀 때에 캘커타Calcutta는 꼴꼬따Kolkata, 마드라스Madras는 첸나이Chennai로 바뀌었어요.

　근데 봄베이라는 이름을 간직하고 있는 곳이 있네요. 바로 봄베이 대학교와 볼리우드Bollywood입니다. 봄베이 대학은 1857년에 세워진 뭄바이 유일의 종합대학교입니다. 고풍스럽고 아담한 캠퍼스 가운데 즈음에 솟아 있는 라자바이 시계탑Rajabai Clock Tower의 높이가 79.2미터나 됩니다.

볼리우드는 봄베이의 할리우드라는 뜻으로 봄베이에서 만들어진 영화랍니다. 뭄바이는 인도 영화의 최고 중심지입니다. 세계에서 영화를 가장 많이 만들어내는 곳이 미국의 할리우드가 아니라 바로 인도의 볼리우드랍니다. 인도의 도시 어디를 가더라도 길거리에 커다란 영화 간판과 포스터가 붙어 있어요. 한국의 80년대 영화관 앞의 큰 간판 그림을 여기서는 쉽게 볼 수 있어요. 이러한 화려함 뒤에는 세계 최대 규모의 빈민가가 있어요. 도비Dhobi라는 카스트의 계급으로 태어나 평생 빨래를 생업으로 삼는 이들의 삶의 터전이 바로 도비 가트Dhobi Ghat입니다. 빨래 공장 같아요. 규모가 엄청납니다.

라자바이 시계탑

인도의 호텔이나 가정에서 나온 세탁물을 여기로 모아서 한꺼번에 세탁을 하는 것 같아요. 세탁물의 종류와 양이 엄청납니다. 하늘 위에서 보면 미술 시간에 쓰던 수채화용 팔레트 같아요. 남쪽으로 내려가면 코친Cochin에는 도비 카나Dhobikana라는 빨래 공장이 있답니다.

시내에 트램tram이 지나가고 있어요. 사람들이 트램에 매달려 가고 있어요. 기차에 매달린 사람의 팔 힘이 없으면 떨어져요. 이렇게 기차에서 떨어져 죽는 사람들이 매년 무려 3,500명 정도로 매일매일 10여 명이 기차나 트램에서 떨어져 죽는답니다. 사망자의 가족을 찾는 벽보가 전봇대에 흥

뭄바이 시청사

측하게 붙어 있어요. 옛날에 글을 읽지 못하는 초등학교 1학년 형이 동생을 데리고 가는데 전봇대에 '불조심'이라는 벽보가 붙어 있었어요. 그것을 보고 궁금해진 동생이 형에게 벽보에 뭐라고 적혀 있냐고 물었어요. 글을 모르는 형은 글자 수를 맞춰 '전봇대'라고 했어요. 근데 또 전봇대가 나오는데 이번에는 '불, 불조심'이었어요. 동생이 형에게 무슨 글씨냐고 또 물었어요. 그래서 형은 '또, 전봇대'라고 했어요. 이번에는 조심! 조심! 불조심이었어요. 형이 이번에는 '봇대! 봇대! 전봇대!'라고 대답했어요. 글을 모르는 형의 대답이 재치가 있죠?

뭄바이에서 고아로

인구가 공식적으로는 1,200만 명이지만, 실제로는 4,000만 명이 넘는다는 복잡하고도 다양한 뭄바이를 떠나 프란시스 사비에르$^{Francis\ Xavier}$의 도시 고아^{Goa}로 떠납니다.

인구가 이렇게 많은 도시임에도 불구하고 변변한 고속버스 터미널도 없는지 버스 승차장을 찾아가기가 보물찾기와 같아요. 거리 이름과 근처 레스토랑 이름 딸랑 하나 가지고 릭샤^{rickshaw}를 타고 찾아갑니다. 릭샤가 뭐냐고요? 세발 택시랄까요? 오토바이 엔진에 지붕을 얹은 삼륜차를 말합니다. 타면 불안할 것 같죠? 사람 네 명에 웬만한 짐도 실을 수 있어요. 앞으로 아주 친하게 지내게 될 릭샤랍니다. 인도에는 택시보다는 릭샤가 더 많은 것 같아요.

릭샤 운전사가 길을 물어 물어 겨우 레스토랑을 찾았는데, 버스는 고사하고 승용차 한 대도 없는 한적한 외곽 도시의 뒷골목 같았어요. 도대체 시외버스 정류장은 어디란 말인가? 한참을 헤매다가 일행 중의 한 분이 멀리서 손을 흔드네요. 그 분을 따라 골목 안을 돌아가니 버스 두 대가 서 있어요. 그 중의 한 대가 우리가 탈 버스랍니다. 버스의 후미에 짐을 싣고, 버스 안으로 들어가니 3층 침대버스로 저는 2층에 자리를 배정받아 준비된 담요를 덮고 잠을 청했어요. 아스팔트 길과 비포장 도로를 번갈아 가며 잘도 달립니다. 중간에 버스가 정차하길래 창밖을 보니 한 남자 손님이 길가에 방뇨를 하는군요. 한국처럼 휴게소가 많지 않아서 어쩔 수 없

나 봅니다. 이해해 주시길 바랍니다.

　7~8시간을 달렸을까요? 깜깜한 도로변에 차를 세우네요. 엔진이 녹아내렸답니다. 중간 중간에 엔진의 쇳소리를 들었는데 문제가 되었나 봅니다. 그렇다고 누군가가 설명해 주는 사람도 없어요.

　깜깜한 시골길 구석에서 30분 정도 기다리니 우리 일행 중 반은 다른 버스에 타고, 남은 분들은 한 시간 정도 더 기다리다가 다른 버스로 온답니다. 그나마 목적지가 같은 버스가 뒤따라 왔기에 천만다행입니다. 버스가 출발하기 전에 충분한 점검을 하지 못한 것 같아요.

　이렇게 버스를 바꾸어 타다 보니 예정된 12시간보다 6시간이나 더 걸려서 18시간 만에 고아 인근 마르가오 Margao의 호텔에 도착했어요.

　동양의 로마, 제2의 리스본으로 불린 인도의 고아! 로마 가톨릭 예수회의 창시자 이냐시오 데 로욜라 San Ignacio de Loyola의 친구이자 동역자인 사비에르가 활동하다 눈을 감은 고아에 드디어 발을 디디니 감개가 무량했어요. 제가 오버하는 중입니다. 왜냐하면 사비에르에 대하여 모르는 분들이 많기 때문입니다. 제가 신학 석사를 연세대학교에서 교회사로 전공했기 때문에 사비에르에 대하여 관심이 많았어요. 이해해 주시길! 😊

고아는 가톨릭 성당의 도시, 아라비아 해 Arabian Sea 연안에 위치한 서양 제국주의의 침략 전진기지였어요. 인도 국민군 3만 명이 2차 대전 후 3천의 포르투갈 수비군을 공격, 전쟁에 승리하여 고토를 수복하기도 했지요.

고아는 올드 고아와 뉴 고아로 구분됩니다. 마르가오 호텔에 짐을 풀자마자 뉴 고아에서 가까운 포르투갈이 축조한 400년 전의 해안 요새인 아구아다 Aguada 로 택시를 불러 타고 고고 씽씽~! 꼬불꼬불한 길을 2시간을 달려 목적지에 도착하니 해가 지고 있었어요.

인도의 계절은 겨울이지만 기온은 32도, 길가의 논에서는 모를 내고 있네요. 해안 요새에 도착한 시간은 18시 05분인데 아뿔싸! 출입문이 매정하게도 닫혀 있어요. 안내판을 보니 6시에 문을 닫아요. 급히 서둘러 요새 옆의 등대로 올라갔어요. 천하절경이 따로 없습니다. 주변의 해안과 도시

아구아다 요세의 등대

들의 불빛이 점처럼 흩어져 있어요. 요새가 내려다보이고, 아라비아 해안을 왕래하는 수많은 선박들이 관측됩니다. 요새가 들어설 만한 충분한 요충지입니다. 이 등대의 불빛은 450km나 떨어진 곳에서도 보인다고 하니 대단하죠.

등대에서 내려오니 해가 완전히 기울었어요. 갑자기 암흑천지가 되었어요. 그 많던 인파가 순식간에 썰물처럼 빠져 나가니 우리 일행만 남았어요. 돌아갈 길이 막막해집니다요. 택시를 왕복으로 하지 않은 것이 우리들의 불찰이었어요. 어두운 도로를 도보로 1시간 내려가야 택시 승강장이 있답니다. 앞이 캄캄해집니다.

산길을 따라 40분 남짓 걸어 내려왔어요. 오토바이 몇 대가 우리를 향해 질주해 옵니다. 제발 그냥 지나쳐 가길 바랬지요. 오토바이가 우리 앞에 잠깐 섭니다. 아래 마을에 내려가서 택시를 불러 달라고 부탁했어요. 잠시 후 그들이 돌아왔는데 택시를 구할 수 없다고 합니다. 당황스러웠어요.

다시 어두운 밤길을 내려가기 시작했어요. 그때에 차가 한 대 뒤쪽에서 다가 왔어요. 손을 들어 세우니 한 가족이 탄 승용차로 우리의 사정을 말하니 아래 마을에 가서 택시를 올려 보내겠다고 합니다.

5분 정도를 더 걸어 내려오는데 아까 그 차가 이번에는 가족을 아랫마을에 내려놓고 다시 와서 우리 일행을 태워 택시 승강장에 도착하여 택시 운전사에게 가격 흥정과 특별한 부탁까지 해 주었어요. 한국 돈 3만 원을 주고 2시간을 달려 숙소에 무사히 도착했어요. 이렇게 인도에서 기억에 남을 만한 신고식이라고나 할까요? 암튼 이렇게 고아의 여정이 시작되었어요.

마이소르 왕국의 어제와 오늘

마이소르 왕국Kingdom of Mysore은 원래 힌두 계열에 속하는 함피Hampi가 수도였던 비자야나가르 왕국Vijayanagar Empire의 지배를 받는 나라였어요. 마이소르 왕국은 1761년의 쿠데타로 이슬람 왕국이 되었답니다. 이 지역에 이슬람 세력이 상당했음을 알 수 있어요. 다른 지역과는 달리 73%의 주민이 힌두교이고, 22% 정도가 무슬림입니다. 무슬림이 이 정도이면 상당히 높은 비중을 차지하는 것입니다. 마이소르 왕국이 역사에서 주목받은 것은 14세기 후반부터입니다. 비자야나가르 왕국이 망하면서 마이소르 왕국이 남인도에서 최강자로 부상하게 되었어요.

비자야나가르 왕국이 데칸 고원Deccan Plateau 북부에서 힘을 키워오던 이슬람 연합 세력에게 무너지며 이 지역의 세력 균형이 깨어지게 되었어요. 1610년에 마이소르 왕국의 워디야르Wadiyor 1세가 독립을 선언하고 수도를 정했는데 바로 어제 방문한 서울의 여의도와 같은 섬 지역인 스리랑가 빠트남Srirangapatnam이랍니다.

마이소르 왕국은 마두라이 나야크Madurai Nayak 왕국과 북쪽의 데

워디야르 1세

칸 술탄국Deccan Sultanates들과의 영토 전쟁에서 데칸 비자푸르 술탄Deccan Bijapur Sultan 왕국에 의해 수도가 함락되기도 했어요. 그러나 나라사라자 워디야르Wadiyor 1세가 주변국들을 평정하고 영토를 확장하며 남인도의 최강자로 부상하게 되었어요. 최강국이 되었지만 국내 사정은 순탄하지 않았어요. 마이소르 왕국은 1761년에 역성혁명으로 무슬림 장군인 하이데르 알리Hyder Ali가 크리슈나라자 워디야르 2세를 몰아내고 새로운 왕위에 올랐어요. 이렇게 하여 마이소르 왕국은 이슬람의 술탄왕국이 되었어요. 새로운 무슬림 군주 하이데르 알리는 농업을 장려하고 서양식 군사제도와 무기를 도입하여 근대화 정책과 함께 인도를 식민지화하고 있던 영국과 무력 항쟁을 벌이게 되었어요. 이때부터 영국과의 무력 전쟁이 펼쳐지게 됩니다.

1766년 하이데르 알리는 다른 지역의 세력들과 힘을 합하여 영국에 대항하고자 했어요. 영국의 스미스 대령이 5만의 군사를 이끌고 마이소르 왕국을 침공하니 이를 제1차 마이소르 전쟁(1766~1769)이라고 합니다. 이 전투에서 마이소르 연합군은 쳉암에서 영국군에게 승리를 하게 됩니다. 그리고 주변 세력들과 손을 잡고 나아가 프랑스와도 협력하여 영국의 재침공에 대비를 했어요.

1780년에 제2차 마이소르 전쟁(1780~1784)이 일어났어요. 아뿔사! 이

하이데르 알리

전쟁 중에 하이데르 알리가 병사하고 그 아들 티푸 술탄Tippu Sultan이 왕위를 계승하여 전쟁을 계속했어요. 어제 스리랑가 빠트남에 있는 폐허가 된 티푸 술탄의 왕궁과 전사 장소를 방문했는데 거기가 바로 제2차 마이소르 전쟁의 역사적 현장이었어요. 티푸 술탄의 활약으로 남인도에서의 영국 세력이 약화되기도 했어요. 티푸 술탄은 마이소르의 호랑이로 알려지게 되었어요. 영국 총독 워렌 헤이스팅스는 주변국들과 동맹 및 평화조약을 체결하여 티푸 술탄을 고립시키는 외교 전략을 구사했어요. 그러나 티푸 술탄의 군대가 1782년 영국군을 크게 무찌르자 영국은 망갈로르 조약을 맺고 마이소르 왕국과 평화적인 관계를 유지하게 됩니다.

1789년에 제3차 마이소르 전쟁(1789~1792)을 영국이 일으키죠. 이때 마이소르 왕국은 프랑스와 손을 잡고 영국에 대항했어요. 아뿔사! 하필이면 이때에 프랑스 대혁명으로 프랑스가 신경을 쓰지 못하자 이 틈을 탄 영국군이 대승을 거두었어요. 1792년에 세링가파탐 조약Treaty of Seringapatam을 맺고 남인도의 영토를 영국에 넘기고 엄청난 배상금까지 물게 되었어요. 또한 티푸 술탄의 두 아들도 인질로 잡혀가게 되었지요.

프랑스가 대혁명을 겪고 나폴레옹이 이집트를 점령하였고, 티푸 술탄의 저항도 만만찮았어요. 이에 위협을 느낀 영국군이 선전포고도 없이 기습공격을 하여 제4차 마이소르 전쟁(1798~1799)을 일으켰어요. 티푸 술탄은 "갇혀진 비참한 삶을 사는 것보다는 차라리 군인으로 죽는 길을 택하겠다!"라고 외치며 영국군에게 대항했어요. 아! 탄식이 절로 나옵니다. 이 절체 절명의 찰나에 한 명의 내부 배신자가 티푸 술탄을 암살하면서 제4차 마이소르 전쟁이 끝나게 됩니다. 이 전투에 참전한 영국의 젊은 용사 중에 아서 웰즐리^Arthur Wellesley가 있었는데 그가 나중에 영국군이 워털루 전투에서 나폴레옹을 격파한 웰링턴^Wellington 장군이랍니다.

제4차 마이소르 전쟁 후 영국은 이슬람이 아닌 힌두 통치자 워디야르 왕조를 세워 지들 마음대로 주물렀어요. 이렇게 하여 마이소르 왕국은 1947년 영연방 입헌군주국 인도 자치령에 흡수되어 인도 공화국의 일부가 되었어요. 마이소르 왕국은 사라졌지만 왕가는 계속 계승되어 2015년에 야두비르 크리쉬나다타 차마라자 워디야르^Yaduveer Krishnadatta Chamaraja Wadiyar가 왕위를 이어 받아 마이소르 왕궁의 안채에 기거하고 있어요. 휴~ 마이소르 왕국의 역사를 조선사도 잘 모르는 제가 설명하려니 땀이 뻐~얼 뻘! 납니다요. 😤

하이데르 알리

마이소르에서 코친으로

　마이소르에서 한 해를 마무리하고 Volvo Semi Sleeper라는 밤 버스를 이용하여 코친Cochin으로 향했어요. 350킬로미터를 밤새 달려야 합니다. 침대칸은 없고 일반 의자 같은데 70도 정도 뒤로 젖혀집니다. 제가 타 본 버스 중에는 남미대륙을 달리는 까마cama와 세미 까마 버스가 최고였어요. 까마 버스를 타면 비행기 조종사 복장을 한 운전사와 스튜어디스 복장을 한 승무원이 영접하고 스파게티와 와인이 제공되며 1인 공간에 누워서 TV 시청까지도 가능했어요. 비록 까마 버스와 볼보 슬리퍼 버스는 아니지만 볼보 세미 슬리퍼 버스는 데칸 고원Deccan Plateau의 밤공기를 가르며 잘 달립니다.

　자정을 넘기고 새해가 바뀌는 시간에 데칸고원 해발 2,100미터의 쳄브라 피크Chembra Peak를 지나 라키디Lakkidi 뷰 포인트에 도착했어요. 새해 첫 시간을 데칸 고원의 산꼭대기에서 맞았어요. 깜깜한 밤이라 사방이 보이

데칸 고원

지는 않지만 이 산 아래의 산봉우리가 물결처럼 칠 것이라 상상하며 이제 코친으로 다시 액셀러레이터를 밟습니다.

데칸 고원의 최고봉 중 하나를 지나려면 한 시간 반 정도의 천 길 낭떠러지 고갯길이 계속 됩니다요. 차가 지그재그로 요동을 칩니다. 근데 깜깜해서 보이지 않는 것이 오히려 위안이 되네요. S자의 비탈길이 계속되고 마주 오는 트럭과 오토바이 그리고 우리 버스 앞뒤에도 버스와 트럭이 줄지어 달립니다. 이렇게 오르막과 내리막을 한참 달려 새벽 5시 경에 평지로 내려왔어요. 아직 먼동도 트지 않았고 평탄한 시골길을 다시 한 시간 반 정도를 더 달려 버스 터미널에 도착했어요.

코친이라는 도시는 코치라고도 부르는 아라비아 연안에 위치한 해안 도시입니다. 여러 개의 섬들로 이루어진 지역을 연륙교를 가설하고 해안을 매립하여 도심을 개발했어요. 구도심인 코친 항, 마탄체리Mattancherry와 항만이 있는 웰링턴 섬과, 신시가지인 에르나꿀람Ernakulam을 묶어 광역시가 되었어요. 코친은 케랄라Kerala 주의 주도인 트리반드룸Trivandrum보다 더 큰 도시로 인구가 천만 명이 넘습니다. 도시 규모로는 서울에 비견됩니다. 그러나 도시 기반이 되는 인프라와 세련미에서는 서울을 따라올 수가 없습니다.

코친은 인도에서 가장 오래된 항구 도시로 기원전 3세기부터 향신료 무역의 중개지 역할을 했어요. 기원전 1세기에 와서는 중국, 페르시아, 페니키아, 그리스와 이집트 등의 선박들이 드나드는 국제 항구로서의 역할을 톡톡히 했어요. 서기 7세기에 와서는 아랍 상인들이 선단을 이끌고 중국과 교역을 중개하는 중심 거점지가 되었어요.

바스쿠 다 가마 상

　코친을 말하려면 먼저 바스쿠 다 가마Vasco da Gama를 빠뜨리고 넘어갈 수는 없어요. 바스쿠 다 가마는 포르투갈 사람으로 당시 오스만 투르크 제국이 지중해를 통한 동서교역을 차단하자 아프리카 희망봉을 경유하여 코친 항에 이르는 신항로를 개척하였어요. 엄청난 시련을 겪고 코친 항에서 후추와 향료를 싣고 본국에 돌아가서 왕에게 보고를 했어요. 포르투갈 왕은 넘넘 기뻐서 바스쿠 다 가마를 코친 총독으로 임명했어요. 이 코친 항이 유럽 사람들에게 중요한 이유는 바로 후추와 향료 때문이랍니다. 유럽 사람들은 고기에 후추를 뿌리지 않으면 잘 먹지를 못해요. 당시에는 일단 동양의 후추를 갖고 유럽에 가기만 하면 대박입니다. 제가 포르투갈의 수도 리스본에 갔을 때 바스쿠 다 가마가 출항한 타호 강Rio Tajo의 벨렝탑Torre de Belém을 보았고, 바스쿠 다 가마의 무덤이 벨렝탑 앞의 하얀 제로니무스 수도원Mosteiro dos Jerónimos에 안치되어 있었어요. 그 바스쿠 다 가마를 인도의 코친에서 다시 만나게 되어 아주 기뻤어요.

코친의 역사

콜럼버스Christopher Columbus가 1492년에 신대륙을 발견한 후 6년이 지난 1498년에 바스쿠 다 가마가 인도에 도착한 곳은 이곳 코친이 아닌 코친의 북쪽에 위치한 캘리컷Calicut이었어요. 캘리컷은 기원전 3세기부터 페르시아, 페니키아, 그리스와 중국 상인들이 드나드는 국제 무역항이었어요. 아랍 출신의 이븐 바투타Ibn Battuta(1306~1368)는 바스쿠 다 가마보다 150년이나 앞선 14세기 중엽에 여섯 차례나 캘리컷을 방문했다고 합니다. 이븐 바투타나 바스쿠 다 가마 그리고 콜럼버스도 13세기 이탈리아 베네치아 출신 마르코 폴로의 동방견문록에 자극을 받아서 동방세계로 탐험을 했겠지요.

1341년에 캘리컷으로 흐르는 페리야르Periyar 강의 홍수로 토사가 쌓여 캘리컷은 항구로서의 역할을 더 이상 할 수 없게 되었어요. 요즘 같으면 포클레인 같은 중장비를 동원하여 항구를 복구할 수 있었겠지만 당시로는 불가능했어요. 우리가 지나온 고아도 올드 고아와 신도시로 구분이 되었는데 전염병이 고아에 닥치니 고아를 두고 신도시로 이주를 해서 구도심은 올드 고아로 남아 있었어요.

캘리컷 항구 대신 남쪽에 코친 항을 개발하여 국제 무역항으로 발돋움하게 되었어요. 당시 코친의 국왕도 적극적으로 후원하여 22개의 외국인 커뮤니티가 형성되기도 했어요. 로욜라가 창시한 예수회 소속 사비에르 선교사가 활동한 지역도 바로 고아와 코친이었어요. 예수회는 우리나라

에서도 서강대학교를 설립한 천주교 단체랍니다.

16세기 사비에르 선교사 등의 영향으로 인도의 남부 지역은 기독교 복음화율이 상당히 높아요. 어떤 지역은 40% 정도가 기독교도들이랍니다. 크리스마스가 지난 지 얼마 되지 않아서인지 거리에는 크리스마스트리와 장식이 도시의 야경을 환하게 비추고 있어요.

바스쿠 다 가마가 포르투갈의 인도 총독으로 부임하여 활동하기도 했어요. 그것이 두 번째 방문이었고, 세 번째 방문인 식민지 인도에 많은 문제들이 발생하여 이 문제들을 해결하려고 방문했다가 코친에서 생을 마감하여 프란시스코 성당에 안치되었어요. 그러다가 나중에 바스쿠 다 가마 시신을 포르투갈 리스본의 제로니무스 수도원Mosteiro dos Jerónimos에 안치를 했어요. 지금은 프란시스코 성당에 가 보니 바스쿠 다 가마 시신이 안치되었던 성당 내부 장소를 표시해 두고 옆 벽면에는 바스쿠 다 가마의 그림과 제로니무스 수도원Mosteiro dos Jerónimos 그리고 벨렝탑 사진을 걸어 두었어요.

바스쿠 다 가마가 아프리카 희망봉을 돌아서 인도 연안을 발견한 후 인도는 서방 열강들의 각축장이 되었답니다. 포르투갈(1503~1663)이 선두로 들어왔고, 이후로 네덜란드(1663~1773)와 영국(1814~1942)이 들어와 인도를 지배했어요. 코친은 유럽인들이 가장 먼저 들어와 유럽 문화와 인도 문화가 융합되어 발전해 왔어요. 속된 말로 하면 짬뽕 문화란 말입니다. 향신료를 구하기 위해 여기까지 온 이 유럽인들의 틈바구니에 유대인들도 한몫 했어요. 고색창연한 유대인 회당이 시내에 있어요.

바스쿠 다 가마가 인도에 도착했을 당시의 후추 가격은 금값보다 더 비쌌답니다. 영국 사람들이 미국 신대륙에 도착하여 아메리칸 인디언들을 살육하며 골드러시에 뛰어들었듯이 유럽 사람들도 인도에서 향신료를 구하기 위해 인도 원주민들을 마니마니 괴롭혔어요. 유럽 사람 나빠 잉!

신도시인 에르나꿀람의 버스 터미널 근처 호텔에 여장을 풀고 아침 식사를 했어요. 밤새 버스로 천리 길을 왔으니 아침 후 휴식을 취해야겠지만 코친이란 도시가 궁금해서 바로 포쉐티 선착장으로 달려가 6루피(100원 정도) 운임의 페리에 몸을 싣고 20분 정도 파도를 헤쳐 코친 항구에 내렸어요.

코친 시내의 이모저모

　코친 항에 도착하자 관광객들과 시민들로 시내는 붐볐어요. 지금의 계절이 저에게는 덥지만 평년의 인도의 날씨에 비해 덜 더운 시기라서 여행객이 더 많은 것 같아요. 시내는 대부분 2~3층의 오래된 건물들이 가지런하게 줄지어 있답니다. 집들은 낡아서 허름하지만 정원에는 나무들과 꽃들이 많아요. 남아공 케이프타운에서도 보았던 극락조를 닮은 꽃과 바나나 나무들이 정원에 심어져 있어요. 어떤 건물은 2층에 나무 장식을 정교하게 한 전통 건물이기도 합니다. 고택들과 조각품으로 이어지는 마을 거리는 참 인상적입니다. 이슬람 사원도 보이고 골목의 벽화가 눈에 확 띕니다. 체 게바라Che Guevara, 카스트로Fidel Castro, 레닌Lenin, 소련 공산당 국기가 그려진 벽화 앞에서 청년들이 앉아 담소를 나누며 우리가 지나가니 정겨운 손 인사를 나누네요.

길거리에는 바나나 나뭇잎을 뜯어먹는 흰 염소들이 이채롭습니다. 거리 표지판에는 바스쿠 다 가마 광장이라고 적혀 있어요. 하얀색 고딕 양식의 산타크루즈 성당이 있어서 내부로 들어가 보았어요. 성모상이 있고 최후의 만찬 성화가 중앙에 걸려 있어요. 좌석은 교회와 같이 긴 나무 의자로 되어 있어요. 크리스마스 장식으로 화려합니다.

마탄체리Mattancherry 지역의 유럽풍 건물들이 있는 지역에 바스쿠 다 가마가 안치되었던 프란시스코 성당이 있어요. 환한 바깥과는 달리 성당 내부는 상당히 어둡습니다. 앞쪽 우측에 사람들이 몰려 있어요. 다가갔더니 바스쿠 다 가마의 유해를 안치하였던 석판이 예전의 그 자리에 그대로 남아 있어요. 옆 벽면에 바스쿠 다 가마를 그린 그림과 리스본의 제로니무스 성당과 벨렝탑의 사진을 걸어 두었어요. 현재 여기에는 바스쿠 다 가마의 시신이 없고 리스본에 있음을 그림으로 알려주고 있어요. 프란시코 성당이 역사의 흐름에 따라 포르투갈 성당, 네덜란드 성당, 영국 성공회 교회로 바뀌어 왔지만 바스쿠 다 가마의 무덤 터는 아직까지 수백 년간 고스란히 잘 보존되고 있어요. 프란시스코 성당 뒤에는 바스쿠 책방과 바스쿠 호텔이 있어요. 이 호텔은 여행자를 위한 숙소로 사용되고 있으며 100년이 넘는 역사를 가진 레스토랑도 영업을 하고 있어요.

바스쿠 다 가마 스퀘어를 지나 해변 길로 나갔어요. 해변에서 수박과 망고가 담긴 컵 과일로 목을 축이고 5분 정도를 걸어가니 건물들이 해변에 세워져 있어요. 자세히 보니 나무로 된 시설에 달린 그물이 하늘로 향하고 있었어요. 이것이 바로 중국식 어망이랍니다. 밀물 때 밀려온 물고기들을 썰물 때 이 그물을 내리면 해변 근처에 있던 고기들이 이 그물에 걸리게 된답니다. 지금은 밀물 때라서 아직 그물을 내리지 않아 20개 정도의 그물들이 하늘로 향하고 있어요. 썰물 때까지 기다릴 수도 없고 해서 인접한 어시장으로 가 보았어요. 싱싱한 생선들이 즐비합니다. 비린내에 파리가 날아다닙니다. 길거리에서 마술 도구 같은 철사로 된 모자 모양의 기구를 하나 샀어요. 모자에서 바구니와 우주선 모양으로 바뀌는 신기한 도구입니다. 파는 아저씨가 직접 발명하여 만들었답니다. 오늘 득템(😀) 했어요. 저는 수업이 끝날 때마다 마술이나 저글링으로 에듀테인먼트를 하기 때문에 이 도구도 에듀테인먼트 시간에 활용되리라고 기대가 됩니다.

다시 마탄체리 시내 안으로 들어왔어요. 도비카나 Dhobikana라는 세탁 공장이 있어요. 뭄바이에서도 거대한 빨래 공장이 있었는데 여기에도 빨래터가 있어요. 인도 사람들은 흰옷을 좋아하는 것 같아요. 흰옷들과 호텔의 하얀 시트들을 여기서 세탁하여 넓은 마당에서 말리고 있어요. 세탁소 안으로 들어가니 직원들이 다림질을 하고 있네요.

저도 함께 다림질을 해 보았어요. 전기 다리미가 아닌 무쇠로 된 다리미 속에 숯이 타고 있었어요. 세탁소 내부를 기웃거리며 한국에서도 쉽게 볼 수 있었던 나무색과 붉은 색 중간의 고무 대야를 여기서 보니 아주 정겹게 느껴집니다. 셀카로 사진도 찍었어요. 세탁소 바깥마당에 건조를 위해 걸린 하얀 시트와 옷감을 보니 저의 몸과 마음도 깨끗해진 느낌입니다.

코친에 유대인 회당과 정화 제독의 흔적이

　인도에서 유일하게 남아 있는 유대인의 흔적이 이 코친에 있어요. 릭샤를 불러 마탄체리 궁전Mattancherry Palace과 파라데시Paradesi 유대인 회당을 둘러 보기로 했어요. 릭샤가 남쪽으로 10분 정도 달리니 마탄체리 궁전이 나왔어요. 바스쿠 다 가마가 활동했던 시기에 이곳은 향신료를 거래하던 포구였답니다. 이 궁전은 17세기에 포르투갈 사람들이 코친의 왕을 위해 세운 건축물로 서로 원만한 관계를 유지하고자 한 일종의 방편이었으리라 추측이 됩니다. 외관은 수수하지만 내부에 전시된 지도와 그림 그리고 판넬화가 당시 코친의 모습을 알려 줍니다. 당시의 코친이 요새였음을 알 수 있었고, 그 구조와 해로를 보니 국제 무역항으로 조금도 손색이 없었음을 알 수 있었어요.

마탄체리 궁정

마탄체리 궁전 옆으로 유대인 마을이 있어요. 향신료 무역을 하던 유대인들이 1568년경부터 이곳에 정착하게 되었어요. 스페인과 네덜란드에 거주하던 유대인들이 중심이 된 마을이랍니다. 이 유대인 마을의 가장자리에 파라데시 시나고그

파라데시 시나고그

Paradesi Synagogue라는 유대인 회당이 있어요. 1760년에 세워진 높은 시계탑은 이 지역의 랜드마크가 되고 있어요. 오후 3시쯤에 유대인 회당에 도착했더니 이미 관람 시간이 지났답니다. 요일별로 관람 시간이 달라요. 할 수 없이 골목의 골동품과 귀금속 가게에 들러 기념품을 몇 개 사서 일단 철수를 하고 다음 날 다시 이 유대인 회당을 찾았어요. 입장료는 10루피로 저렴합니다. 내부는 촬영이 금지랍니다. 예배를 드리는 회당 안은 일반 성당들과 유사했지만 회장의 중앙에도 높은 연설대가 있는 것이 특이했어요. 당시에 목회자나 연사가 회당 중앙에서 진리의 말씀을 전했던 것으로 짐작해 봅니다. 입구 쪽에 있는 자그마한 방은 그 당시의 풍속을 그린 그림들이 전시된 갤러리로 볼만했어요.

유대인들이 많을 때에는 500호 정도까지 되었다고 합니다. 이 유대인들 중 많은 이들이 1948년 이스라엘 건국 이후 이스라엘로 옮겨 갔다고 합니다. 이제는 10명 정도의 유대인만 여기에 남아 있다고 합니다. 이 유대인 마을의 거리는 골동품 거리로 유명합니다. 골목 안은 향신료와 귀금속 그

리고 골동품 가게로 가득 찼어요. 군데군데 카페도 있고요. 스토리텔링이 있는 가게들과 골목은 관광객들로 항상 문전성시를 이루고 있어요.

지난 글에 언급한 중국식 어망은 1400년경의 중국 광동성에서 고기 잡는 방식이 이곳 코친에 전해져서 코친의 상징이 되었어요. 중국식 어망은 명나라 때 정화鄭和 제독이 인도를 거쳐 서역과 아프리카 해안 지역을 왕래하던 대 원정 시기에 코친에 전해졌어요. 정화 제독은 중국 운남성 출신의 무슬림으로 12세에 환관이 되어 영락제 때 정난을 잘 정벌하여 환관으로는 제2위의 자리에 오릅니다. 영락제의 후원으로 콜럼버스보다 80~90년 앞선 1405년부터 1433년까지 수십 척의 함선과 2만 명이 넘는 군사를 이끌고 동남아, 서남아는 물론 동부 아프리카까지 7차례나 원정한 인물입니다. 27,000명 정도의 동행자들 중에는 학문과 예술에 뛰어난 사람들과 여러 방면의 전문가들이 있어서 탐험한 지역의 정보와 물품들을 수집하고 방문지에는 기념비 등의 흔적을 남겼어요. 나폴레옹도 혹시 정화 제독을 흉내 낸 것일까요? 나폴레옹도 이집트 원정 시 많은 학자들과 예술가들을 함께 데려갔어요. 아무튼 정화 제독의 선단은 콜럼버스의 90여 명, 바스쿠 다 가마의 120명 정도의 선단과는 비교가 되지 않는 엄청난 규모였어요. 나중에 적폐청산에 걸려 정화 제독의 원정과 관련한 자료들은 불태워졌어요. 한고조 때의 분서갱유가 다시 일어나 항해나 대형 선박 제조 기술에 관한 자료를 불태운 후 600년 간 중국은 세계 최강 조선국에서 조선 산업이 몰락하게 되었지요. 덕분에 한국이 세계 제일의 조선 왕국이 되지 않았을까요?

코친에서 <별에서 온 그대>의 별세계로 가다

    코친 시내를 거닐다가 NO 18 Hotel 1층 레스토랑에서 맛있는 요리를 주문해서 먹었어요. 호텔 이름이 18이라 욕 같아서 거시기(?) 합니다요. 이 사람들은 18이 좋은 숫자인 것 같아요. 이 호텔 사장님이 가장 좋아하는 숫자가 18이라서 호텔 이름을 그렇게 18로 지었답니다. 웅장한 나무가 호텔을 감싸고 있어요. 메뉴도 상당히 맛있을 것 같아요. 양념 닭, 오징어, 프렌치프라이, 구운 토마토, 강황 밥, 게, 새우가 접시에 푸짐하게 차려져 나왔어요. 호텔 입구가 레스토랑이네요.

    포스트가 눈길을 끕니다. 영어로 되었지만 이해가 되네요. "잘 먹지 않으면 잘 생각할 수 없고, 잘 사랑할 수 없고, 잘 잘 수 없기에 좋은 음식은 좋은 삶"이라고 적혀 있네요. 상당히 철학적입니다. 더 흥미로운 것은 레스토랑의 벽화입니다. 나무 그림인데 아름다운 아가씨의 얼굴이 몇 개 그

물고기가 숨어 있는 그림

려져 있고요, 다른 그림은 나무 그림인데 나뭇가지에 물고기가 숨은 그림처럼 그려져 있어요. 이 그림을 사진으로 찍어 한국에 가서 크게 확대해서 저의 연구실에 걸어 둘까 합니다. 궁금하시면 저의 연구실을 방문해서 확인해 주세요. 기대해 주세요.

오늘은 2019년 초에 방영된 〈별에서 온 그대〉에서 천송이와 도민준이 다른 별에 온 장면과 같은 낙원의 세계로 갑니다. 항구에서 20킬로미터 정도 떨어진 섬으로 뮤바투퍼자Muvattupuzha 강변의 무린주퍼자Murinjupuzha란 곳으로 갔어요. 가는 도중에 바다인지 강인지는 모르겠으나 시멘트 공장이 몇 개 있는데, 시멘트 브랜드를 광고하는 것 같아요. 코모로와 이집

트에서도 시멘트 광고를 보았어요. 우리나라도 80년대까지도 쌍용양회, 성신양회 같은 회사의 시멘트 광고를 본 기억이 있어요. 성신양

회는 씨름선수단이 있었던 기억이 납니다. 007영화에서 제임스 본드가 탔던 흰색 자그마한 캐딜락을 타고 사원 같은 곳으로 갔어요. 근데 이차 엄청 클래식한데 40년은 넘었을 법한 내부는 골동품 그 자체입니다. 운전하시는 분의 슬리퍼와 아주 궁합이 맞아요.

이곳에 식물원이 있어요. 여러 종류의 나무들과 화초로 가꾼 광릉수목원 같은 곳입니다. <별에서 온 그대>의 천송이와 도민준이 거닐던 그런 세계에 온 느낌입니다. 별별 희한한 식물들이 있고 코코넛을 따는 시범을 보여 주는 분도 있어요. 원숭이처럼 한 청년이 순식간에 나무 꼭대기까지 맨발로 올라가 코코넛을 따서 떨어뜨리네요. 갑자기 배꼽시계가 요란합니다.

식물원 중간에 멋진 레스토랑이 있어요. 입구에서 찐한 맛의 술을 작은 잔으로 한 잔씩 주네요. 아마 애피타이저인 것 같아요. 너와로 지붕을 얹은 노랑 벽 건물 안에 긴 식탁이 있어요. 한 30명 정도가 앉을 수 있네요. 주문 없이 모든 사람이 다 똑같은 메뉴입니다. 저의 자리에도 식사가 준비되었네요. 야자수 잎에 카레밥, 모르는 뿌리의 반찬이 짠지 같았어요. 어쩌면 원시적이지만 숲속 정원 식물원의 레스토랑에서 자연과 벗 삼아 먹는 음식은 별미였어요.

<별에서 온 그대>와 같은 정원에서 민생고(?)를 해결하고 나니 세상이 달리 보입니다. 이를 금강산도 식후경이라고 하나

요? 숲속 길을 지나 조그만 나루터에서 초로의 날씬한 뱃사공이 우리를 반겨 주었어요. 갈대로 지붕을 얹고 나무로 된 무동력선이었어요. 뱃사공이 긴 작대기로 배를 저어갑니다. 일행 중 한 분이 클래식 음악을 크게 틀었어요. 다른 한 분이 음악을 끄라고 하는군요. 그렇죠? 이렇게 숲 사이의 샛강을 나룻배로 유영하는데 클래식 음악보다는 자연의 새 소리에 귀를 기울여야죠. 숲속에 까만 새가 노래를 부르는군요. 이 장면에서 빗방울이 두두둑! 떨어지니 나룻배가 나뭇가지를 스치며 내는 소리와 화음을 이루어 자연의 오케스트라가 연주됩니다요.

이제는 코친을 떠나야 할 시간입니다. 코친은 서기 52년경에 예수님의 12제자 중 한 사람인 도마가 이곳에까지 와서 복음을 전파하여 힌두교의 입장에서 보면 불가촉천민 150만 명 중 절반이 기독교도이고, 케랄라 주 전체 주민의 20% 정도가 기독교인이랍니다. 정치인도 가톨릭이나 개신교 신자들 중에서 많이 선출된답니다.

도마가 코친에 세운 시리아 교회

　도마는 부엌의 칼과 함께 존재하는 나무판이 아니라 예수님의 열두 제자 중의 한 사람입니다. 도마는 예수님의 가르침을 실천하기 위해 서기 52년에 코친 북부에 있는 케랄라Kerala 주의 해안 지역에 선교하러 왔어요. 아마 배를 타고 왔나 봅니다. 그 당시에 유대 지역에서 인도까지 올 정도의 배와 항해술이 있었을까 의문이 들지만, 한 번 곰곰이 생각해 보면 가능했으리라 여겨집니다.

　제가 이스라엘 갈릴리 호수에 갔을 때 예수님이 타던 배를 전시하고 있었어요. 또 그 배와 비슷한 배를 타고 갈릴리 호수 투어도 했는데 저의 기억으로는 배 삯이 엄청 비쌌던 것으로 기억됩니다. 100달러 정도였던 것 같았어요. 아마 예수님도 배 삯이 너무 비싸서 베드로와 제자들이 보는 가운데 물위를 걸었을지도 모르겠어요. 😊 예수님이 타셨던 그 배 정도를 타고 유대 지방에서 아프리카 해안과 아라비아 해를 돌고 돌아 인도까지 왔었을 것이라고 추측해 봅니다.

　도마는 콜럼버스나 바스쿠 다 가마보다 1,400년 전에 인도까지 항해를 한 탐험가이자 선교사였어요. 어떤 분은 도마가 인도 아유타 왕국의 공주인 허황옥을 데리고 가야국 김수로왕에게 중매를 섰다고 주장하며 대구와 김해 지방에서 그 발자취를 찾아볼 수 있다고 하더군요. 저의 본관이 인천 이 씨인데 김수로왕의 김해 김 씨에서 김해 허 씨와 양천 허 씨(허준의 조상)를 거쳐 통일신라시대에 와서 허겸이 당나라에 사신으로 가서 현종(양귀비 남편)으로부터 인천 이 씨의 성을 받아와서 이 분야에 쬐끔 관심이 있어요.

도마 하면 의심 많은 제자였지요? 예수님의 죽으심과 부활을 믿지 못하겠다며 예수님의 옆구리에 손을 대어 보고 믿게 되었지요? 이러한 호기심이 도마를 인도까지 오게 하지 않았나 생각해 봅니다. 도마가 인도에 와서 세운 교회가 시리아 교회랍니다. 코친에서 최고로 큰 시리아 교회인 성 마리아 교회의 주교를 하신 안토니 신부님이 전하는 도마의 시리아 교회 이야기를 들어 봅시다.

도마 때부터 시작된 시리아 교회는 지구상에서 가장 오래된 기독교의 종파입니다. 시리아 교회는 유대 지방이 로마의 침공을 받자 피난을 온 유대인들에게 먹을 것과 입을 것들을 제공했어요. 서기 70년경에 유대인들이 유대를 떠나 2년 후에 인도의 말라바르Malabhar 해안 지역인 크란가노르Cranganor에 도착해서 살게 되었어요. 300년이 흐른 서기 379년에 이 지역의 라자왕은 이 지역에 유대 왕국을 세울 수 있도록 허용했어요. 그리고 1,500년이 흐른 후 바스쿠 다 가마가 여기에 도착하여 활동했어요. 바스쿠 다 가마가 값싼 장신구를 아주 귀중품으로 속여 판 것을 보고 정보에 밝은 유대인들이 분개하여 바스쿠 다 가마를 감금하기도 했답니다.

유대인들은 크란가노르에서 1,500년 정도 정착하여 살았어요. 유럽에서 밀려들어온 포르투갈 인들이 박해를 가해서 1524년에 유대인들은 크란카노르에서 코친으로 정착지를 옮겼어요. 포르투갈 사람들 나빠요! 코친으로 온 유대인들은 파라데시 시나고그Paradesi Synagogue 회당을 중심으로 안정적이고도 풍요로운 생활을 했답니다. 파라데시 시나고그 회당 바닥에 깔린 1,000여 개의 값비싼 중국제 자기 타일만 보아도 그 당시의 영화를 짐작할 수 있어요. 많게는 5,000명 정도의 유대인들이 이곳에 살았지만 이스라엘이 건국되자 대부분의 유대인들이 떠나고 이제는 10명 정도의 유대인만 남았답니다. 유대인 회당을 아직도 유대인들이 관리한다고 들었어요. 10명 정도의 유대인들은 대박입니다. 회당 관람료만 따져도 엄청난 돈이죠? 회당의 관람 시간도 아주 엄격하고 내부 사진도 일체 찍지 못하게 하더라고요. 파라데시 시나고그를 관리하는 데만도 10명 이상의 유대인이 필요할 것 같아요. 암튼 세계 어디를 가나 유대인들은 참 대단합니다요. 제2의 유대인인 한국인들의 활약도 기대해 봅니다.

코친에서 바르깔라로

　코친 에르나꿀람Ernakulam의 숙소에서 아침 7시에 릭샤로 출발하여 기차 역으로 왔어요. 오늘은 기차로 4시간을 달려 바르깔라Varkala로 갑니다. 기차역이 상당히 붐비고 소리가 요란합니다. 기차표를 들고 전광판을 잘 살펴야 합니다. 수시로 타야 할 플랫폼 번호가 바뀝니다. 8시 30분이 되어 기차가 선로를 따라 들어옵니다. 열차번호 16526호, B3, 22 D 자리를 찾아가니 자리가 1층 침대칸이라 한결 여유롭습니다. 만약 끝자리가 22 U라면 22번 좌석의 윗자리라는 의미입니다. 누워서 카톡도 보고 오랜만에 한국의 뉴스도 눈팅(?)을 해 봅니다. 정치와 코로나바이러스가 속히 안정되어야 할 텐데……. 밤 버스와 밤 열차만 타다가 대낮에 탑승하니 기분이 야릇합니다. 차창 밖의 풍경이 이채롭기도 하고요. 기차는 아드리아 해의 파도가 넘실거리는 해변 도시 바르깔라 역에 오후 1시 30분경에 도착했어요.

　바르깔라 역에서 릭샤로 20분 정도 달리니 인드라프라차 비치 리조트 Indraprastha Beach Resort Varkala라는 호텔에 도착했어요. 이 호텔에서 2박 3일을 머물 예정입니다. 짐을 푸는 둥 마는 둥 하고 해변으로 달려갔어요. 카페와 상점들로 이어진 해변으로 통하는 길은 휴양 도시의 분위기를 자아냅니다. 파파나샴 비치 해변에는 햇볕이 뜨겁게 내리쬐고 해수욕객들로 붐빕니다. 파파나샴이란 말은 인도 말로 죄악의 파괴자라는 의미랍니다. 일단 바다 속으로 풍덩 뛰어들었어요. 그동안에 지었던 저의 죄가 쏴 씻

티벳 식당에서 바라본 해변

겨나가는 기분이었어요. 뜨거운 햇빛과 모래로 달구어진 몸을 식히기에도 안성맞춤입니다. 아드리아 해의 넘실거리는 파도에 몸을 한참 맡기고 나니 배꼽시계가 요란합니다.

   해변 모래사장을 넘어서면 절벽의 절경이 펼쳐집니다. 절벽 위로 카페와 식당, 상점들이 즐비합니다. 오후 3시가 넘어가니 늦은 점심이 되겠습니다. 이탈리안 식당, 프랑스 식당, 인도 식당, 멕시코 식당, 중국 식당 등이 있는데 한국 식당은 없고, 특별히 눈에 띄는 식당이 있어요. 바로 티벳 식당Little Tibet입니다. 이를 꿩 대신 닭이라고 합니까?

   절벽 위의 카페와 식당 가운데 티벳 식당이 있는 계단으로 올라갔어요. 세계 각국에서 온 여행객들이 이미 자리를 잡아 담소를 나누고 있었어요. 계단으로 올라갔지만 식당은 2층으로 되어 있네요.

티벳 식당

193

2층의 가장자리에 자리를 잡으니 뷰가 장난이 아닙니다. 바다와 하얀 모래사장과 절벽 아래로 개미처럼 보이는 해수욕객들이 만들어 주는 풍광은 딴 세상의 풍경입니다. 인도에서 가장 아름다운 해변 마을이라는 소문이 사실임을 확인하고 있어요.

티벳 사람으로 보이는 웨이터가 메뉴판을 내밉니다. 메뉴판에서 누드(?)가 아닌 누들(면) 쪽으로 눈이 갑니다. 뗀툭과 뚝바가 있어요. 우리로 치면 뗀툭은 수제비이고, 뚝바는 칼국수입니다. 야채, 치킨, 해물로 된 메뉴가 있어요. 이중에서 해물로 된 뗀툭과 작고 예쁜 만두('모모'라고 해요)와 과일 샐러드 등을 주문했어요. 드디어 해물 뗀툭이 나왔어요. 얼큰한 한국의 시골식 해물 수제비로 맛도 상당히 토속적인 맛입니다. 국물 맛이 일품입니다. 속이 확 풀립니다.

자리를 함께한 분이 맥주를 주문했어요. 신문지에 싸인 병맥주가 나오네요. 웨이터가 맥주를 투명한 유리잔이 아닌 사기 같은 잔에 따르고는 신문지에 싸인 맥주병을 탁자 아래로 내려 놓으라고 합니다. 아! 이 지역에서 술을 파는 것은 불법인가 봅니다. 탁자 아래에 술병을 둔다고 해서 법을 피할 수 있는 것인지는 모르겠지만, 웨이터의 요구대로 따르기로 했

뗀툭

뚝바

어요. 인도에서 가장 아름다운 해변 마을의 절벽 위 티벳 레스토랑에서 민생고를 해결하고 나니 이 세상에 부러울 것이 전혀 없어졌어요. 저는 이렇게 참 단순합니다요. 어느덧 석양이 울긋불긋해 옵니다.

바르깔라 파파나샴 해변 마을
밤거리 추억과 카필포지 호수

　파파나샴 비치의 절벽 위의 티벳 레스토랑에서 석양을 보며 서핑을 즐기는 사람들을 감상하고 있는데, 해가 수평선으로 내려가고 밀려오는 파도에 서퍼들도 밀려 모래사장으로 서핑보드를 안고 철수(서울시장과 대통령 선거에 나온 그 철수 말고요)를 하였어요. 우리도 티벳 레스토랑에서 철수할 시간이 되었나 봅니다. 황혼의 붉은 노을빛이 주변 거리의 카페와 레스토랑을 네온사인 빛으로 물들였어요. 호텔에서 파파나샴 비치를 통해 이 절벽 위의 레스토랑으로 왔는데 오던 길을 가는 것보다는 새로운 길로 가고 싶다는 엉뚱한 생각이 들었어요. 그래서 대강 머릿속에 지도를 그리고 해변이 아닌 절벽 위의 마을길로 들어섰어요.

　20분 정도면 갈 수 있을 것이라고 생각했는데 구불구불한 어두운 골목길을 30분이나 걸어도 아는 길이 나오지 않습니다. 다행인지 불행인지 도중에 여행의 일행 중 한 분인 강원도에서 인제 군수를 하셨다는 분을 만났어요. 그 분이 "그냥 저를 따라오세요." 하며 강권하시는 바람에 동행했는데, 그냥 따라간 제 체면이 말이 아닙니다. 이분도 길을 몰랐던 겁니다. 어두운 밤길에 사람들의 인적도 드물어 물어 볼 사람을 만날 수가 없었어요. 생판 모르는 도시의 밤거리에서 이렇게 난처하게 될 줄은 미처 몰랐어요.

　가끔 지나가는 차들이 있어서 손을 흔들어도 쌩! 지나가 버립니다. 이때 맞은편에서 두 청년이 다가옵니다. 한편으로는 반갑고, 한편으로는 무섭

기도 합니다. 낯선 곳에서 낯선 사람을, 그것도 어둠 속에서 맞닥뜨리는 것은 더욱 긴장이 됩니다. "익스큐즈 미! 웨어리즈 인디라프라차 리조트?" 아! 극적으로 이 청년들이 친절하게 손짓 발짓을 하며 돌고 또 돌아 15분 쯤 가면 우리 호텔이 나온답니다. 잠시나마 이 청년들을 의심한 것이 후회가 되었습니다. 역시나 인도 청년들은 순수하고 친절합니다. 지금까지 인도에서 겪은 분들은 한결같이 친절했어요. 제가 어둠 속에서 괜히 어두운 생각을 했어요.

15분이면 호텔에 도착한다니 안심이 되었고, 안심이 되자 길가에 있는 과일 상점도 눈에 들어오는군요. 가게에 들러 망고, 망고스틴, 수박, 코코넛, 비상식용 감자 등등을 잔뜩 사 들고 호텔로 와서 여행 동행자들과 과일 파티를 했답니다. 이렇게 바르깔라에서의 하루가 지나갔습니다.

어제 파파나샴 비치 가는 길에 있는 여행사에서 예약한 9시 30분 카필포지 호수 행 릭샤를 타고 바르깔라의 시골길을 야자나무들의 사열을 받으며 씽씽 달렸어요. 거리로는 6킬로미터 정도인데 상당히 멀리 온 느낌입니다. 도로의 좌측은 아라비아 해이고, 오른쪽은 호수이군요. 이런 호수를 석호 혹은 라군이라고 한다죠? 우리로 치면 경포대가 있는 경포호를 연상하면 됩니다요. 경포대 하니까 오래전에 손 모 경기도지사가 당시 대통령을 향해 "경제를 포기한 대통령"이라고 하니까, 상대 진영에서는 "경기도를 포기한 대통령 병에 걸린 자"라고 되받아 친 기억이 나네요. 이러한 석호인 라군은 우리나라 동해안 북부 화진포에 가면 볼 수 있어요.

카필포지 호수는 고요하고 그림 같은 풍경과 야자나무와 다른 나무들로 이루어진 숲속에 자리하고 있어요. 전동 보트를 하나 빌려서 호수의 이곳저곳을 1시간 30분 정도 달리며 잔잔한 호수와 자연 풍경을 감상했어요. 역시 자연과 벗하니까 여유롭고 마음이 편안합니다. 가끔씩 속력을 내며 물장구를 치는 보트에서 괴성도 한 번 질러봅니다. 보트를 운전하시는 분이 괴성에 자극을 받았나 봅니다. 한 번, 두 번, 세 번…… 계속 과속을 하며 방향을 홱~ 돌려봅니다. 이 분 참 장난기가 심하군요. 튀는 물방울에 옷도 조금씩 젖었어요. 땡볕이 내리쬐어 젖은 옷이 금방 말라버립니다.

보트에서 내려 긴 백사장이 있는 아라비아 해변에 릭샤를 세워 두고 해변 산책을 했어요. 여기도 코코넛나무 숲이 있어요. 숲속에 구멍가게 같은 잡화 판매점이 있어요. 젤리 같은 불량 과자를 사 들고 어린 시절의 동심으로 돌아갔어요. 해변의 야자 숲에서 불량 과자를 먹으며 걸으니 초딩

이 된 기분이네요.

  다시 바르깔라 파파나샴 해변 절벽 위의 티벳 레스토랑에 가서 어제는 해물 뗀툭(수제비)을 먹었으니 오늘은 해물 뚝바(칼국수)로 속을 풀었어요. 칼국수에는 칼이 없고, 붕어빵에는 붕어가 없는데, 있는 것이 있는데 무엇인지 아세요? 가래떡에는 가래가 있답니다. 식사 전인 분에게는 죄송해요. 🙂

인도의 땅끝마을 깐냐꾸마리

　오늘은 일찍 일어나 절벽에서 바라보는 환상적인 아라비아 해의 일출을 감상하려고 했는데 밤새 비가 내려 일출은 감상할 수 없었어요. 그래도 오랜만에 들어 보는 인도의 빗소리가 밤새 아주 정겨웠어요. 이 비로 메말랐던 인도의 겨울 땅에 단비가 되어 갈증이 조금이라도 해소되었으면 합니다.

　바르깔라 기차역으로 이동했어요. 오전에 3시간 30분을 달려 깐냐꾸마리Kanyakumari에 도착하여 땅끝마을에서 점심 식사와 주변를 둘러본 후 저녁 열차로 마두라이Madurai로 갈 예정입니다. 인도의 열차는 연착이 새삼스럽지가 않아요. 빨리 달리지는 않지만 덕분에 인도의 풍경을 잘 감상할 수가 있어요. 인도는 역시 넓은 땅덩어리를 가진 나라입니다. 남으로 남으로 계속 달려도 남인도의 시골 풍경이 계속 이어집니다.

　모내기를 한 논두렁에 야자수 나무가 벼들을 지키고 있군요. 기차에 에어컨은 가동되지 않았지만 창문으로 들어오는 바람이 이마의 땀을 식혀 줍니다. 시골을 지날 때면 청소년들과 어른들이 자전거를 여유롭게 타고 가는 장면도 종종 볼 수 있어요. 기차가 바르깔라 역을 출발한 지 3시간 반 정도 지나서 드디어 깐냐꾸마리 역에 도착했어요.

　뜨거운 햇빛이 작렬합니다. 이곳 사람들은 '깐냐꾸마리'라는 말 대신에 '꼬모린 곶'이라고 부른답니다. '땅끝마을'이라는 현지어입니다. 인도에서 제법 알려진 관광지여서 연중 사람들이 몰려들다 보니 숙박촌이 형성되어 있어요. 기념품 상점도 즐비 합니다. 인구는 2만 명 정도로 작은 마을입니다. 바다 주변에 작은 도시가 형성되어 있어요.

인도는 북위 35도에서 깐냐꾸마리가 있는 북위 8도까지 무려 남북 길이가 3,000Km나 됩니다. 깐냐꾸마리는 3면이 바다입니다. 서쪽은 우리가 타고 내려온 아라비아해, 남쪽은 인도양 그리고 동쪽은 벵골만으로 이 세 개의 바다가 바로 이 깐냐꾸마리에서 만난답니다. 또 두 개의 강이 여기서 만나는 깐냐꾸마리는 신성한 대륙의 꼭짓점입니다. 강과 바다가 만나는 깐냐꾸마리는 인도 사람들이 자연 현상을 중시하는 힌두교의 성지가 될 수밖에 없는 모든 조건들이 갖추어졌어요.

우리가 깐냐꾸마리에 머무는 시간은 3시간 정도입니다. 일단 짐들을 묶어 기차역에 15루피씩 주고 맡겼어요. 오후 2시경 온도는 31도라고 하는데 체감온도는 40도 가까이 됩니다. 15분 정도 걸어가면 바다가 나온다고 합니다. 배꼽시계가 요란합니다. 뭘 먹어야 하나? 길을 지나가며 온통 식당에만 관심이 집중됩니다. 비교적 깔끔한 식당을 찾기가 쉽지 않습니다. 드디어 호텔의 1층에 식당이 있음을 발견했어요. 길거리가 너무 더워서 일단 에어컨이 있는 식당으로 들어갔어요. 메뉴판을 보니 생소한 요리들입니다. 감자 요리 같은 음식들을 시켜 먹었어요. 맛은 따질 수가 없네요. 일단 주린 배를 채웠다는 자체가 위안이 됩니다. 금강산도 식후경인데 이

제 바다로 갑니다.

  인도 사람들은 성스러운 장소에서 목욕을 하나 봅니다. 많은 사람들이 바위 사이로 파도를 피해 몸에 바닷물을 끼얹고 있어요. 갠지스 강에 몸을 담그는 장면들을 TV에서 본 기억들이 떠오릅니다. 갠지스 강물은 흙탕물이었는데 이 바닷물은 아주 깨끗합니다. 저도 바다에 발만 담갔어요. 근데 바지는 파도에 다 젖고 마네요.

  해변에서 발을 담그고 남쪽을 바라보니 500미터 정도 되는 거리에 조그마한 바위섬이 보입니다. 바로 비베카난다의 수행과 깨달음으로 유명한 장소입니다. 방랑 스님으로 알려진 스와미 비베카난다Swami Vivekananda가 인도의 과거와 현재 그리고 미래에 대해 깊은 명상을 하면서 깨달음을 얻은 장소랍니다.

  잠깐! 깨와 소금을 섞으면 뭐가 되죠? 깨소금이랍니다. 그러면 깨와 설

티루발루바르 석상

탕을 섞으면 뭐가 되나요? 쬐끔 어렵죠잉? 바로 '깨달음'이랍니다. 😊

작은 섬에서 인도 대륙을 바라보고 있는 무려 40미터가 넘는 거대한 석상이 인상적입니다. 비베카난다의 석상일 것 같지만 아닙니다. 타밀 사람들의 자존심인 타밀의 셰익스피어로 칭송되는 티루발루바르Tiruvalluvar의 석상입니다. 이곳 사람들은 피부가 까맣고, 키가 작고, 통통한 편으로 다부진 느낌입니다. 또 친절하지만 자존심이 강하여 힌두어 대신 타밀어를 고수하고 있어요.

깐냐꾸마리의 이모저모

깐냐꾸마리에서 늦은 점심으로 민생고를 해결하고 나니 발길이 한결 가벼워졌어요. 간디 기념관 Gandhi Memorial이 있어요. 입장권을 끊어 들어가려고 하니 신발을 맡겨야 한답니다. 아마 간디 기념관을 신성한 신전 정도로 여기나 봅니다. 따가운 햇살을 피해 시원한 기념관으로 들어가니 한 노인이 적극적으로 나와서 기념관에 대하여 장황한 설명을 하네요. 일단 들어보았어요.

여기는 간디 메모리얼이라고 합니다. 마하트마 간디의 유해가 뿌려진 곳이 바로 이곳 깐냐꾸마리입니다. 유해가 바다에 뿌려지기 직전에 유해

를 보관한 이 장소에 간디 메모리얼을 지었어요. 메모리얼은 인도 오리샤 주의 전형적인 양식으로 지어 간디의 생일인 10월 2일이 되면 유해가 놓였던 자리에 햇빛이 비치도록 천정에 둥근 구멍이 뚫리게 설계되었어요. 건물 바닥의 중앙에는 유해가 있던 자리에 수반이 자리하고 있어요. 이러한 의미를 모르는지 관광객들은 이곳을 그늘의 쉼터 삼아 쉬며 일몰 감상 준비를 하고 있어요.

간디 메모리얼은 간디가 사망한 지 8년이

지난 1956년에 핑크빛으로 지었어요. 높이가 79피트인데 이 숫자는 간디의 평생 나이를 의미한답니다. 건물 옥상으로 연결된 계단으로 올라갔어요. 깐냐꾸마리의 앞바다와 도심 전경이 한 눈에 들어오네요.

인도의 땅끝마을이라서 그동안 제가 방문했던 땅끝마을들을 생각하며 회상에 잠겼어요. 한국의 해남에 있는 땅끝마을을 갔다 오면서 여수 오동도와 돌산 갓김치를 맛있게 먹은 기억이 있어요. 포르투갈의 까보다로까 Cabo da Roca에서는 유라시아 대륙의 최동쪽 끝에서 최서쪽 땅끝마을을 방문한 감회가 새로웠어요. 러시아 블라디보스토크의 한 공원에서 키릴문자를 만든 그리스에서 온 키릴 선교사님의 동상이 아련히 떠올랐어요. 남아프리카 케이프타운의 희망봉에서는 '사랑의교회'에서 '사랑부'를 함께 섬겼던 윤영욱 선교사님(현재 남아공 프레토리아에서 사역 중)과 역사적인 만남을 가진 추억이 떠올랐어요. 사랑의교회 김대규 목사님과 권사님들도 함께 만날 수 있어서 더욱 반가웠어요. 세계 최남단이자 남미의 땅끝마을인 아르헨티나의 우수아이아 Ushuaia의 빨강 등대와 진화론의 창시자 찰스

다윈이 비글호를 타고 지나갔다는 비글 해협에서 만난 중국 관광객들과의 대화 장면들이 떠오릅니다. 가장 잊을 수 없는 장면은 제가 페루에서 출발해 칠레, 볼리비아를 거쳐 오며 찍은 사진들이 든 휴대폰을 이 우수아이아에서 잃어버렸어요. 그래서 남미 여행의 사진이 '바람과 함께'가 아닌 '휴대폰과 함께' 사라져 지금도 속이 쓰립니다요.

간디 메모리얼을 나와 해변을 걸었어요. 해변의 바람이 아주 거세었어요. 인도양과 아라비아 해의 바람은 비교적 온순했는데, 뱅골만의 바람과 함께 만나는 지점에서는 아주 거세었어요. 간디는 왜 이렇게 풍랑이 치는 곳을 영원한 안식처로 삼았을까요? 아마 인도의 3대양이 하나가 되는 이 현장에서 인도인들이 화합하고 대동단결하여 풍요롭고 찬란한 나라를 만들라는 염원이 담겨 있는 것 같아요.

시내에 꾸마리암만 사원Kumari Amman Temple이 있네요. 시바신을 평생 사랑하며 아파했던 여인이 소원을 이루지 못하고 처녀의 몸으로 죽은 토속

꾸마리 암만 사원

신인 깐냐 데비Kanya Devi를 모신 사원이랍니다. 깐냐꾸마리라는 도시 이름도 바로 '처녀 꾸마리'라는 의미입니다. 동정녀 꾸마리는 한 손으로 악마를 물리치고 다른 손으로는 세상에 자유를 주었답니다. 이 사원에 들어갈 때에 여자들은 신발만 벗지만 남자들은 신발과 상의를 벗어야 합니다. 힌두교 신자가 아닌 사람들은 코에 다이아몬드 링을 끼고 있는 꾸마리 여신상이 있는 신전까지는 들어가지 못해요. 남인도 남자들의 하의인 도티를 입어야 힌두교인 남자들도 신전까지 들어갈 수 있어요.

해변에 작은 정자가 있어서 들어가 보았더니 지팡이를 짚은 간디 상이 자리 잡고 있어요. 간디는 깐냐꾸마리에서 성인 대접을 받고 있다는 느낌이 들었어요.

길거리에는 호떡 비슷한 빵과 만두 모양의 빵을 즉석에서 구워 팔고 있어요. 삼면이 바다인 깐냐꾸마리의 아라비아 쪽 해변과 인도양 쪽 해변 그리고 뱅골만 쪽의 해변을 돌아보며 깐냐꾸마리를 대충 훑어보았어요. 해변에 공원들이 있어서 쉼의 공간을 제공해 주었어요. 역시 뱅골만의 해풍은 뱅골 호랑이만큼이나 사납게 불어오네요. 이 육중한 날으는 돈가스(?)인 제 몸이 날려갈 지경입니다. 이제 깐냐꾸마리를 떠나 250Km 거리에 있는 마두라이 행 열차에 몸을 실었어요.

마두라이 간디 박물관과 코끼리 언덕

깐냐꾸마리 역에서 오후 5시 20분 열차로 출발하여 다섯 시간 정도 달려 약 250Km 거리에 있는 마두라이Madurai 역에 도착하니 10시쯤 됐네요. 호텔에 짐을 풀고 내일 일정에 대하여 생각해 보았어요. 미낙시 사원Meenakshi Temple, 간디 박물관Gandhi Memorial Museum, 코끼리 언덕 등을 방문하기로 했어요.

아침 식사를 한 후 마두라이 시내를 둘러보았어요. 마두라이는 인도 남부의 타밀나두Tamil Nadu 주의 두 번째로 큰 도시랍니다. 역사도 아주 깊은 도시입니다. 마두라이 시내 중심부를 바이가이 강이 서울의 한강처럼 유유히 흐르고 있어요. 바이가이Vaigai 강의 수량이 풍부하고 비옥한 토지로 인하여 농업 생산물이 풍부한 과거의 마두라스라는 도시 이름이 90년대에 힌두어로 마두라이로 바뀌었어요.

마두라이는 3,000년의 역사를 자랑하죠. 인구는 100만여 명이나 되어 인구 밀도가 높고, 스리랑카와 케랄라 방면의 철도 분기점이 있어 교통 또한 발달한 도시입니다. 인근 목화 재배지로 인하여 면방적 산업이 일찍부터 발전하였고, 견직물, 염색, 농기구 제작 등의 공업이 발달했어요. 땅콩, 커피, 차, 향신료 등의 농산물 집산지이자 가공 산업이 발달했어요. 교육 중심지이기도 하여 대학교도 있어요.

깐냐꾸마리에서 만났던 마하트마 간디의 박물관이 마두라이에 있네요. 일단 릭샤에 올라타고 간디 박물관으로 향했어요. 깐냐꾸마리는 간디의

시신을 안치한 자리에 간
디 기념관이 세워지고, 간
디의 시신을 태운 재를 깐
냐꾸마리 앞바다에 뿌렸
다고 합니다. 인도에서 간
디 박물관이 다섯 개나 됩
니다. 간디가 마두라이를 자주 찾았다고 해서 지
어진 박물관입니다. 이 박물관의 특징은 간디가
암살될 때에 입었던 피 묻은 도티^{dhoti}(옷 같은 흰 천)가 보관 및 전시되고 있
어요.

　인도의 지폐 속 인물은 대부분 간디입니다. 그만큼 간디의 영향력이 인
도에서 대단함을 알 수 있어요. 한국의 천 원짜리 지폐에 이황(퇴계)의 초
상화가 그려져 있지요? 안동 유림에서 한국은행에 항의를 했답니다. 율곡
이이는 5천 원짜리에 새기고 이황은 왜 천 원짜리에 새겼냐고 했지요. 그
런데 조폐공사에서 이렇게 대답을 했답니다. 국민들이 오천 원 지폐를 많
이 사용합니까? 천 원 지폐를 많이 사용합니까? 물론 천원 지폐를 더 많이
사용하죠. 이렇게 한국의 지폐 초상화 문제는 일단락되었답니다. 믿거나
말거나! 😊

　이 박물관에는 피 묻은 도티만 있는 것이 아니라 간디가 신고 다녔던 신
발인 슬리퍼(채펄)도 전시되어 있어요. 두 켤레 정도인데 디자인과 색깔이
달라요. 그 외에 숟가락과 접시 등 일상생활 용품들도 전시되어 있어요.
간디가 외세에 의존하지 않는 무폭력 저항의 상징인 물레를 잣는 사진에

눈길이 멈추었어요. 상의는 입지 않고 안경을 끼고 물레를 돌리는 간디의 모습에서 한국의 선조들이 물레를 돌려 무명옷을 만들어 입었던 장면과 겹쳐졌어요.

물레의 바퀴 모양이 인도 국기에 파란색 문장으로 나오죠? 이는 아소카왕의 불전결집佛典結集에 나오는 법의 윤회를 의미합니다. 24시간을 나타내는 24개의 바퀴 살을 가지고 있어요. 원래 기에는 문장이 들어 있지 않았는데, 국기 제정 시 차르카(물레)에 의한 경제적 독립의 필요성을 주장하던 마하트마 간디의 요청으로 국기에 차르카를 넣었어요.

간디 박물관을 보고 난 후 호텔로 돌아와 휴식을 취하기로 했어요. 저녁식사 시간은 아직 되지 않아서 릭샤를 타고 코끼리 언덕으로 달려갔어요. 여기 사람들은 아나이 말라이 언덕으로 부른답니다. 코끼리를 닮은 바위라서 그렇게 부르는 것 같아요. 해발 고도 90미터의 마두라이에서 언덕으로 이루어진 코끼리 바위 언덕은 엄청 높아 보입니다. 규모야 동네 야산 정도라지만 바위로 된 산이라 오르기가 여간 까다로운 게 아닙니다. 바위틈을 따라 꼬불꼬불한 언덕길을 오르니 드디어 마두라이 시내가 한 눈에 내려다 보이네요. 시내 중심부를 바이가이 강이 흐르고, 강 유역의 비옥한 토지가 마두라이를 더욱 풍요롭게 살찌우고 있음을 느낄 수 있어요. 억새풀과 이름 모를 인도 야생화 사이에서 마두라이 시내를 배경으로 사진을 찍으니 천국이 따로 없습니다. 어느덧 해는 서산에 지고 석양이 붉게 물들 때에 하산을 시작합니다. 복잡하고도 어수선한 마두라이 시내를 릭샤에 몸을 싣고 달려갑니다. 한 음료 가게에 들러 음료를 사고 인도 음식점에서 저녁 민생고를 해결하고 나니 오늘 일정도 마무리입니다. 간디와 코끼리 언덕을 회상하며 꿈나라로 고고씽!

마두라이의 랜드마크 미낙시 사원

　마두라이는 인도 아리안^{Aryan} 족과 더불어 드라비다^{Dravida} 족의 주요 활동 무대입니다. 오래전부터 드라비다 문화의 중심지였어요. 마두라이의 고대 역사는 판드야 왕조^{Pandyan Dynast}부터 시작합니다. 판드야 왕조 이후 촐라^{Chola}, 비자야나가라^{Vijayanagara}, 이슬람^{Islam}, 마라타^{Mahratta} 왕국의 지배를 거쳐 영국의 식민 지배를 받아왔어요. 판드야 왕조는 기원전 5세기부터 기원후 11세기까지 유지되었는데 당시의 수도가 바로 마두라이였어요.

　마두라이는 1310년에 이슬람의 침공을 받아 왕궁과 사원, 성벽과 도시 등 모든 시설이 파괴되었어요. 이와 함께 마두라이의 고대 역사의 흔적과 문화 전통마저 땅속에 묻히게 되었어요. 또 16세기 중반부터 1743년까지는 나야크^{Nayak} 왕조가 세워졌는데, 마두라이가 수도였어요.

　마두라이는 타밀나두 주에서 첸나이^{Chennai} 다음으로 인구가 많은 타밀과 드라비다 민족의 정신적인 구심점이 되고 있어요. 타밀나두를 상징하는 문장이 스리 미낙시 사원을 모티브로 삼고 있어요. 마두라이는 1837년에 영국이 식민 지배를 하며 도시를 넓히려고 성곽을 허물면서 엄청난 변화를 겪게 됩니다. 현재의 모습은 식민시대 후기의 도심경관을 유지한 채 1947년 독립과 함께 현대화된 도시경관을 보이고 있어요.

　중국과 이슬람제국보다 더 찬란한 역사전통과 고전문화를 간직해 온 드라비다 민족의 중심무대였던 마두라이는 일찍부터 대외 교역 활동의 중심지였어요. 기원전 302년에 그리스의 사절이 이 마두라이에 왔어요. 그는 베가스테네슬이었는데 마두라이를 '동방의 아테네'라고 찬사를 아끼지 않았어요. 로마 출신의 플리니라도 마두라이를 방문하여 "로마의 부가 마두라이로 모두 빠져나간다."라고 했어요. 여기서 우리는 당시 마두라이가 고대 무역의 중심지였음을 짐작할 수 있어요.

판드야 왕조를 멸망시킨 이슬람 장수 말릭 까푸르가의 수탈사례를 보면 당시 마두라이가 얼마나 번성했는지를 짐작할 수 있어요. 말릭 까푸르가가 마두라이를 점령한 후 612마리의 코끼리, 2만 마리의 말, 셀 수 없을 정도의 금과 진주를 전리품으로 챙겨 갔어요.

마두라이의 랜드마크인 미낙시 사원은 2,500년 전에 세워졌어요. 판드야 왕조 때인 2,000년 전에 세워졌다는 주장도 있어요. 그때의 사원은 허물어졌고, 현재 남아 있는 사원을 17세기 띠루말라이 나야크가 축조했어요. 나야크는 미낙시 사원을 중창한 셈이지요.

인도의 남부지역은 16세기 후반부터 정치적 소용돌이에 휩싸였어요. 함피에 수도를 둔 비자야나가르 왕국이 쇠퇴의 조짐을 보이면서 북쪽의 이슬람 연합세력이 쳐내려와서 비자야나가르 왕국의 중앙권력 통제력이 약화되었어요. 이에 마두라이 나탄자부르의 나야카는 비자냐나가르 왕국의 총독이었는데 독립을 하기 위해 함피 양식과 다른 남인도 특유의 건축물인 힌두교 사원을 건립했어요. 그 중에서 대표적인 것이 시바와 그의 아내 미낙시를 모신 마두라이의 대사원인 스리 미낙시 사원입니다. 미낙시 사원은 신들이 거주하는 천상 궁전을 지상에 재현한 위대한 건축물입니다.

미낙시 사원

미낙시 사원은 마두라이 시내 한복판에 있었어요. 사원에 가까이 다가가자 거리에는 관광 인파로 붐볐고, 길가에는 노점상과 상점들이 즐비하게 고객들을 맞이하고 있어요. 표를 사는 데 줄이 복잡하고 길어요. 사진기와 핸드폰 그리고 신발을 맡겨야 합니다. 어렵게 사전 절차를 마쳤음에도 사원 안으로 들어가려면 한 시간 이상 줄을 서야 합니다. 관리인이 생김새가 다른 우리 일행은 줄을 서지 말고 앞으로 들어가라고 합니다. 할렐루야! 역시 사원 안은 시원합니다. 석조로 된 건물과 바위와 같은 돌을 다듬어 동물 모양 신들의 형상을 한 신전의 규모는 어마어마하고 그것을 보려는 사람들로 엄청 붐빕니다. 천 개의 기둥이라고 알려졌는데 실제로는 985개의 돌기둥이 있답니다. 제가 들어온 동선을 따라가면 지하 신전으로는 갈 수가 없군요. 외국인인 우리에게 줄이 길지 않은 곳으로 인도한 이유를 이제야 깨달을 수가 있네요. 미안하지만 월담을 감행하여 지하로 내려갔더니 향을 피우는 냄새와 생화 향기가 진동합니다. 신들에게 예물을 바치며 제사를 지내는 공간입니다. 엄청 넓은 지하 공간입니다. 사원 내부의 핵심은 역시 미낙시와 시바의 신상을 모신 공간으로 두 신상은 밀폐된 장소의 내부 의자에 안치되어 있어요. 인도 사람들의 신관을 대충 이해할 만합니다. 신에게 제물을 바치며 나라와 가정 그리고 개인의 행복을 기원하는 것 같습니다. 분위기도 엄숙합니다. 드디어 신전을 빠져나와 들어온 정문으로 나왔어요.

남쪽 고푸람Gopuram이 정문인데 높이가 52미터나 되네요. 그 자체로 소조 채색상과 도상학적으로 화려한 문화재입니다. 동, 서, 북쪽의 고푸람은 높이가 45미터 정도입니다.

남쪽 고푸람

미낙시와 순다레스와라의 로맨스

　미낙시 사원에서 5km 정도 떨어진 곳에 인공 저수지가 있어요. 이 저수지에서 4월과 5월에 개최되는 15일간의 떼빰 축제Teppam Festival 기간에는 인파들로 넘쳐납니다. 떼빰 축제는 마두라이 최고 종교 축제로 미낙시와 순다레스와라Sundareswarar의 결혼식을 가장한 축제입니다. 축제 당일에는 미낙시 사원에서 한바탕의 잔치가 벌어집니다. 축제는 결혼 잔치의 행사를 거대하게 치릅니다. 이 잔치가 끝나면 두 신상을 들고 마리암만 떼빠꿀람 탱크Mmariamman teppakulam tank로 와서 목욕을 시킨답니다. 즉 결혼 첫날밤을 준비하는 목욕재개의 의식입니다.

　제가 이 저수지를 방문하니 사람들이 거의 없습니다. 도시 한가운데 조용한 호수가 그냥 자리하고 있어요. 호수 중앙에는 사원 건물이 있네요. 전설에 의하면 미낙시는 물고기의 눈과 세 개의 가슴을 가지고 태어났다고 합니다. 상상을 해 보죠. 물고기 눈을 보면 눈을 뜬 것인지 감은 것인지 알 수가 없지요. 거기다가 가슴이 세 개면 흉하게 보이겠죠? 그런데 한 예언자가 "이 처녀는 시바신의 배필로 점지된 사람이며, 그를 만나 결혼을 하게 되면 가슴 하나가 사라져 정상인이 될 것이다."라고 했어요.

　일반적인 남자라면 미낙시를 멀리하겠지만 미낙시는 예언자의 말을 믿고 성년이 되자 시바신이 살고 있는 히말라야의 카일라스Kailash(티벳의 수미산, 어디선가 들어본 산이죠?)로 가서 시바신을 만날 수 있었어요. 시바를 만나자마자 자신의 가슴이 하나 사라진 것을 발견하고는 시바야말로 자신

저수지

의 천생연분임을 알고 청혼을 하게 되었어요. 옛날 한국의 장수만세였던 가요? 노인들 부부가 나와서 하는 퀴즈 맞추기 프로그램이 있었어요. 정답이 '천생연분'인 문제를 할아버지가 할머니에게 "당신과 나 사이를 뭐라고 하느냐?"라고 묻습니다. 할머니 왈 "웬수!" "허얼~! 아니, 네 글자로!" 하니, 할머니 왈 "평·생·웬·수"라고 했답니다. ☺

시바는 현재 중요한 수행을 하는 중이라 청혼을 바로 받아들이지를 못했어요. 시바는 미낙시에게 고향으로 돌아가서 기다리면 적당한 시기에 미낙시의 집을 방문하겠다고 약속을 했어요. 미낙시는 고향으로 돌아가 무려 8년을 기다렸어요. 드디어 짠! 시바는 순다레스와라의 모습으로 나타나 미낙시와 마두라이에서 성대한 결혼식을 올리게 되었어요. 인도의 풍습과는 달리 여성이 남성을 찾아간 것이 특이하며 요즘도 시바와 미낙시는 금슬이 좋은 부부의 대명사가 되고 있어요. 사원의 문을 닫는 저녁 9시 30분이 되면 순다레스와라의 신상을 가마에 싣고 미낙시의 신전으로 옮겨가서 다음날 아침 6시에 다시 자신의 신전으로 모셔지게 됩니다. 아마 매일 동침하는 신은 바로 미낙시 사원의 신들이 유일할 것입니다.

미낙시 사원을 나와 나약 궁전Nayak Palace으로 갔어요. 나약 궁전은 1636년에 티루말라이 나약Thirumalai Nayak이 건설하였으나 그의 손자 쵸까나따 나약Chockkaanatha Nayak이 수도를 티루치라팔리Tiruchirappalli로 옮기면서 궁전으로서의 역할은 끝났어요. 손자의 이름이 사실 거시기 하잖아요? 궁전 입구에 티루말라이 나약 동상이 우뚝 서 있어요. 궁전의 넓이가 무려 3,700제곱미터로 상당히 넓어요. 나약 왕이 연회를 즐기며 앉은 옥좌도 있네요. 이 연회장은 천상의 정자와 같아요.

티루말라이 나약 궁전은 유럽 및 중국 양식까지 가미된 인도 사라센Saracen 양식의 건물입니다. 그런데 기둥을 장식하고 있는 조각들은 스리 미낙시 사원Sri Meenakshi Temple에서 본 것들과 흡사해요.

인도의 남방 마두라이에서 드라비다 문화와 역사 그리고 언어들을 잠시 살펴보았어요. 이 지역 아이들이 "엄마! 아빠!" 하며 부모님을 불러요. 한국말과 똑같아요. 오래전 우리나라에 선교사와 외교관으로 온 헐버트

나약 궁전

(1863~1949)의 주장에 따르면 40여 개의 어휘를 비교하며 한국어와 드라비다어가 친족 관계에 있다고 했어요. 인도 드라비다 계통의 이주민들이 바다를 건너 한반도에 들어왔을 가능성이 있어요. 신라 4대왕 석탈해의 출신지가 다파나국多婆那國으로 타밀인이 살던 촐라 왕국일 가능성이 있어요. 저의 본관은 인천 이 씨인데 김수로왕의 자손으로 김해 김 씨와 김해 허 씨, 양천 허 씨를 거쳐 통일신라시대 허겸이 당나라 사신으

나약 궁전 내부

로 갔다가 양귀비의 남편 당 현종과 함께 안록산의 난으로 피난을 가게 되었지요. 이때 허겸이 능란한 시 문장으로 당 현종을 감동시켰어요. 안록산의 난이 제압되고 장안으로 돌아온 당 현종은 자신의 성인 이 씨를 허겸에게 하사하여 인천 이 씨의 시조가 되었답니다. 인천 원인재 역의 원인재에 이허겸의 묘와 사당이 있어요. 저의 선조가 되는 김수로왕의 부인이 인도 아유타 왕국의 허황옥으로 아들 10명을 낳아서 김해 김 씨가 8명, 김해 허 씨가 2명으로 되었답니다. 당시 이 지역에서 활동한 예수님의 열두 제자 중의 한 명인 도마가 김수로왕과 허황옥의 중매를 섰다는 주장이 있어요. 안동의 평은에 히브리어로 기도하는 사람 도마가 새겨진 석상도 있답니다. 그러고 보니 마두라이 시내를 다니는 동안 모든 풍경과 사람들이 낯설지가 않았어요. 제가 중국 서안에서 제자들의 주례를 보면서 느꼈던 감정과 비슷했어요.

마두라이를 떠나 폰디체리 오로빌로

　마두라이의 미낙시 사원을 둘러보고 근교에 위치한 코끼리 산을 찾아 갔어요. 릭샤 운전사가 길을 물어물어 골목골목을 돌아 마을 구석에 릭샤를 세우고 정면의 돌산으로 향하는 길을 알려 주었어요. 관광객이 많이 찾지 않는 곳이라 그런지 길도 아주 좁았어요. 들풀과 바위 사이의 길을 20분 정도 올라가니 큰 바위의 정상에 도착했어요. 사방팔방으로 탁 트인 정경이 시원했습니다. 마두라이 시내에서 벗어나 바위 아래로 시골 풍경이 아주 정겨웠어요. 이제 석양이 울긋불긋하여 사진을 몇 장 찍고 하산하기로 했어요. 돌길 사이의 이름 모를 풀들이 고향의 풀들과 비슷해서 친숙하게 느껴졌어요. 하산하여 릭샤가 세워진 어느 시골집 마당에서 보니 시골 아낙네가 가족들을 위해 저녁 짓는 모습도 아주 정겨웠어요. 동네 아이들이 자기들과 다르게 생긴 우리를 보고 신기하게 바라봅니다. 주머니 속의 한국 동전을 주며 코리아에서 온 것이라고 알려 주니 돈인 줄 알았는지 아주 즐거워합니다.

릭샤로 마두라이로 돌아오는 길에 식당에 들러 인도식으로 저녁 식사를 했어요. 허름한 식당이라 샌드위치 속의 음식들을 철판에 볶는 장면이 이채롭습니다. 이렇게 마두라이에서의 마지막 밤이 깊어갑니다.

이제 여장을 꾸려 밤 11시 10분 야간열차로 폰디체리Pondicherry로 가야 합니다. 마두라이 역에 도착하니 Madurai Junction이라는 영어 문구가 눈에 들어옵니다. 약 6시간을 달려 빌루뿌람Viluppuram에 도착했어요. 여기가 폰디체리가 아니네요. 다시 시외버스를 타고 4시간 정도 달려 프랑스의 오랜 식민지였던 폰디체리에 도착하여 쓰리삽타기리 호텔에 여장을 풀었어요.

18세기 초 프랑스의 식민지가 되었던 폰디체리Pondicherry는 식민 통치가 끝난 지금까지도 군데군데에 프랑스의 정취가 남아 있어요. 프랑스는 약 50여 년 전에 폰디체리의 통치권을 인도에 넘겨주었지만 아직도 시청은 Hotel De Ville라는 지명을 쓰고 있고, 경찰은 붉은색 께삐Kepi와 벨트를 착용하는 등 타밀나두의 다른 도시와는 다른 이색적인 모습이 아직도 남아 있어요.

폰디체리에서 조금 떨어진 곳에 오로빌Auroville이라는 세계에서 가장 큰 공동체를 방문했어요. 오로빌은 설립자인 스리 오로빈도Sri Aurobindo의 이름을 딴 공동체입니다. 입구부터 나무들의 숲으로 들어갑니다. 일단 방문센터로 가서 절차를 밟아야 입장이 됩니다. 주의사항들을 숙지한 다음에 입장이 됩니다. 각종 희귀식물들로 이루어진 식물원을 지납니다. 엄청 큰 나무가 여러 기둥들의 지탱을 받아 아주 넓게 자리를 차지하고 있는 모습이 인상적입니다. 경북 예천의 세금을 내는 소나무처럼 한 나무가 차지하고 있는 면적이 200평 정도는 넘어 보입니다. 코코넛 나무 같은 나무에 다른 나무가 감싸 안은 모습은 한 쌍의 연인 같기도 합니다. 파피루스 식물도 있네요. 아니! 이 아름다운 정원에 웬 태양광? 태양광 패널이 가지런히 자리를 하고 있네요. 아마 공동체에 필요한 전기를 이 태양광을 통해 조달하고 있나 봅니다. 이 공동체에서는 오직 태양력과 풍력만을 에너지로 사용한답니다. 정원에는 각종 꽃들이 만발하였고, 고인돌 같은 둥그스름한 돌들도 잔디밭에 놓여 있었어요. 침묵의 광장에서 소리 없이 오로빌의 명상센터와 더 넓은 초원의 정원을 감상하니 지상낙원에 와 있다는 착각이 들었어요.

　자연과 인간의 어우러진 삶을 지향하여 자급자족하기 때문에 물질적으로는 다소 풍족하지 못한 면도 있을 것으로 생각됩니다. 오로빌의 주민들에게는 점심, 의료 서비스, 교육이 모두 무료로 제공됩니다. 또 주민들은

노동을 하거나 기부를 통해 공동체를 운영해 가고 있어요. 인류의 조화와 화합을 위해 사막 땅을 개척하여 124개국의 대표가 각자의 나라에서 퍼온 흙으로 기공식을 한 자리에 오로빌을 건설하였어요. 이 공동체는 텔레비전, 냉장고 그리고 화폐가 없는 사회로, 주민들은 한정된 일부 공간에서만 활동하고 울타리 밖으로 나갈 수 없어요.

　입구에 "환영합니다!"라는 환영 인사가 우리를 반겨줍니다. 영어와 인도어, 중국어, 일본어 등등의 환영 인사가 함께하는 간판이 눈에 들어옵니다. 식물원을 지나 저 멀리 왼쪽 편에 황금색 둥근 조각물이 눈에 들어옵니다. 바로

'죽기 전에 꼭 봐야 할 세계 건축 1001' 중 하나인 마트리만디르 Matrimandir 명상센터랍니다. 마트리는 '어머니', 만디르는 '사원'이라는 의미로, '어머니 사원'이라는 뜻입니다. 스리 오로빈도의 영적인 가르침에서 영감을 얻어 세워진 자치공동체의 상징 건물입니다. 이 공동체에는 약 40여 개국에서 온 3,500명 정도의 사람들이 모여 공동체 생활을 하는데 한국 사람도 30명 정도 있답니다. 인도 속의 지구 축소판이라고 할 수 있어요.

이 공동체 안에 학교도 있어요. 마침 선생님으로 보이는 한 백인 여성이 여러 인종으로 구성된 초등학생 정도의 학생 10여 명을 데리고 잔디밭 가운데로 난 길을 걷고 있는 장면이 목격되었어요. 아마 야외 체험학습 수업이 있는 것 같았어요. 하나 둘! 셋 넷! 어릴 때 선생님과 행진하던 모습을 떠올려 봅니다. 잠깐! 모든 것을 멈춰 세우는 숫자는? 5입니다. 왜냐구요? "다섯"이니까요. 😀

폰디체리의 이모저모

 공동체 사회의 건설을 실천하고 있는 오로빌을 나와 숙소로 돌아와서 잠시 휴식을 취하는데 배꼽시계가 요란합니다. 마음과 눈의 양식은 오로빌에서 충분히 섭취했지만, 육체를 가진 한계가 있는 인간이기에 배고픔이라는 고통은 인내하기가 어렵네요. 식당은 해변에 자리하고 있기에 해변으로 향했어요. 길가의 건물들은 1~2층의 건물로 유럽풍의 고색창연한 건물들입니다. 프랑스의 전원마을이라는 느낌이 팍 옵니다.

 식당은 유럽풍 2층 건물에 위치한 프랜치 레스토랑으로 매뉴가 다양합니다. 메뉴판을 이리저리 보아도 낯이 설기만 합니다. 그런데 눈에 확 띄는 메뉴가 있네요. 바로 비프스테이크입니다. 입가에 침이 돕니다. 목구멍이 포도청이요, 금강산도 식후경이라고 하지 않았나요. 비프스테이크에 칼질을 할 수 있다니 감개가 무량합니다. 가격도 500루피로 저렴합니다. 드디어 비프스테이크가 나왔어요. 널다란 접시에 푸짐한 비프스테이크는 저의 주린 배를 채우기에 충분했고, 맛도 땡하오(중국어임)였어요.

 식당으로 가는 길에서는 오로지 식당을 찾느라고 해변의 정경이 눈에 들어오지 않았는데, 역시 배를 채우고 나니 해변의 아름다운 풍경이 파노라마처럼 다가오네요. 저는 이렇게 단순합니다요. 햇빛은

록 비치

상당히 따갑습니다. 뱅골만의 바닷바람은 깐냐꾸마리에서처럼 엄청 사납습니다. 이 뱅골만의 바람이 파도를 더 성나게 만듭니다. 해변하면 백사장을 연상하며 기대를 했었는데 저의 기대는 꽝이 되었어요. 왜냐고요? 하얀 모래는 없고 검은색의 바위가 백사장을 대신해서 방파제 역할을 하고 있어요. 그래서 이 해안을 록 비치rock beach라고 부른답니다.

록 비치를 한참 걸었어요. 고색찬연한 등대가 손을 흔들고 있는 것 같아요. 해변 길의 바다쪽 변에 하얀 정자 같은 집이 있어요. 가까이 갔더니 안에는 지팡이를 든 간디의 동상이 서 있었어요. 동상의 높이는 10미터 정도로 이 지역의 랜드마크입니다. 아마 이 거리가 식민지 시절의 중심 거리였던 것 같아요.

간디의 동상을 지나 해변 마을에 있는 스리 오로빈도 아쉬람Ashram을 방문했어요. 이곳은 오로빌을 만든 스리 오로빈도를 추모하는 사람들이 함께 모여 명상과 요가를 하는 명상센터라고나 할까요? 초기에는 오로빈도의 정신에 공감하는 제자들이 모여 명상을 하는 장소에 불과했으나 점점 규모가 커져 저 같은 관광객들도 여기를 방문한답니다. 인도 사회에 오로빈도가 미친 영향은 참으로 대단합니다. 나라와 인종, 민족 그리고 종교를 아우르는 자연친화적인 공동체를 만들려는 실험은 아직도 진행 중입니다.

폰디체리 시내에 있는 소박한 박물관을 찾아갔어요. 프랑스 풍의 2층 건물을 리모델링하여 박물관으로 사용하고 있어요. 전시 물품들은 생활 도구, 악기, 전쟁 무기, 각종 기계 그리고 사진들이 전시되어 있어요. 사진 속의 성곽에서는 옛 폰디체리의 모습을 짐작할 수 있었어요. 도자기 파편은 고대 로마 주거지에서 출토된 것과 같답니다. 그러니까 2000년 전에 폰디체리는 로마와 교역을 했던 상업 무역의 중심지였음을 짐작할 수 있었어요.

폰디체리는 인도 연방정부의 푸두체리Puducherry 주의 주도이며, 인구 약 30만 명의 작은 도시입니다. 원래 타밀어로 판디체리이며 로마의 문헌에는 포두케Poduke 혹은 포두크Poduc로 기록되어 있다고 합니다. 폰디체리의 위치는 마두라이에서 동북쪽 170km, 첸나이에서 남쪽으로 100km 정도에 있어요.

폰디체리는 1674년 프랑스 동인도회사에 의해 식민지화 되었어요. 프랑스는 폰디체리에 무역관을 설치

간디 동상

시내의 작은 박물관

하여 본격적으로 지배 의지를 불태웠지만, 얼마 지나지 않아 네덜란드와 폰디체리의 주도권을 두고 치열한 전쟁을 치르며 지켜낼 수 있었어요. 그리고 18세기 후반부터 19세기 초반까지는 영국과 폰디체리의 영유권을 두고 치열한 전쟁을 벌이면서 1761년에는 영국의 식민지가 되기도 했었지만, 프랑스는 어렵게 폰디체리를 지켜낼 수 있었어요. 그러면 왜 프랑스와 네덜란드 그리고 영국은 폰디체리를 두고 150년 동안이나 각축전을 벌였을까요? 그것은 바로 폰디체리 지역을 장악해야 인도의 동남부 해안을 통제할 수 있었기 때문입니다. 폰디체리의 프랑스 지배는 간간이 일어난 인도인들의 봉기에도 불구하고 1954년까지 지속되었어요. 1962년에 드디어 폰디체리는 프랑스의 식민지에서 해방되어 인도 연방 정부의 직할 도시가 되었어요.

이제 폰디체리의 여정을 마무리하고 내일 아침이면 시외버스를 타고 마말라뿌람Mamallapuram으로 갈 예정입니다.

마말라뿌람의 아르주나의 고행

오늘은 폰디체리에서 마말라뿌람으로 이동하는 날이라서 아침 일찍 잠에서 깼어요. 폰디체리의 해변을 다시 보고 싶어서 새벽에 나갔더니 새벽 산책을 즐기는 사람들이 많았어요. 아침 식사를 대충 하고 버스 터미널로 향했어요. 사람들로 붐벼야 할 터미널이 한산합니다. 버스 운전사들의 파업이랍니다. 다행히도 가까스로 28인승 버스를 빌려 폰디체리를 벗어날 수 있었어요. 폰디체리 시내를 벗어나니 시원한 해변길이 눈에 들어옵니다. 우리나라 지도와 비교해 본다면 부산에서 양산, 울산, 포항, 영덕을 거쳐 설악산으로 가는 코스를 연상하게 합니다.

버스를 수배하느라 다소 늦추어진 시간 때문인지 버스는 속도를 내서 달립니다. 중간에 소떼들이 길을 막고 있을 때에도 소떼 사이로 버스는 돌진하여 소떼의 무리가 모세의 기적처럼 갈라집니다. 소들도 열을 받았는지 일단 비키고는 버스 속의 우리를 노려봅니다. 소들에게는 미안했어요. 소들이 인사할 때 쓰는 말은 "반갑소"입니다. 😊 서울 방학동의 한 식당의 이름이 "반값소"였는데 소들에게 "반갑소"의 인사도 못하고 민폐를 끼쳐 미안한 마음이 들었어요. 😊

두 시간 정도를 달려 마말라뿌람에 도착하여 호텔에 여장을 풀었어요. 마말라뿌람은 위대한 전사라는 의미가 있답니다. 마말라뿌람은 인도 제4의 도시 첸나이로부터 남쪽으로 50km 거리에 있는 작지만 알찬 도시 같습니다. 이곳은 5~8세기에 정치적 권력과 예술적 독창성이 최고조에 이

른 칸치푸람Kanchipuram 소재 팔라바Pallava 왕조의 두 번째 수도이자 항구도시입니다.

아침을 대충 먹어서인지 배에서는 꼬르륵~ 소리가 납니다. 인근 식당으로 갔어요. 오징어와 새우가 들어간 짬뽕 수프와 양념으로 볶은 생선에 흰밥이 나왔어요. 아주 맛있는 진수성찬이었어요. 저와 친하게 지냈던 고신진수 장로님과 식사를 할 때에는 항상 진수성찬이라고 말씀하시던 모습이 떠올랐습니다. 가격도 음료수 포함하여 1인당 만 원 정도로 인도의 물가치고는 상당히 비싼 가격이었어요. 일단 맛있었기에 비싼 가격은 용서가 되었어요.

인도 뭄바이에서 시작한 여정이 고아, 함피, 마이소르, 코친, 바르깔라, 깐냐꾸마리, 마두라이, 폰디체리를 거쳐 마말라뿌람에 당도했어요. 점심을 든든하게 먹어서인지 발걸음이 가볍습니다. 시내의 석굴사원으로 향했어요. 마말라뿌람이 팔라바 왕조 때인 7세기부터 전국에서 모여든 석공들의 도시로 명성을 얻은 도시답게 길가에 석공 장인들이 돌을 쪼는 모습과 정교한 석조물들을 볼 수 있어요. 석굴사원은 바다에서 400미터 정도 떨어진 화강암으로 된 바위산의 암벽을 수십 년에 걸쳐 깎아 조성했어요.

바위산은 나지막한 몇 개의 암봉으로 이루어져 있는데 이 암벽에 10개가 넘는 석굴사원을 만들었어요.

바위산 둘레를 담장으로 쳐서 입구에서 입장권을 팔고 있어요. 인도인은 40루피인데 '기타'는 600루피입니다. 저는 기타도 치지 못하는데 기타에 속해 600루피를 주고 입장권을 샀어요. 😐 '기타'라는 Others는 외국인이라는 의미이겠죠. 중국도 오래전에는 내국인과 외국인의 관광명소 입장료가 달랐는데 지금은 차별이 없어요. 인도도 언젠가는 내국인과 외국인의 입장료가 같아지겠지요. 바위산 입구 암벽에 새겨진 '아르주나의 고행Arjuna's Penance'이라는 부조가 압권입니다. 아리주나의 고행은 '갠지스강의 하강'이라고도 불립니다. 갠지스 강이 하늘에서 땅으로 내려오는 장면을 묘사한 것이라는 의미이기도 합니다. 높이 10미터에 길이가 32미터나 되는 거대한 암벽에 인간과 신이 얽혀 복잡하고도 환상적인 세계를 묘사하고 있어요.

아르주나의 고행은 인도의 대서사시 "마하바라타"에 등장하는 쿠르족 왕자 아르주나가 주요 등장인물입니다. 시바신의 보호를 받기 위해 신과 동물들에 둘러싸여 고행하는 모습을 표현하고 있어요. 조각 중심부에서 떨어지는 물 속에는 용의 신인 '나가'와 '나기'가 있고, 왼쪽에는 남방형 사원이 있어요. 오른쪽에는 코끼리 무리가 잘 묘사되어 있어요. 일반적으로 힌두사원에는 신과 인간, 코끼리와 소 등이 소재로 등장합니다. 그러나 아르주나의 고행에는 다리를 들고 있는 아르주나와 고행하는 고양이 앞에 있는 쥐 등이 하나하나의 스토리를 가지고 있어요. 가장 크게 묘사된 코끼리는 실제의 크기와 같게 부조되어 있다고 해서 더욱 유명합니다.

신들의 공기놀이용 크리슈나의 버터볼

　아르주나의 고행을 잠시나마 간접체험을 하고 바위산을 쪼아서 만든 석굴사원과 신들이 공기놀이를 하던 설악산의 흔들바위와 같은 곧 굴러 떨어질 것만 같은 초대형 공깃돌을 보러 갔어요.

　바위를 파서 신전을 만든 곳이 10여 개나 됩니다. 석굴마다 각양각색의 특색이 있어요. 가네쉬 동굴사원, 바라흐 동굴사원, 드라우파디 욕조, 코끼리 조각 등이 놀라움을 자아내게 합니다. 드라우파디 욕조는 바위산 정상 부근에 통바위를 파서 수영장 같은 욕조를 만들었어요. 작은 저수지 같기도 합니다. 물이 1/3 정도 차 있어요. 또 바위산 정상에는 바위를 판 동굴사원이 아니라 주변의 석재를 옮겨 지은 작은 사원도 있어요. 이 사원은 8세기 초에 건립되었는데 아직도 건재합니다. 1300년이 지났는데도

동굴 사원

원형의 모습을 잘 간직하고 있어요. 그동안 지진도 있었을 텐데 역시 당시의 석공 장인들의 훌륭한 건축 기술 덕분이 아닐까 짐작해 봅니다.

암봉을 오르고 내리며 석굴사원을 감상하다 보니 우뚝 선 등대가 나타납니다. 이 등대는 1900년에 세워졌어요. 이 등대 위에 올라가니 마말라뿌람의 전경과 벵골만의 바다를 한눈에 볼 수 있어요. 쉬원한 바람이 여행객의 땀을 식혀 줍니다.

이 바위산에 설악산의 흔들바위 같은 커다란 둥근 바위가 바위 경사면에서 곧 굴러 내려갈 것 같아요. 또 다른 바위는 계란의 1/2을 잘라낸 모양으로 바위 경사면에 자리잡고 있어요. 마치 신들이 공기놀이를 하고 있는 것 같았어요. 가네쉬 석굴사원 앞에 있는 이 바위들을 신들의 공기놀이인 크리슈나의 버터볼 Krishna's Butter Ball이라고 합니다.

크리슈나는 평소에 버터를 즐겨먹던 힌두교의 신이었는데 버터를 먹다가 남겨놓은 것이 굳어져서 반쯤 남은 버터모양이라서 버터볼이라고 불렀다고 합니다. 비스듬한 경사면에 있어서 굴러 떨어질 것만 같아요. 크기와 모양이 설악산의 흔들바위와 흡사합니다. 사람들이 엄청난 크기의 바위를 한 번씩 밀어봅니다. 저도 밀어 보았어요. 기분 상 바위가 흔들거리는 것 같

앉아요. 수학여행을 온 아이들이 흔들바위 아래 경사면에서 신나게 미끄럼을 타고 있네요.

  이곳 사람들은 이 돌들을 신성시 했어요. 그렇다보니 이 크리슈나의 버터볼을 제거하려는 시도들이 여러 번 있었어요. 1640년 영국이 첸나이에 동인도회사를 설립한 후 영국에서 온 주지사가 이 버터볼 등의 바위를 굴러 내리려고 했어요. 코끼리 7마리를 동원하여 바위를 당기고 밀었지만 인도인들이 신성시 하던 이 바윗돌은 꿈적도 하지 않았어요. 영국 출신의 주지사는 포기하게 되었고, 이 후로 인도 사람들은 이 바위들은 신이 만든 것이라며 신격화 단계에까지 이르렀어요. 이렇게 하여 크리슈나의 버터볼은 마말라뿌람의 대표적인 관광명소가 되었어요.

  바위산의 석굴사원들과 크리슈나의 버터볼을 뒤로하고 비탈길을 내려와 석조공예품 거리를 지나 한참 걷고 있는데, 해변 가까이에 웅장한 석조물이 보입니다. 다섯 대의 전차라는 '파이브 라타스'입니다. 힌두교에서 라타^{Ratha}는 산스크리트어로 이륜마차를 의미합니다. 다섯 대의 돌로 만든 석조물이 마차를 닮아서 '파이브 라타스'로 부릅니다.

　파이브 라타스는 통바위를 조각하여 만든 사원과 석조물로 촐라왕국의 위대한 왕이었던 나라심하 마말라의 칭송 내용이 담긴 것으로 보아 그가 재위한 7세기 중엽에 건립된 것임을 알 수 있습니다. 파이브 라타스는 인도의 대서사시 마하바라타에 등장하는 판다바의 다섯 형제의 이름을 붙여 부르고 있어요. 다섯 개의 라타는 가장 유명한 가운데의 코끼리를 거느리고 있는 아르주나 라타, 비슈누를 모시는 비마라타, 유일하게 나라심하 마말라 왕의 명문이 있는 다르미라자 라타, 드라우빠띠 라타, 나꿀라 사하데바 라타 등입니다. 다르마라자 라타에는 태양신 수르야와 번개의 신인 인드라를 모시고 있습니다. 나꿀라 사하데바 라타에 새겨진 코끼리 상은 실제 크기와 같은 것이 인상적입니다.

　석양이 질 무렵 파이브 라타스를 나와 코르만델 해변의 해변사원으로

파이브 라타스와 부조물

갔어요. 인도 최초의 석조사원입니다. 해변사원은 팔라바 왕국의 나라심하바르만 1세가 창건한 드라비다 양식을 잘 보여주는 바위를 깎아 만든 사원입니다. 푸른 잔디정원에 우뚝 솟은 피라미드가 압권입니다. 이 사원은 기단과 외벽이 하나로 연결된 석조물이지만 멀리서 보면 두 개로 보입니다.

해변에 지어진 이 석조물들이 바닷모래에 덮여 오랫동안 잠을 자다가 2004년의 쓰나미에 의해 그 모습을 드러냈어요. 2004년 12월 26일 인도네시아 수마트라섬 아체주 앞바다에서 발생한 리히터 규모 9.3의 강진으로 발생한 쓰나미는 21세기 최악의 쓰나미였어요. 23만 명이 사망하고, 150만 명의 이재민이 인도네시아, 스리랑카, 미얀마, 태국, 싱가포르, 말레이시아 등에서 발생했어요. 이러한 거대한 희생을 거친 덕분에 휘황찬란했던 문화유산을 볼 수 있다니 이 무슨 아이러니인가요?

첸나이 도마의 무덤 위에 세워진
성 토마스 바실리카교회

마말라뿌람Mamallapuram에서 60km 정도 떨어진 인도 제4의 도시 첸나이Chennai로 가기 위해 전용 버스에 올라탔어요. 한 시간 정도 북쪽으로 달리니 뱅골만의 코로만델 해안Coromandel Coast이 펼쳐지고, 유럽풍의 교회, 현대적인 건물과 황금빛 모래 해변이 끝없이 펼쳐집니다.

첸나이는 남인도의 관문이며 타밀나두Tamil Nadu 주의 주도이며 인구는 850만 명 정도입니다. 이전에는 마드라스Madras였는데 1997년에 힌두어인 첸나이로 바뀌었어요. 첸나이는 과거와 현재, 신과 인간, 유럽과 인도가 공존하는 곳으로, 다른 인도의 도시와는 사뭇 다른 풍경을 보이고 있어요.

첸나이는 1639년 영국의 동인도회사가 찬드라기리Chandragiri 지역을 할양받으면서부터 해군기지 건설과 도시개발 그리고 철도 건설 등을 통해 뭄바이와 꼴카타Kolkata 등의 인도 대도시들과 연계하여 인도가 1947년에 독립할 때까지 경제적 번영을 구가하였어요.

우리를 태운 버스가 첸나이 도심을 통과하며 가로수가 잘 정비된 도로와 3층 정도의 건물들의 사열을 받게 하네요. 남쪽과 북쪽을 잇는 큰 다리를 건너는데 갑자기 버스가 대교 한 가운데에 서게 되었어요. 타이어 펑크가 났답니다. 날씨는 무덥고 에어컨도 작동되지 않는데 운전사는 자키로 바퀴 부분을 들어 올려 스페어 타이어로 땀을 뻘뻘 흘리며 교체하고 있습니다. 잠시 무더운 차안에서 불평을 마음속으로 가졌던 저의 모습이 부

끄러웠어요. 차창 밖으로 보이는 운전사의 모습에 머리가 숙여집니다. 오래 전 한국에서도 이렇게 길가에서 자동차 펑크를 때우곤 했었지요.

찜통 같던 버스가 드디어 출발하자 버스 안은 찜질방의 온돌방에서 냉방으로 옮겨 온 것처럼 시원하기가 그지없습니다. 인간은 이렇게 간사합니다. 다리를 건너니 황토 빛을 띠는 긴 해변이 나타납니다. 바로 마리나 비치Marina Beach로 길이가 무려 13Km나 됩니다. 버스가 옛 마드라스의 중심지였던 식민 시대의 도심인 조지타운George Town 뒷골목의 작은 호텔 앞에 우리를 내려주었어요.

첸나이에서 볼만한 곳은 성 토마스 바실리카 성당Santhome Cathedral Basilica, 성 조지 요새Fort St. George, 첸나이 주립박물관, 마리나 해변, 힌두사원, 성 메리 교회St. Mary's Church, 조지타운 등으로 명소가 다양합니다. 영국의 식민지 시절에 지어진 판테온 단지 건너편에 있는 첸나이 주립박물관으로 향했어요. 꼴카타에 이어 인도에서 두 번째로 오래된 1851년에 세워진 박물관입니다. 여러 개의 건물로 이루어진 박물관이지만 250루피의 박물관 입장권 하나에 각 건물 입구에서 구멍을 뚫으며 통과를 시킵니다. 각 건물별로 현대미술관, 어린이 박물관, 국립 아트갤러리, 청동 유물실, 인류학관, 고고학관 그리고 서점과 공공도서관도 함께 있어요.

성 메리 교회   전시된 대포 앞에서

　박물관을 주마간산 격으로 휙 둘러보고 성 조지 요새로 향했어요. 성 조지 요새는 영국의 동인도회사가 인도에 세운 최초의 해안 기지로 1640년에 세워졌어요. 요새 안에 들어서니 요새의 초창기부터 지금까지의 역사를 보여주는 포토 뮤지엄이 있어요. 당시에 사용하던 깃발과 무기 그리고 동전들이 전시되어 있어요. 요새 안에 아시아에서 가장 오래된 성 메리 교회가 있어요. 아마 예수님의 제자 중 한 사람인 도마가 인도에 선교를 와서 생을 마감한 영향이라고 짐작이 됩니다.

　드디어 예수님의 제자였던 도마의 무덤 위에 세워진 성 토마스 바실리

성 토마스 바실리카 교회 입구

카 교회로 갔어요. 현지인들은 산토메 성당이라고 부릅니다. 세계에서 3개뿐인 12사도의 무덤 중 하나입니다. 성 토마스 바실리카 성당은 1504년에 포르투갈인들이 네오고딕 양식으로 세웠고, 근대에 재건축을 한 교회입니다. 교회 안으로 들어가니 도마의 관이 전시되어 있어요. 그러나 진짜 도마의 관은 지하에 있답니다. 관리인의 도움을 받아 지하 무덤으로 갔어요. 도마의 시신이 안치된 관에 도마가 누워 있는 모습을 그린 그림이 도마의 관임을 알려 주고 있어요.

 예수님이 돌아가시고 다시 부활한 모습을 보일 때, 도마는 실제로 만져 보지 않으면 믿지 못하겠다고 하여 예수님의 옆구리에 손을 넣어 확인을 해서 의심 많은 도마라고 불리게 되었어요. 이후 도마는 인도로 와서 전도 생활을 하며 생을 마감해서 여기에 묻혔답니다. 1900여 년 전에 어떻게 도마는 인도까지 왔을까? 도마가 인도로 온 후 1400여 년이나 지나 콜럼버스는 1492년에 인도를 찾아 나서서 엉뚱한 아메리카 대륙에 닿아서 거기가 인도인 줄 알고 원주민들을 인디언이라고 불렀지요. 일설에 의하

성 토마스 바실리카 교회 내부

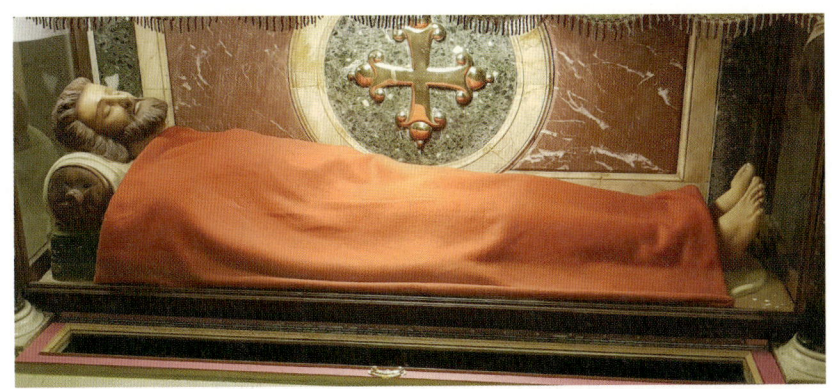

면 도마가 인도 아유타 왕국의 허황옥 공주를 가락국 김수로왕에게 데려와 중매를 섰다는 주장이 있어요. 안동 인근 평은의 큰 바위상에 히브리어로 도마라고 새겨진 것과 김해, 대구, 김천 등에 그 발자취를 따라 관광 상품도 개발되었다고 합니다.

이제 첸나이를 마지막으로 인도 여정을 마무리하고 스리랑카 콜롬보로 향합니다.

인도 더 알기

인도의 역사

인도 문명은 기원전 2500년경 인더스 문명에서 발원합니다. 그러나 기원전 1500년~1200년경 아리아인들이 이란 고원을 넘어 인도로 침입하여 인더스 문명은 파괴되었어요. 아리아인들은 갠지스 강 유역에 정착하여 도시를 건설하기 시작했으며 오늘날의 델리 근처를 중심으로 세력을 형성해 갔어요. 이 시기에 아리아인들의 베다 신앙에서 힌두교가 파생되어 나왔고, 산스크리트어가 발전해 이후 2000여 년 동안 인도의 국어로 사용되었어요.

불교와 자이나교는 이보다 늦은 기원전 6세기에 나타났어요. 북부 인도는 찬드라 굽타(기원전 321년경 ~ 기원전 185년)의 통치 아래 최초의 힌두 왕조인 마우리아 왕조로 통합되었고 그 손자인 아소카 대왕의 시대에는 인도 반도의 대부분을 장악한 대제국으로 확장되었어요. 인도는 마우리아 왕조의 붕괴 이후 수많은 소왕국이 난립하였다가 굽타 왕조(320년 ~ 480년) 시대에 다시 통일되었어요.

이슬람 교도들의 침입은 1000년경부터 시작되었어요. 14세기 초 모하마드 이븐 투글루크가 델리 술탄국의 세력을 확장하는 등 북부 인도에서의 이슬람 지배는 16세기 초까지 계속되었어요. 남부 인도에서도 역시 이슬람계 바만 왕조가 1336년에서 1556년에 걸쳐 인도의 남부 지방을 양분하며 통치했어요.

바스쿠 다 가마의 인도 여행(1498년)을 기점으로 포르투갈인들이 상륙하여 인도와 유럽 사이의 무역을 독점하기 시작했어요. 17세기 들어서는 같은 목적을 가진 포르투갈인, 영국인, 프랑스인, 네덜란드인들 간에 경쟁 관계가 형성되었어요. 16세기 초에는 이슬람계 왕조인 무굴제국이 인도 전역을 지배했어요. 1526년 바부르가 세운 이 제국은 악바르와 아우랑제브 치세 동안 세력을 확장하고 최고의 번영을 누렸으나 힌두 왕국인 마라타 왕국이 17세기말 세력을 뻗으면서 위협받기 시작했어요.

그동안 영향력을 키워온 영국 동인도회사는 차츰 경쟁 관계에 있던 다른 식민 세력들을 몰아내고 1757년에 무굴 제국을, 1818년에는 마라타 왕국을 굴복시킨 뒤 인도를 통치하기 시작했어요. 동인도회사를 통한 영국의 통치는 세포이 항쟁(1857년) 이후인 1858년에 영국 정부가 인도를 직접 통치하는 형태로 바뀌었어요.

초기의 인도 민족주의는 인도 국민회의(1885년)와 전 인도 이슬람 연맹(1906년)의 창설이라는 형태로 나타났어요. 1857년의 세포이 항쟁 후 거의 60여 년 동안 대다수의 인도인들이 영국의 지배에 순응하였으나, 제1차 세계대전 이후에는 이슬람교도와 힌두교도 모두 영국의 식민통치에 반대하기 시작했어요.

1920년 간디가 이끄는 인도 국민회의가 영국의 식민통치에 대한 비협력운동을 전개하자 영국은 1919년과 1935년 인도 행정법을 통해 인도에 제한된 범위의 자치권을 허용하는 조치를 취했으나 간디를 비롯한 인도인들은 완전독립과 인도의 통일을 요구했어요. 인도는 이러한 노력의 결과 1947년 8월 15일 독립을 획득했으나 힌두교와 이슬람교도 사이의 통합은 이루지 못했어요. 이러한 분열은 힌두교도가 대다수인 인도 공화국과 이슬람교도가 대다수인 파키스탄으로의 분리를 초래했어요. 펀자브와 벵골은 주민들의 종교 성향에 따라 각각 2개로 분리되어 양국에 포함되었으며 카슈미르는 아직까지도 분쟁이 계속되는 상태에 있어요.

인도에서는 자와할랄 네루를 총리로 한 국회가 1952년 선거를 통해 구성되었어요. 확정되지 않은 국경선을 사이에 두고 1962년에는 중화인민공화국과, 1965년에는 파키스탄과 잠시 국경분쟁을 겪었어요. 1967년에는 네루의 딸 인디라 간디(1984년 암살)가 의회의 지지를 받아 총리로 취임했고, 인디라 간디가 암살된 이듬해 아들인 라지브 간디(1991년 암살)가 총리에 취임했어요. 1971년 파키스탄과 국경 2곳에서 전쟁이 벌어졌으며 그 결과 동파키스탄이 방글라데시로 독립되었어요. 1980년대 들어서면서

인도의 연방의회

시크교도들이 펀자브 지방의 독립을 요구하는 등 인종과 종교로 인한 갈등으로 불안정한 정세가 계속되고 있어요.

20세기 후반 인도는 괄목할 만한 경제적·사회적 발전을 이루었으며 가장 인구가 많은 의회 민주주의를 이끌고 있어요.

인도의 종교

인도에서 힌두교는 다수가 신봉하고 있는 종교입니다. 제2의 종교 세력은 이슬람교이며 소승 불교 세력도 있어요. 펀자브 주에서는 시크교를 믿어요.

기타 토착 종교도 존재하며 기독교도 존재합니다. 인도 기독교 교파로는 1947년 조합교회, 장로교, 개혁교회가 연합한 인도 성공회 교회인 남인도교회The Church of South India United, 침례교회, 구세군, 성 토마스 복음교회, 로마 가톨릭, 말란카라 시리아 교회 등이 있어요.

인도의 신분 제도

인도의 또 다른 얼굴인 신분 제도는 아리안 족이 인도에 들어와 토착 세력과 융화되는 과정에서 제사관급 신분의 토착 세력들에 자신들의 기득권을 추가하며 발생된 것으로 추정됩니다. 역사상 인간들이 형성했던 어떠한 사회에서도 신분상의 구분이나 갈등이 없었던 사회는 없었고 또 불행하게도 앞으로도 없을 것이라는 점에서, 인도의 신분 제도는 이해하기 어려운 것이라고 치부해 버릴 것만은 아닐 것입니다.

신분 제도는 힌두교의 신화에서 유래되었으며 크게 다음의 네 가지로 나뉩니다.

1. 창조의 신 ahma의 입에서 나왔다는 브라민^{Bramin} - 제사관이나 학자
2. 창조의 신의 팔에서 나왔다는 크샤트리아^{Kshatriya} - 왕이나 무사
3. 창조의 신의 허벅다리에서 나왔다는 바이샤^{Vaisya} - 상업
4. 창조의 신의 발에서 나왔다는 수드라^{Sudra} -농업과 공예업 그리고 노동업

이 네 가지 신분은 내부에서 수천 가지로 세분됩니다.

그리고 제 5의 신분이나 신분으로 분류되지 않는 아웃 카스트^{Out Caste}가 있어요. 이 카스트는 흔히 불가촉천민^{Untouchable}이라고 불리며 정부의 공식 용어는 스케줄드 카스트^{Scheduled Caste-SCs}라 말합니다. 마하트마 간디는 신의 자녀라는 뜻의 하리잔^{Harijan}이라고 불렀으나, 암베드카르 박사를 중심으로 한 의식이 깨이고 저항적인 사람들은 자신들을 짓밟히고 억압된 자라는 뜻의 달리트^{Dalit}라고 칭하길 원합니다.

신분 구분이 엄격하게 지켜졌던 과거에는 타 신분에 속하는 다른 사람들의 그림자도 밟으면 안 되며, 물도 같은 샘의 것을 마실 수 없고 온갖 천한 일들만 그늘에서 해야만 했어요. 인도 인구의 16% - 1억 4천만에 이르는 이들과 또한 불가촉천민과 다름없이 취급되는 6천 8백만의 토착민 트라이브스^{Tribes}까지 합치면 신분 제도로 소외받는 사람들은 총 인구의 23% 정도에 해당합니다.

이들의 사회적 처우를 개선하기 위한

브라마(Brahma)

정부의 정책이 예약Reservation 제도입니다. 마하트마 간디와 대립을 벌였던 암베드카르 박사에 의하여 추진된 정책으로 현재는 각종 정부직의 22.5%에 해당되는 인원이 이들 신분에 해당되는 사람들을 기용해야 하며 학교와 의회에도 이들을 위한 자리를 마련하도록 되어 있어요. 하지만 신분 문제는 언제나 터질 수 있는 인도가 지닌 휴화산입니다.

이슬람교, 시크교, 자인교, 불교에서는 신분 제도를 인정하지 않으므로 이들 신자들에겐 신분이 없어요.

4부

스리랑카
Democratic Socialist Republic Of Sri Lanka

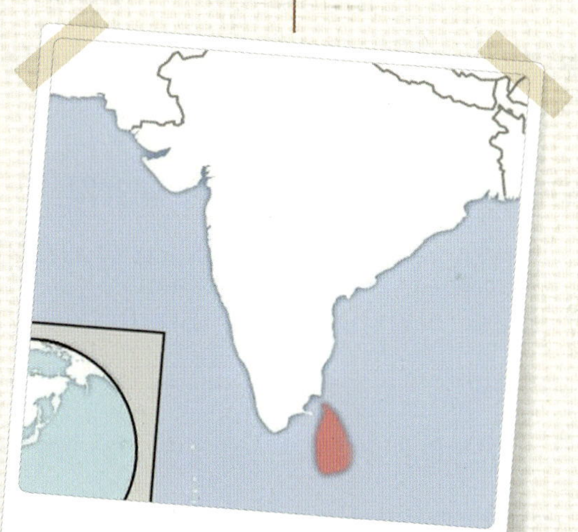

아누라다푸라의 보리수나무와 스투파

스리랑카 아누라다푸라 Anuradhapura의 아침이 밝았어요. 호텔이 숲속에 있어서인지 여러 종류의 새들이 새벽에 노래를 부릅니다.  아누라다푸라는 기원전 3세기경에 세워진 스리랑카 고대 싱할라 왕국 Sinhalese Dynasty의 수도입니다. 그후 1300년간 스리랑카의 정치적, 종교적 중심지로 오랜 기간 동안 정글 지대로 방치된 궁전들과 수도원, 기념물이 현존하는 신성한 도시입니다.

아누라다푸라는 스리랑카 최초의 수도이자 싱할라족 Sinhalese의 상징이기도 합니다. 서기 380년에 수도로 지정된 후 1000년 이상 싱할라 왕조가 이 도시를 지배했어요. 기원전 236년 인도에서 전쟁의 비극을 경험하며 불교에 귀의하여 불교를 발전시킨 아쇼카 Ashoka 왕의 아들 마힌다 Mahinda가 처음으로 불교를 스리랑카에 전파하여 곳곳에 불상과 사찰들이 건립되었어요. 인도에서는 불교가 쇠퇴하였으나 스리랑카에서는 힌두교도인 타밀족의 침략에도 불구하고 불교를 더 융성하게 발전시켰어요. 이러한 유적지들이 정글에 묻혀 있다가 19세기에 와서 발굴되기 시작해 지금도 계속 발굴하고 있답니다.

아누라다푸라는 오래된 도시라는 의미가 있으며 신성한 도시라고 불리기도 합니다. 이제 아누라다푸라의 유적들을 찾아가 봅니다. 이수루무니야 정사Isurumuniya Viharaya에 들어서니 바위를 파낸 듯이 지어진 사원과 바위 위에 세워진 다고바dagoba라고 불리는 탑, 밝은 색으로 칠해진 금동불상과 같은 불상을 모신 본당, 귀중한 발굴물을 보관하는 보물관은 아주 이색적입니다. 계단 입구에는 절에 가면 입구에 있는 사천왕상과 같은 무사의 조각이 새겨져 있어요. 석굴사원 내부의 불상은 바위를 쪼아서 조각한 불상입니다. 5개의 크지 않은 바위 봉우리에 축대를 쌓아서 통로를 만들었어요. 통로 사이에 작은 보리수나무가 정겹게 느껴집니다. 사원 건물 옆 바위 아래에는 작은 연못의 물이 나그네의 눈을 시원하게 해 줍니다.

좁은 바위 사이의 길을 통해 정상에 오르니 사원 주위가 시원하게 보이는 전망대에 온 느낌입니다. 드넓은 평원과 울창한 숲 그리고 곳곳에 자리하고 있는 유적들이 보입니다. 저 멀리에 대형 스투파stūpa(탑)가 건립되고 있네요. 인도 타밀 반군과의 30년간 내전 종식의 기념으로 쌓고 있답니다. 또 정상에는 크지 않은 탑이 있어요. 작은 탑 옆에는 부처님의 발바닥을 바위에 새겨 놓았어요. 부처님의 발바닥과 저의 발바닥의 크기를 재어 보았어요. 우와! 저의 발도 꽤 커서 논산훈련소

이수루무니야 정사의 불상

이수루무니야 정사

에서 저의 발에 맞는 활동화가 없어서 전투화로 활동화를 대신한 경험이 있는데 부처님의 발은 저보다 훨씬 더 크네요. 감히 어떻게 제가 부처님과 비교되겠어요. 사람들이 저보고 발이 참 넓다고 해요. 물론 아는 사람이 많고 대인관계가 좋다는 의미죠. 그럴 때마다 저는 "제 발이 290밀리미터인지 어떻게 아셨어요?"라며 웃어 넘겼지요. 🙂

이수루무니야 정사에서 나와 북쪽으로 발길을 스리마하부디 사원 Sri Maha Bodhi Viharaya으로 옮겼어요. '스리마하'란 성스러운 보리수나무입니다. 이 보리수나무는 기원전 3세기에 인도 아쇼카 왕의 딸 상가밋타 Shanghamitta가 인도 부다가야Buddha Gaya의 성스러운 보리수나무 가지를 가져와서 심은 것으로 2270살이 넘습니다. 작은 나뭇가지가 자라서 지금은 브라젠 궁Brazen Palace 근처의 성소에서부터 유적의 중심지까지 하나의 숲을 이루고 있어요. 인도 부다가야의 보리수나무는 늙어서 죽었는데 이 보리수나무는 2000년이 넘는 세월에도 푸른 잎이 싱그럽기까지 합니다. 한국의 영주 부석사 돌계단 아래에 큰 보리수나무가 한 그루 있어요. 이 보

리수나무의 열매로 묵주를 만든다고 합니다. 불교도 이 보리수나무처럼 인도에서는 쇠퇴되었고, 스리랑카에서는 지금도 꽃을 피우고 있어요.

 스리랑카에는 한 달에 한 번씩의 불교식 공휴일이 있어요. 오늘이 바로 그 공휴일이랍니다. 보리수나무가 있는 사원은 온통 흰옷을 입은 스리랑카 사람들로 붐빕니다. 여성들은 흰 브라우스와 치마를 입고, 남성들은 흰 셔츠에 바지의 색깔은 다양합니다. 하얀 옷을 입은 사람들의 손에는 무엇인가 들려 있어요. 꽃바구니, 과일, 빵과 과자 등의 종류들도 다양합니다. 아마 이 물품들은 신에게 올릴 제물로 보입니다. 이 사람들을 따라 계단 문을 통해 사원으로 들어가니 불상 앞 제단에 꽃들과 제물을 올려놓

고 기도를 드립니다. 스님과 함께 앉아서 기도를 드리는 사람들도 있어요.

 2,270살이나 된 보리수나무와 사진을 찍으려니 나무가 너무 커서 가지의 일부분만 렌즈에 들어옵니다. 더 멀리 가서

보리수

찍으니 겨우 나무 전체가 아주 작게 나옵니다. 보리수나무 아래에서 원숭이 한 마리가 식사를 하고 있네요. 이 원숭이의 털은 회색인데 얼굴은 검은 색입니다. 사람도 흑인이 있듯이 원숭이도 흑원이라고나 할까요? 암튼 이 원숭이의 얼굴은 검어요. 참배객이 던져준 떡인지 하얀색의 음식을 먹고 있어요. 이 성스러운 보리수나무의 친구이자 수호자는 바로 이 원숭이랍니다.

아누라다푸라의 루완웰리세야 스투파

　싱할라 왕조는 기원전 2세기 초에 인도 타밀 왕국의 침략을 받아 30년 동안 나라를 빼앗겼어요. 이때 두타가마니^{Dutthagamani} 왕(기원전 161~기원전 137)이 혜성처럼 나타나서 타밀의 침략을 무찌르고 브라만교의 잔재를 청산해 불교를 중흥시켰어요. 이때가 싱할라 왕조의 수도였던 아누라다푸라의 최대 전성기였어요. 두타가마니왕은 미니사웨티 다가바^{Minisaweti Dagaba}, 루완웰리세야 다고바^{Ruwanweliseya Dagoba}, 브라젠 궁^{Brazen Palace} 등의 위대한 건축물들을 유산으로 남겼어요. 스리랑카는 고대부터 전쟁에서 승리하거나 큰 환난을 겪고 나면 다가바라는 큰 탑을 쌓아요. 이 탑을 스투파^{stūpa}라고 부릅니다.

　두타가마니 왕이 인도 타밀 왕국의 침략을 물리쳤고 그 기념으로 기원전 2세기 중엽에 도투게무누^{Dutugamunu} 왕이 건립을 시작했으나 완성을 보지 못하고 세상을 떠났으며, 그후 사다팃사^{Saddha Tissa} 왕이 루완웰리세야 다고바^{Ruwanwelisaya Dagoba}를 완성했습니다. 현재의 다고바는 1873년에 대보수를 했어요. 수많은 코끼리 조각 위에 세워진 새하얀 거대 탑은 버

부처상 앞에서 기원하는 사람

루완웰리세야 스투파

블 세이프라 불리는 만두처럼 둥그스름한 모양으로 높이가 무려 55미터나 됩니다.

 루완웰리세야 사원의 입구에는 이 스투파를 완성한 왕의 석상이 있고, 사원의 외벽에는 담장을 쌓아서 외부와 경계를 이루도록 했어요. 담장의 외벽에는 수십 마리의 검은색 코끼리를 새겨 놓았어요. 스투파 내부에는 부처님의 진신사리를 안치한 후 봉쇄해서 출입이 금지되어 있어요. 출입구는 네 개가 있는데, 각 출입문에는 한국의 절 입구에 있는 당간지주처럼 두 개의 돌기둥이 서 있어요. 많은 사람들이 이 스투파 주위를 돌면서 나라의 안녕과 개개인의 소원을 비는 것 같았어요. 흰옷을 입은 사람들이 꽃과 예물을 들고 와서 부처상 앞에 올려놓고 빌기도 해요. 이 부처님은 울긋불긋 예쁜 옷을 입고 있네요. 저도 이 스투파를 두 바퀴 돌며 사진도 찍고 주위 경관을 감상했답니다. 스투파가 아주 커서 가까이에서는 스투파 전체를 렌즈에 담을 수 없었어요. 그래서 좀 멀리 떨어져서야 새하얀 스투파를 렌즈에 담을 수가 있었어요.

루완웰리세야 스투파 북쪽에 투파라마Thuparama 스투파가 아담하게 자리 잡고 있네요. 루완웰리세야 스투파가 워낙 커서 투파라마 스투파가 아담하게 보여요. 오래 전에 한국에서 미국으로 유학 간 분이 덕수궁 사진을 미국 아가씨에게 보여주며 자기 집이라 했답니다. 그랬더니 이 아가씨가 "어머! 집이 참 아담하고 예쁘네요!"라고 했답니다. 😊 사실 투파라마 스투파도 그렇게 작은 편은 아니었어요. 만두를 닮은 종모양의 높이가 19미터나 되는 흰 탑이었어요. 단지 큰 탑의 근처에 있어서 비교가 될 뿐입니다. 이 스투파는 기원전 4세기 무렵 부처님의 오른쪽 쇄골을 모시려고 세워진 루완웰리세야 스투파보다 더 오래된 스투파입니다. 완공 당시에는 건초 더미를 쌓아 놓은 것처럼 별로 볼품이 없었으나, 1948년에 현재의 모습으로 리모델링했어요.

아누라다푸라는 한국의 경주처럼 스투파라는 탑이 아주 많아요. 이제 스리랑카에서 가장 높은 스투파인 제타바라나Jethavanaramaya 사원으로 갔어요. 이 스투파는 마하세냐 왕(276년~303년)이 건립할 때에는 높이가 122미터였는데 지금은 71미터의 높이랍니다. 제타바라나 스투파는 스리랑카에서 가장 큰 스투파이며 건립 당시에는 세계에서 세 번 째로 높은 건축물이었어요. 첫 번째 높은 건축물은 당연히 이집트 카이로의 기자 지역에 있는 기원전 26세기에 건축한 높이 147미터의 쿠푸 왕의 피라미드일 것이고 두 번 째는 무슨 건축물일까요? 궁금해집니다. 아마 유럽의 대성당 중 하나가 아닐까요?

붉은 벽돌을 하나하나 쌓아 올린 제타바라나 스투파는 1994년에 복원되었어요. 이 스투파도 인도 타밀족의 외세 침략을 종식시킨 후 국력을

루완웰리세야 스투파

제타바라나 스투파

집결시키고 자국의 존재감을 과시하는 수단으로뿐만 아니라 억울하게 죽어간 선열들의 넋을 기리는 공간으로 세워졌어요. 1700여 년 전에 이렇게 높은 탑을 세울 수 있었던 건축 과학 기술과 집념 그리고 높은 신앙심에 절로(사찰이 아님 ☺) 고개가 숙여집니다.

  우리나라는 당시 불교를 공인하지 않은 시기였지요. 고구려 소수림왕이 373년경에 불교를 공인했잖아요? 아누다라푸라에는 이미 이때에 승려가 5000명이나 되는 큰 사찰이 있었어요. 요즘으로 치면 선교인데 스리랑카에서 미얀마와 태국으로 불교를 전도했어요. 그래서 스리랑카는 불교의 종주국으로 스스로 생각하며 자부심도 대단합니다. 천주교의 바티칸에 버금갑니다.

  루완웰리세야 사원에서는 흰 스투파를 돌았고, 제타바라나 사원에서는 짙은 흙색의 스투파를 도는데 햇빛이 따가웠어요. 굳이 두 스투파를 비교하자면 루완웰리세야 스투파의 꼭대기 부분은 잘 깎은 연필심 같고요, 제타바라나 스투파의 꼭대기는 몽땅 연필 모양 같아 뭉툭합니다요. 이 신성한 장소에서 흑심을 품은 것이 무엇인지 맞추어 보세요. 바로 연필입니다. 왜냐구요? 연필심의 색깔이 검은색이잖아요. ☺

스리랑카 대승불교의 흔적을 가진
아브하야기리 스투파

아누라다푸라는 스투파의 전시장 같아요. 하얀 탑, 흙색 탑, 큰 탑, 작은 탑, 현대 탑, 고풍 탑 등등 계속 이어지는 탑들의 사열을 받으며 행진에 행진을 거듭합니다. 이번에는 좀 고색창연하게 보이는 스투파로 갔어요. 바로 스리랑카 대승불교의 자취를 지닌 75미터 높이의 웅장한 아브하야기리 스투파Abhayagiri Stupa입니다. 기원전 1세기에 왓타가마니 아브하야 Wattagamani Abhaya 왕이 건립했어요. 1천 년 이상 스리랑카 불교계가 대립과 갈등을 겪어왔다는 상징물이기도 합니다. 불교하면 인도가 아니라 스리랑카입니다. 한국에서도 불교 종단이 조계종, 천태종, 태고종 등등으로 나누어져 있듯이 스리랑카에서도 불교 종단이 분열과 갈등을 1천 년 이상 계속해 왔어요.

스리랑카 불교 역사에서 가장 대립과 갈등이 심했던 시기에 아브하야기리 다고바Abhayagiri Dagoba가 그 중심에 있었어요. 이 종단은 대승불교를 수용하여 스리랑카 불교 종단의 대표 사찰의 역할을 했어요. 한국의 불교 조계종의 조계사 정도로 보면 될 것 같아요. 세월이 지남에 따라 한때 스리랑카 불교계를 호령했지만 쇠퇴하여 현재의 스투파 모습에서 영욕의 흔적을 볼 수가 있어요.

조금 전에 지나온 스투파들은 흰색에 화려한 장식 등이 있었는데, 아브하야기리 스투파는 흙벽돌이 드러나고 군데군데 잡초들이 자라고 있어요. 아마 이 종단이 현재에는 스리랑카에서 제대로 대접을 받지 못하고 있다는 것을 말해 주고 있어요. 루완웰리세야 종단은 화려한 스투파에서 볼 수 있었듯이 정통 교단으로서의 위치를 확고하게 자리매김하고 있고, 아브하야기리 종단은 어쩌면 스리랑카 불교계에서 이단으로 취급하고 있는 것 같았어요. 현지인들은 별로 찾지 않고 그저 관광객들을 위한 하나의 볼거리로 마지못해 최소한의 관리만 하고 있는 것으로 저의 눈에 비춰졌어요.

아누라다푸라 시내를 지나는데 도로변에 스님들의 공중목욕탕이었던 쿳땀 포쿠나Kuttam Pokuna가 작은 연못으로 남아 있어요. 수초가 자라고 물고기들도 뛰놀고 있어요. 지친 나그네에게 쉼과 안식을 제공해 주어서 감사했어요. 이 목욕탕은 당시에 5천여 명의 승려들을 위해 아가부디 1세(575~608)가 지은 가로 30미터 세로 100미터의 규모입니다.

스리랑카 첫 수도인 아누라다푸라를 떠나 동남쪽 80km 정도 떨어진 스리랑카 두 번째 수도인 폴론나루와Polonnaruwa로 이동합니다. 버스로 2시간 반 정도 아스팔트 포장도로를 달려 시내로 들어와 다시 숲속 길로 접어들자 야생 코끼리와 공작새가 우리를 반겨줍니다. 폴론나루와는 한국의 춘천과 같은 호반도시입니다. 숲속의 호텔이 아늑하고 편안하게 느껴집니다. 시원한 수영장이 마음에 듭니다. 일단 짐을 내려놓고 수영장에 풍덩 몸을 담그고 물장구를 치며 어설픈 수영으로 지친 심신을 조금이나마 달랠 수 있어서 좋았어요.

호텔을 나와 시내 구경을 하러 나왔어요. 일단 슈퍼마켓에 들러 시원한 아이스크림을 하나씩 사 먹고 인근의 강가로 나갔어요. 꽤 넓은 강과 강둑이 시원스럽게 뻗어 있어요. 마침 자전거를 탄 세 명의 아가씨들이 지

나갑니다. "하이!" 하니 세 명이 반갑게 인사를 하며 잠시 대화를 할 수 있었어요. 이 지역의 대학생들이랍니다. 자전거로 산책을 나왔답니다. 상냥하고 영어도 꽤 잘합니다. 이 학생들로부터 스리랑카의 미래가 밝다는 것을 느낄 수가 있었어요. 강둑을 따라 주~욱 가면 사당이 나온답니다. 이곳 주민들이 산책을 즐기고 있어요. 강둑을 따라 산책 나온 동네 사람들과 강바람을 쐬며 한참을 걸어서 되돌아왔어요.

강과 맞은편의 석양에 비친 구름이 한 폭의 그림 같습니다. 스리랑카에서 석양을 처음 보는 것 같았어요. 인도에서는 바위 언덕에서 석양을 감상할 수 있는 기회가 많았는데, 스리랑카에서도 석양을 감상할 기회가 많을 것 같다는 예감이 듭니다. 시골의 고향과 같은 풍경이라 편안한 마음이 들었어요.

강변에 위치한 호텔에 들렀더니 아직 이른 저녁 시간이라 손님이 없고 한적합니다. 시설이 꽤 좋습니다. 강변의 경치도 좋고 레스토랑에서 남자 종업원이 준비를 하고 있네요. 함께 사진도 찍고 호텔 생활에 대하여 대

화를 나누었어요. 이것은 저의 직업병이겠지요? 제가 호텔레스토랑 경영학과 교수라서 스리랑카 호텔 직원들에 대한 생각과 자세가 궁금하여 여러 가지 질문들을 하며 재미난 대화 시간을 가졌어요. 그 직원은 참 순박하고 성실하다는 느낌을 받았어요.

호텔로 돌아오는 길에 아이스크림을 사 먹었던 마트에 들러 토마토와 포도 등의 과일을 사서 오니 저녁 시간이 되었네요. 이렇게 폴론나루와에서의 첫 날을 보냈어요.

폴론나루와 박물관과 쿼드랭글

스리랑카의 폴론나루와 유적을 보려면 입장권을 사야 하는데, 유적지들의 담장이 허술하거나 아예 출입구가 없는 경우도 있어요. 폴론나루와 전체 유적지를 관람하는 티켓이 25달러입니다. 가이드 슈랑거 씨가 입장권을 일괄 구매했어요. 현지인들에 비하여 30배 정도 비싼 가격입니다. 인도에서도 외국인과 현지인 간에 입장료가 차이가 많았는데 폴론나루와도 그런 셈입니다.

폴론나루와의 유적은 대부분 11~12세기의 싱할라 왕조 지배기의 것들입니다. 이후 13세기에 인도 타밀족인 촐라^{Chola} 왕조가 침입하면서 싱할라 왕조는 스리랑카의 중앙부로 이전하게 되고 1293년에 수도를 포기함으로써 폴론나루와는 폐허가 되어 약 500년간 정글 속에 묻히게 됩니다. 이후 1900년대에 우연히 발굴되었어요. 10~12세기 폴론나루와가 싱할라 왕조 수도로서 전성기를 누릴 때에는 태국이나 미얀마에서 승려들이 찾아올 정도로 번영한 불교 도시였습니다.

어제 시원한 강둑을 산책하며 강변의 호텔을 방문했었는데 오늘 아침에 보니 그 강은 강이 아니라 관개용 큰 저수지였어요. 저수지의 이름은 파라크라마 사무드라$^{Parakrama\ Samudra}$인데 이를 해석하면 파라크라마의 바다라는 의미입니다. 바다로 착각할 정도로 큰 길이 11Km, 높이 13m의 인공저수지입니다. 이 저수지는 박물관 위쪽의 낮은 언덕 모양의 제방 위에 있어요. 폴론나루와의 농업용수와 생활용수를 공급하고 있어요. 이 저

파라크라마 1세의 왕궁터

수지에서 숙소로 돌아오는 길가 수로에 물이 콸콸 힘찬 소리를 내며 시내로 흘러가고 있었어요.

 저수지 제방에 왕궁 터가 있어요. 이 왕궁은 12세기 중엽에 파라크라마 1세가 세웠어요. 원래는 7층의 건물이었지만 현재는 3층까지만 남아 있어요. 벽은 3m 두께이고 36개의 돌기둥에 50여 개의 크고 작은 방으로 이루어져 있어요. 동쪽에는 큰 회의장이 있고, 두 개의 크기가 다른 우물이 있어요. 또 목욕탕과 탈의실 시설이 있어요. 경내는 푸른 이끼와 잔디 그리고 울창한 나무들이 시원함을 더해 주고 있어요. 입구에는 아름다운 꽃들 주위로 수많은 나비들이 춤을 추며 우리를 반깁니다.

 이 왕궁은 왕과 그 가족들을 위한 호반의 여름 별궁으로 보입니다. 입구로 들어가니 무너져 내린 벽돌담과 정원 그리고 기단 위에 수십 개의 돌기둥들이 당시의 화려했던 모습을 전해 주고 있어요. 돌기둥 중앙에 위치한 큰 돌로 된 사자상이 버티고 있어요. 아마 이 왕궁 뒤의 저수지는 외적의 침입을 막는 해자 역할을 했을 것으로 추측되네요.

 고고학 전문 박물관인 폴론나루와 박물관을 찾아갔어요. 현재 공사가 한창입니다. 단층 건물에 주로 불교사원에서 출토된 수많은 유물들이 전

시되어 있어요. 뒤쪽에는 힌두교 사원에서 출토된 시바신 등의 유물도 전시하고 있어요. 입구에서부터 사진 촬영은 금지라고 해서 그냥 눈으로만 보고 나왔어요.

　박물관을 나와 아일랜드 파크에 있는 건축물 유적지로 발길을 돌렸어요. 동쪽의 낮은 언덕 지대 쪽 골짜기에 왕실 전용 목욕탕이 있어요. 위쪽의 물탱크에서 목욕탕으로 물이 흘러 들어가게 되어 있어요. 이 목욕탕은 12세기 후반에 돌로 만들어졌으며 8개의 연꽃잎 모양을 하고 있어요. 돌바닥에 길쭉한 구멍을 내어 여러 명이 용변을 볼 수 있도록 한 변소도 있어요.

　물탱크를 지나면 큰 저수지가 나와요. 저수지 주변으로 여러 옛 건물들이 자리하고 있어요. 벽돌로 된 건축물들이 대부분 허물어지고 기단 부분만 남아 있어요. 3층의 기단 위에 4줄에 40개의 돌기둥이 늠름하게 자리하고 있어요. 당시 건물의 웅대함을 말해 주고 있어요. 12세기 말에 축조된 이 건물의 흙돌 벽과 기와 지붕이 아직도 남아 있다면 한국의 독립기념관 같은 건물이 아니었을까 추측해 봅니다. 돌기둥의 양 입구에는 사장상이 있고, 각 기둥에는 사람의 이름들이 새겨져 있어요. 아마 이 건물은 한

저수지 주변의 건물들

국의 경복궁 근정전처럼 어전회의를 하고 정일품, 정이품 등 관직과 이름들을 새긴 것 같았어요.

왕궁을 벗어나 외곽에 위치한 주요 관청의 유적인 쿼드랭글Quadrangle을 답사했어요. 쿼드랭글이란 사각형을 의미합니다. 궁전 북쪽의 구시가지 중심부에 위치한 사각의 성벽 안에 12개의 건축물이 모여 있던 곳입니다. 이곳에 싱할라 왕조 시대에 불치사가 있었어요. 불치사란 부처님의 신체 일부인 치아를 모신 사찰입니다. 여기에는 부처님의 왼쪽 치아를 모신 곳으로 당시 폴론나루와 불교의 중심지였습니다. 불치사 사원의 규모가 웅장했고, 불치사 경내에 3개의 주요 건축물이 남아 있으며 몇몇 부속 건물도 있어요. 불치사의 으뜸 건물은 바타다게Vatadage라고 불리는 원형 불탑입니다. 원형의 불탑 내부에 작은 스투파를 위치시키고 사면에는 좌불상을 두었으며 외벽은 흙벽돌로 쌓고 바깥에는 기둥들을 세웠어요.

쿼드랭글 바타다게

　내부 공간으로 통하는 사면의 입구에는 문스톤과 가드스톤이 있는데, 북쪽 입구의 문스톤과 가드스톤이 비교적 잘 보존되어 있어요. 문스톤은 불교에서 말하는 윤회를 의미합니다. 참배를 한 사람들이 문스톤에서 발을 씻고 불탑 안으로 들어갔다고 합니다. 가드스톤은 한국의 절 입구에 있는 당간지주와 같이 입구에서 외부로부터 악마가 들어오는 것을 막아주는 역할을 합니다. 이곳에 봉안된 부처님의 치아는 왕조의 수호물로 여겨졌고, 국가와 국왕의 부적으로 간주되기도 합니다. 부바나이카바후 2세 Bhuvanaikabahu II가 부적을 제거한 후 폴론나루와가 쇠퇴했다고 합니다. 믿거나! 말거나!

폴론나루와의 랜드마크 갈 비하라

　폴론나루와를 대표할 수 있는 불상은 바로 파라크라마바후Parakramabahu 1세가 건립한 갈 비하라Gal Vihara입니다. 갈 비하라는 길이 70미터, 높이 15미터에 달하는 하나의 거대한 바위에 불상 4개를 조각해 놓았어요. 불상은 입상, 좌상, 열반상이 있는데 입구 왼쪽에는 마애불이 있어요. 부처님을 모시는 받침대 역할을 하는 대좌 본존들이 있고, 뒤쪽에는 석탑과 여러 명의 보살을 하나의 바위에 암각해 놓았어요. 갈 비하라 중앙에 암반을 파고 들어가 만든 석굴 사원이 있고, 거기에는 본존불과 협시보살을 안치했네요. 그 옆에는 높이가 4.6미터나 되고 팔을 교차한 채로 서 있는 불상이 있는데, 이는 석가모니의 수제자인 아난다Ananda입니다. 아난다 수제자 옆의 열반상은 바로 부처님입니다. 아난다는 스승인 석가모니가 열반하니 슬픔에 젖은 모습을 표현했다고 합니다. 조각의 눈 주위나 교차시킨 팔에서 그의 슬픔이 전해 오는 느낌이 듭니다. 또 다른 주장은 이 불상이 연꽃 대좌에 서 있어서 아난다가 아닌 깨달음을 얻은 석가모니라는 주장도 있어요. 잠깐! 깨에 소금을 섞으면 뭐가 되죠? 깨

아난다 석상

석가모니의 측와상

소금이 됩니다. 그러면 깨에 설탕을 섞으면 무엇이 될까요? 깨달음입니다. 😊

아난다 불상 옆에는 열반에 든 석가모니의 측와상이 유선형의 부드럽고 우아한 자세를 취한 채 평온한 표정으로 열반에 들어 있어요. 이렇게 누워 있는 부처님의 불상이 폴론나루와의 최고 명소인 랜드마크랍니다. 여러 불상 가운데 가장 오른쪽에 누워 있는 열반상의 길이가 13.4미터나 되는 거대한 와불입니다. 스리랑카 현지인들은 꽃을 들고 와서 불상 앞에 두고 절을 합니다. 여러 이민족인 힌두교도들의 침입에도 불구하고 이 불상들이 잘 보존되어 있는 이유는 당시에 흙을 쌓아 올려 완전히 덮어 놓았기 때문이라고 합니다. 갈 비하라 주변에 여러 유적들이 흩어져 있는 것을 보니 여기에 큰 사찰이 있었음을 짐작할 수 있었어요. 갈 비하라의 마당에 서너 마리의 개가 와불상과 같은 자세로 오수를 즐기고 있어요. 사람들이 와불상에 경의를 표하며 절을 하는 것을 보고 이 개들도 와불상과 같은 자세를 취하며 사람들이 자기에게 절을 하는지 안 하는지 실눈을 뜨

고 자는 것 같았어요. 아마 인도에는 보신탕 문화가 없나 봅니다. 보신탕 문화가 남아 있는 나라의 개들은 군기가 들어 있어서 사람들이 접근하면 경계를 하며 도망을 갑니다.

갈 비하라를 떠나 랑콧 비하라 Rankot Vihara로 갔어요. 랑콧 비하라의 스투파는 폴론나루와에서 가장 높은 탑입니다. 이 스투파는 12세기에 닛상카 말라 Nissanka Malla 왕이 세운 55미터 높이의 스투파입니다. 넓이도 높이만큼이나 됩니다. 이 스투파는 아누라다푸라의 루완웰리세야 스투파를

목이 잘려 나간 불상

벽돌로 된 돔형 건물

벤치마킹한 물방울 모양의 스투파입니다. 랑콧 비하라의 스투파는 둥그스레한 모양이 편안함을 더해 줍니다. 랑콧 비하라의 의미가 '금으로 만든 첨탑'이랍니다. 이 스투파의 첨탑이 과거에는 금이었는데 지금은 금이 아니네요. 주위에 있는 불상들은 목이 잘려 나갔어요. 아마 이교도들이 침입했을 때 파괴한 것으로 추측됩니다.

　도서관 유적지인 포트굴 비하라Potgul Vihara가 파라쿠라마 사무드라Parakurama Samudra 옆으로 난 넓은 도로변에 있어요. 숲속으로 들어가니 4개의 작은 스투파에 둘러쌓인 벽돌로 된 돔형 건물이 나옵니다. 동글동글한 모양은 우주선의 모습을 닮았어요. 이 돔형 건물은 오래 전에 도서관이었는데 야자 잎으로 만든 불교경전이 보관되어 있었다고 합니다. 안으로 들어가면 내부도 원형으로 되어 있고, 이 안에서 경전을 읽었답니다. 여기에 들어갈 때 신발과 모자를 벗어야 한다고 표지판에 적혀 있네요. 제가 경전을 읽을 수가 없어서 소귀에 경 읽기가 될 것 같아서 들어가지 않고 다음의 장소로 발길을 돌렸어요.

파라쿠라마 바후Parakurama Bahu 1세의 궁전이었던 로열 팰리스 동쪽에는 파라쿠라마 바후 1세가 사용했던 집회장이 있고, 토대의 코끼리 조각은 모두 다른 각양각색의 모양을 하고 있어서 보기에 흥미롭습니다. 궁전의 동남쪽 끝에는 닛상카 말라 왕자의 목욕탕인 쿠마라 포쿠나의 악어 입 홈통이 특이합니다. 이 궁전의 북쪽에는 생뚱맞게 힌두사원이 자리하고 있어요. 어떻게 이곳에 힌두사원이 있을까? 이에 대하여 두 가지 설이 있어요. 첫째는 그 당시 왕비 가운데 한 사람이 인도사람이었다는 것입니다. 둘째는 남인도 타밀족이 침입했을 때 이 사원을 세웠다는 것입니다.

이렇게 폴론나루와를 주마간산 격으로 둘러보았어요. 아누라다푸라와 같이 폴론나루와에도 사원과 스투파가 많습니다. 갈 비하라의 와불상이 대표적이라고 할 수 있습니다. 이제 담불라로 향합니다.

바위 동굴의 담불라 황금사원

폴론나루와를 떠나 캔디Kandy와 아누라다푸라Anuradhapura를 연결하는 간선도로상의 작은 마을에 담불라 황금사원Golden Temple of Dambulla이 있어요. 스리랑카 최대 문화유산인 사자바위 시기리야Sigiriya가 인접해 있어요. 시기리야는 내일 오르기로 하고 일단 담불라 사원으로 올라갑니다. 담불라 사원은 높이 180미터 정도의 바위산을 깎아 중턱에 석굴로 만들어서 담불라 석굴사원이라고도 합니다. 경주의 석굴암은 불상이 하나이지만 담불라 사원은 다섯 개의 석굴사원이 있어요. 보통 매표소는 입구에 있는데 여기는 매표소가 옆 방향으로 한참 올라가야 합니다.

담불라 사원은 기원전 1세기에 싱할라 왕국의 발라감바후Valagambahu 왕이 처음으로 만들기 시작하여 여러 왕조를 거치며 확장 공사를 하여 지금은 다섯 개의 석굴사원으로 이루어져 있어요. 기원전 1

석굴사원 오르는 길

세기에는 불상과 벽화 등을 그린 석굴사원을 건립하고, 5세기에는 불탑을 조성했어요. 12세기에는 힌두교 시바신의 동상을 건립했고, 19세기에는 제 4, 5석굴과 벽화가 추가되었어요. 20세기에는 유네스코 세계문화유산에 등재되었답니다. 현재 불상 153개, 왕의 동상 3개, 힌두교 시바신의 동상 4개와 2,100제곱미터에 달하는 천장 벽화 등이 있답니다.

담불라 사원을 처음 시작한 싱할라 왕조의 제 19대 왕인 바라감바후 왕은 남인도 타밀족의 침략으로 아누라다푸라에서 담불라의 동굴로 피난을 왔어요. 당시 이 석굴에서 수행하고 있던 스님들이 왕에게 용기를 북돋워 주었고, 왕은 이에 힘을 얻어 이 동굴을 요새로 삼아 적군들에게 게릴라 전술을 펼치며 무려 14년간의 전쟁 끝에 기원전 89년에 아누라다푸라를 다시 탈환할 수 있었어요. 이처럼 담불라 석굴은 타밀족과의 전쟁을 승리로 이끌 수 있었던 천혜의 요새였어요. 스님들이 수행하던 자연동굴을 발라감바후 왕은 담불라 석굴로 대대적으로 중창하여 1번 석굴사원이 되었고, 이후로 인공으로 석굴을 굴착하여 제 2, 제 3석굴사원으로 이름을 붙이게 되었어요.

이 석굴사원에 오르려면 신발을 벗고 바윗길을 올라야 합니다. 건너편에 내일 오를 예정인 시기리야 사자산이 밀림 너머로 희미하게 보입니다. 담불라 석굴사원을 찾는 관광객들이 상당히 많습니다. 인종전시장 같아요. 어마어마하게 큰 통 바위의 크기가 길이는 200미터, 높이는 30미터 정도가 됩니다. 입구에 제 1호 석굴사원으로 시작하여 회랑으로 다음 석굴사원이 연결됩니다. 1번 석굴은 발라감바후 1세가 은신해 있던 자연동굴로 당시 스님들이 수행하던 장소였는데 지금은 열반에 든 어마어마하게

 큰 부처님이 누워 있어요. 어떻게 열반상이냐고요? 한 쪽 발가락이 다른 쪽 발가락보다 길어요. 발가락 끝의 길이가 같으면 와불입니다. 부처님 옆에는 슬픔에 잠긴 아난존자의 모습을 다시 볼 수 있었어요. 1번 석굴사원을 신성한 왕의 동굴이라고도 부릅니다.

 2번 석굴은 발라감바후 왕이 국권 회복을 위해 장기 항전을 할 때 적극적으로 후원해 준 스님들에게 감사의 표시로 인공으로 만든 가장 크고 화려한 사원으로 왕의 사원으로 불립니다. 석굴의 길이가 52미터에 깊이가 23미터 그리고 천장의 가장 높은 지점은 무려 7미터나 됩니다. 수십 개의 불상과 수천 점의 다채로운 그림이 가득합니다. 그림에는 싯다르타 왕자가 스스로 머리카락을 자르는 장면, 해탈을 방해하는 마왕과 유혹하는 세 명의 여인 등 천장에는 부처님의 생애가 그려져 있어요.

 3번 석굴은 네덜란드가 침략해 오자 부처님의 힘으로 막아 보고자 1780년에 조성한 위대한 새로운 사원으로 부릅니다. 중앙에는 인도 신화에 나오는 큰 물고기 괴물인 마카라Makara 문양의 장식 아래에 부처님이 가부좌를 들고 있어요. 내부에는 19미터의 와불도 있어요. 다섯 개의 석굴 중에서 두 번째로 큰 석굴입니다.

4번 석굴은 서쪽의 사원이라고 불립니다. 내부에는 가부좌를 틀고 있는 부처님과 와불상도 있는데 2번과 3번의 석굴보다는 작아 아담한 느낌이 듭니다. 다른 석굴과 다른 점은 내부에 불탑이 있어요. 불탑이 있으면 무슨 생각이 떠오르는가요? 도굴이죠. 1980년대 석탑이 도굴을 당했어요. 이를 보수하는 과정에서 여러 개의 사리가 출토되었답니다.

5번 석굴은 누가 언제 조성했는지 정확하게 알려지지는 않았어요. 벽에 쓰여진 문구에 의하면 1915년에 한 스

4번 석굴의 불상

불교 박물관

님이 보수했다고 적혀 있어요. 이 석굴의 흥미로운 점은 힌두교의 비슈누 Visnu와 전쟁의 신인 스칸다와 지역 토착신인 데바타반다라 Devatha Bandara 의 석상이 함께 조성되어 있어요.

담불라 황금사원은 부처님의 힘으로 외세를 물리치려고 했던 해인사의 팔만대장경처럼 호국불교의 역할을 했음을 알 수 있었어요. 해가 서쪽으로 지고 황홀한 석양의 하늘을 수놓으며 하산하라고 손짓합니다. 바위산을 내려오니 주차장 쪽 오른편에 불교 박물관 Buddhist Museum이 있어요. 황금빛으로 빛나는 큰 좌불이 물고기 이빨이 드러난 좌대 위에 앉아서 오가는 속세 사람들에게 나라에 충성하라는 메시지를 던지고 있었어요. 이 좌불이 30미터의 높이로 세계에서 가장 큰 좌불이라고 하는데 중국에서 이보다 더 큰 좌불을 본 기억이 있어서 고개를 갸우뚱 하며 내려 왔어요.

잠깐! '헷갈린다'는 말을 프랑스어로는 알쏭달쏭, 독일어로는 애매모호, 일본어로는 아리까리, 아프리카어로는 긴가밍가, 중국어로는 갸우뚱이랍니다.

사자바위 시기리야

사자바위로 향하는 길

담불라 황금사원에서 저 멀리로 보였던 사자바위라 불리는 시기리야Sigiriya로 갔어요. 시기리야는 높이 370미터 화강암 봉우리의 가파른 정상에 있는 도시로 사방이 정글로 둘러싸여 있습니다. 이 시기리야 요새를 멀리서 보면 사자처럼 생겨서 사자바위Lion's Rock라고 부릅니다.

시기리야는 5세기 후반에 이곳을 통치하던 카샤파Kasyapa 왕이 세웠답니다. 이 가파른 바위 위에 왕궁을 왜 세웠는지 궁금합니다. 아버지를 살해하고 억지로 왕좌에 오른 젊은 왕자는 동생의 복수가 두려워 이 요새 같은 성을 쌓았는데 완전 비정상입니다. 이렇게 아무도 없는 황량한 곳에서 고독을 씹으며 권력을 손아귀에 넣은 젊은 왕자는 왜, 무엇 때문에 이 바위산 꼭대기에 화려한 궁전을 지었을까요?

어떻게 이 바위산 꼭대기의 궁전이 우리에게 모습을 드러냈을까요? 영국이 스리랑카를 다스리던 1875년에 영국의 한 장교가 우연히 망원경으로 이 바위산을 보다가 '시기리야 레이디' 벽화를 처음으로 발견했어요. 이 시기리야 레이디는 스리랑카 대표 예술로서 세계적으로 알려져 있습니다. 원래는 약 500명의 미녀 벽화가 있었는데 1400년의 세월을 거쳐 오는 동안 대부분은 사라지고 지금은 18명의 미녀 벽화가 보는 이들의 가슴을 설레게 합니다. 오래되었지만 비교적 선명한 색채의 벽화는 미친 왕의 업적이지만 예술적으로 승화된 최고의 걸작품입니다.

스리랑카를 방문하면 꼭 봐야 하는 버킷리스트 중 첫 번째인 시기리야가 왕도로 사용된 기간은 단지 11년입니다. 이전에는 스님들의 수행 장소로 사용되었어요. 인간의 야망과 슬픔으로 얼룩진 시기리야는 현대에도 지구 어느 편에서는 반복되고 있는 역사일 수 있습니다.

시기리야에 왕궁을 세운 카샤파^{Kasyapa} 왕은 459~477년에 아누라다푸라를 통치하며 넓은 저수지를 건조한 다투세나^{Dhatusena} 왕의 장남이었어요. 카샤파에게는 이복동생 목갈라나^{Moggallana}가 있었어요. 목갈라나의 엄마는 왕족 혈통이고, 카샤파의 엄마는 평민 출신이라서 목갈라나에게 왕위를 빼앗길 것이라고 생각해서 아버지 다투세나 왕을 감금하고 왕위를 박탈했습니다. 동생 목갈라나는 형의 이런 행동을 증오하며 인도로 망명했어요. 카샤파는 아버지에게 감춘 재산을 모두 내놓으라고 하니 아버지는 자신이 건설한 칼라웨와$^{Kala\ Wewa}$ 저수지를 가리키며 이것이 내 재산의 전부라고 했어요. 이에 원한을 품은 카샤파는 부하를 시켜 아버지 다투세나 왕을 살해합니다. 이후 동생 목갈라나의 보복이 두려워 이 깎아지른 바위산 위에 7년에 걸쳐 궁전을 짓게 되었답니다.

이복동생 목갈라나는 11년 후 인도에서 군대를 이끌고 드디어 형에게 복수하러 쳐들어왔어요. 형제간의 전투가 한창일 때 카샤파가 탄 코끼리가 기우뚱하며 수렁에 빠지자 카샤파 군대는 카샤파를 두고 도망갑니다. 혼자 남은 카샤파는 단검으로 목을 찔러 자살을 하게 됩니다. 목갈라나는 시기리야 궁전을 불교 승려들에게 기증하고 수도를 다시 아누라다푸라로 옮겼어요.

스리랑카 사람들은 세계 7대 불가사의에 시기리야를 추가하여 세계 8대 불가사의로 부른답니다. 시기리야는 전설과 역사

그림으로 그린 사자바위

와 소문이 혼합되어 전해 내려오고 있어요. 카샤파는 아버지 다투세나 왕을 산채로 매장해 살해하고 스스로 왕이 된 인물입니다. 시기리야는 카샤파가 동생 목갈라나의 보복에 두려움과 불안에 떨던 도피처였던 셈입니다.

호텔에서 아침 식사를 하고 릭샤를 타고 시기리야로 갔어요. 우뚝 솟은 사자바위는 멀리서도 잘 보입니다. 입구에는 울창한 넓은 정원이 연못과 함께 있어요. 입구에 있는 박물관에서 입장권을 샀어요. 입장료가 30달러입니다. 릭샤 운전사의 월급이 40만 원 정도이고 중견공무원의 월급이 70만 원 정도이니 입장료 36,000원은 상당히 비싼 편입니다. 현지인들의 입장료는 2,000원 정도로 훨씬 저렴합니다. 스리랑카는 관광수입이 국가의

물의 정원

주요 수입원이기도 합니다. 박물관은 3층으로 아담한 편인데 시기리야 유적에서 출토된 불상, 무기, 장신구, 화폐 등이 전시되어 있어요.

박물관을 나와 성벽 아래로 흐르는 해자를 건너 바위산으로 들어갔어요. 산기슭에는 정원과 시가지 유적들이 세월의 적막함을 말해 주고 있네요. 연못과 수조, 왕의 목욕탕이 있어서 그런지 물의 정원이라고 부릅니다. 물의 정원을 지나 바위산에 가까이 갈수록 여러 갈래의 숲속 길들이 하나로 모이게 됩니다. 서서히 계단의 각도가 가팔라지기 시작합니다. 중간 중간에 만나는 신비스러운 바위들의 모양과 개울들이 정겹습니다.

시기리야 박물관과 사자바위 중턱에서

오늘은 시기리야를 방문하는 날이라 평소보다 일찍 잠에서 깼어요. 일단 호텔 주위 마을을 산책했는데 시골 마을 같았어요. 호텔 정원에는 파파야 나무에 푸른 열매들이 달렸네요. 한국의 피마자 나무의 잎과 모양이 비슷한데 작은 피마자 대신 주먹만 한 파파야 열매 여러 개가 주렁주렁 달렸어요. 빛깔을 보아서는 아직 덜 익은 것 같았어요. 정원의 연못에는 형형색색의 금붕어들이 뛰놀고 있습니다. 정원의 가장자리에 있는 나무 그늘 아래에는 개미들이 집을 지었는데 높이가 1.5미터

개미집

는 족히 넘는 것 같습니다. 오래 전 케냐에 갔을 때 개미집들이 우리 키보다 훨씬 높은 단단한 흙집을 지은 것을 보고 개미들의 위대함에 경의를 표한 기억이 떠오릅니다. 개미집에는 구멍들이 있어서 흙기둥 안은 시원하답니다.

아침 식사를 한 후 시기

정원 연못의 금붕어

리야에 도착하니 물의 정원의 풍경이 우리를 반겨줍니다. 시기리야는 바위 정상에 있는 왕궁이기에 이 물의 정원이 왕궁의 해자 역할을 하는 것 같았습

물 속에 뿌리를 둔 나무

니다. 연못처럼 푸른 물풀들이 자라고 버드나무 같은 수령이 오래된 나무들이 뿌리는 물속에 있어서 물속에도 나무가 그대로 비치어 대칭을 이룹니다. 우리나라 청송에 있는 고 김기덕 감독님이 찍은 춘하추동 사계절의 장소인 주산지에서 본 장면이 그대로 연출되었어요.

　박물관 앞 매표소에서 티켓을 끊어서 일단 박물관으로 들어갔어요. 우와! 앗 깜딱이야! 웬 19금 그림들이 쫙 나타납니다. 일단 두 손으로 눈을 가리고 주위를 살펴 바로 옆에 다른 사람이 없음을 확인하고 손가락 사이로 야한 그림을 보았답니다. 저 이렇게 순진하고 이중적입니다. 안 믿으시겠지만요. 저의 속내를 들켰네요. 😜 시기리야 바위 중턱에 있는 벽화를 한 곳에 모아 그려 놓았습니다. 잘록한 허리에 풍만한 가슴이 돋보이는 여인들의 벽화입니다. 모든 여인들이 상의를 입고 있지 않아요. 엄청 큰 보석이 박힌 목걸이와 팔찌를 차고 머리에는 왕관 혹은 족두리 같은 것을 쓰고 있어요. 온화하면서도 웃는 듯 웃지 않는 표정 등이 1000년이 넘었는데도 그대로 느껴집니다. 바위 중턱의 벽화가 풍화작용 등으로 많이 마모되고 퇴색되어 500여 명의 여인 벽화가 18명의 벽화만 남아 있고, 그나마 남은 벽화들도 퇴색되어 사라지고 있어서 이렇게 실내에 다시 재현해

놓은 것 같았습니다. 이 벽화들 앞에 더 오래 머물고 싶지만 밀려드는 관광객들의 시선이 신경 쓰여 본심과는 다르게 아쉬움을 뒤로하고 야한 벽화에는 별로 관심이 없는 척하며 발길을 다음 방으로 옮겼어요. 1000년이 넘은 이 위대한 예술품에 야한 벽화로 평가절하한 저의 무식과 엉큼한 속마음을 용서해 주세요.

　풍만한 여인들의 벽화가 있는 다음 방으로 가니 서울 암사동의 선사유적지에 온 분위기입니다. 일단 싸리나무로 만든 통발과 나무와 짚으로 지은 움막집, 흙집, 흙으로 만든 곡식 보관 독, 타원형의 맷돌, 토기와 호리병, 머리에 짐을 이고 겨드랑이에 물통을 찬 여인과 농부의 밀랍인형, 시기리야와 정원을 그린 그림 등등이 소박하게 전시되어 있습니다.

　박물관을 나와 물의 정원을 지나니 눈앞에 큰 바위산이 우뚝 나타납니다. 지금부터 계단과 바윗길이 계속 이어집니다. 바위틈 사이로 좁은 길이 있어요. 바위는 마치 한국의 휴전선 가까이에 가면 길옆에 큰 바위처럼, 비상시에 굴리면 길을 막아 북으로부터의 탱크를 저지하는 그런 용도의 돌들로 보입니다. 바위산을 둘러싼 성벽도 산허리 부분에 축조되어 있어요. 큰 바윗돌로만 높이가 5미터에 달해요. 그야말로 철옹성입니다.

이제 본격적으로 바위산을 오르려는데 입구에 커다란 사자 발톱이 나타납니다. 시기리야 사자산의 사자 발톱이 입구 역할을 하고 있습니다. 이 사자 발톱은 왕궁을 지은 왕이 자신의 치세를 높이기 위해 사자 모양으로 발을 만들었어요. 양쪽 사자 발톱 사이를 지나 정상을 향해 얼마를 지나면

바위를 쪼아 평평한 면을 만들어 그린 어마어마하게 큰 벽화들이 나옵니다. 테라스도 있어요. 관광객들을 위해 조금 부실해 보이는 나선형의 철

계단을 통해 올라가며 가슴이 풍만한 여인들의 벽화를 감상할 수 있습니다. 뻥 뚫린 산 아래의 밀림과 물의 정원 풍경이 일품입니다. 산 아래의 풍경을 감상해야 할지 아니면 벽화의 여인들을 감상해야 할지? 어떤 광경을 저는 보았을까요? 당연히 허리가 잘록하고 가슴이 풍만한 여인들의 그림을 보았을 것이라고 추측이 되지요? 아니예요. 저를 지금 어떻게 보고 그렇게 생각하시는지요? 간단합니다. 저는 둘 다 번갈아가며 보았어요. 아! 그런데 세퍼드처럼 잘생긴 검은 개 한 마리가 평평한 난간에 앉아 산 아래 물의 정원과 시원한 밀림 숲을 감상하고 있어요. 완전 개 팔자가 상팔자입니다. 조금만 더 오르니 이번에는 계단의 난간 철망 위로 원숭이가 걸어갑니다. 이어지는 평평한 난간에는 원숭이 가족이 바나나를 먹으며 한가한 시간을 보내며 산 아래의 비경을 감상하고 있어요. 바로 옆으로 지나가는 관광객들에게는 전혀 관심이 없는 것 같아요. 저는 이 아름다운 풍경을 몇 시간만 볼 수 있는데, 이 개와 원숭이는 천하절경을 항상 누린다는 생각을 하니 이 개와 원숭이들이 부럽기만 합니다.

시기리야 정상의 왕궁

　시기리야 사자바위 정상을 오르는 계단은 지그재그 Z자 형이고 난간은 어설픈 철망으로 되어 있네요. 혹시나 천하의 절경에 감탄하여 뛰어 내리거나 지나온 세월의 무게를 못 이겨 점프를 하려는 사람들의 돌출행동을 방지하려는 의도가 보이지만 만약의 실수를 대비한 것이겠죠. 드디어 정상에 오르니 바위로만 된 평지가 나올 줄 알았는데 흙벽돌로 쌓은 계단식 밭과 같은 장면이 연출되었어요. 이 계단들을 지나니 평평한 바위 정상이 나옵니다. 수많은 관광객들이 사방으로 뻥 뚫린 경치를 감상하고 있어요. 인종 전시장 같습니다. 백인, 흑인, 황색 인종 등등 다양한 사람들이 무리를 지어 이 방향 저 방향으로 각자의 소리들이 방언들의 합창으로 들립니다.

　여러 인종 중에서 저는 저와 비슷한 동양인에 관심이 더 갑니다. 열대여

사자바위 정상의 모습

사자 바위 정상에서

섯 명의 중국인들이 바로 눈에 들어옵니다. 어떻게 중국인인지 알았냐고요? 이래봬도 제가 경희대학교에서 중국 유학생 교회 담임목사로 섬긴 지가 십수 년이 되다 보니 중국어가 바로 들렸어요. 서당 개 삼 년이면 라면도 끓인다는 말이 있잖아요? 아닌가? 풍월을 읊는다고 했나? 🙂 암튼 오지랖 넓은 제가 가만히 있을 수가 없죠. 중국인들 중에서 씩씩해 보이는 빨강 티셔츠 청년에게 중국 어디서 왔냐고 물었어요. 상하이 지방에서 온 회사원들이라고 했습니다. 인센티브 여행이랍니다. 우리들처럼 아누라다푸라와 폴론나루와를 거쳐 여기까지 왔답니다. 무슨 언어로 말했냐고요? 당연히 한국말이 아닌 중국말로 했지요. 제가 어설픈 중국어로 말하니까 신기한지 적극적으로 말을 걸어왔어요. 잠깐! "화장실이 어디입니까?"를 중국어로 한다면 어떻게 할까요? "워따 똥싸?"라고 할 때 발음이 중요합니다. 🙂 단체 사진을 찍을 때에 저도 중국인들 사이에 넣어 촬영을 해 주었어요. 꽤 넓은 평평한 바위산 위에서 이들과 시간을 함께 한 후 왕궁의 이곳저곳을 살펴보았어요.

계단식 구조와 산 정상에 세운 왕궁이 페루의 마추픽추^{Machu Picchu}와 흡사합니다. 어떻게 이렇게 산꼭대기에 왕궁을 만들 수가 있었을까? 마추픽

정상의 모습들

추만 불가사의가 아니라 시기리야도 불가사의합니다. 마추픽추는 거의 돌로 된 구조물에 큰 나무들은 거의 없었는데 시기리야는 통 바위산 위이지만 정상에는 흙벽돌의 계단과 잔디밭 그리고 꽤 큰 나무들이 있어서 그늘도 제공해 주었어요. 마추픽추에는 연못은 없고 쫄쫄 흐르는 도랑이 있었는데 시기리야에는 네모난 큰 저수지가 있어요. 가로 세로가 60, 80미터 정도 되었어요. 저수지에 비친 왕궁 터의 모습이 장관입니다. 호수로 불러도 되겠어요. 호수에 비친 흙벽돌 계단과 나무들이 인상적입니다. 이 저수지의 용도가 무엇이었을까? 아마 빗물을 모아 용수로 쓰고 목욕물로도 사용했겠지요? 수영을 했는지는 모르겠어요. 마추픽추처럼 시기리야에도 왕궁의 지붕은 없고 터만 남아 있어요. 전체 넓이도 마추픽추와 시기리야가 비슷해 보입니다. 마추픽추에서는 이어지는 옆 산으로 등반할 수 있었는데 시기리야는 하나의 바위로 이루어져 사방이 낭떠러지입니다. 건너편에는 설악산의 흔들바위처럼 생긴 큰 바윗돌이 굴러 떨어질 것 같은 장면을 볼 수 있어요.

넓지 않은 왕궁을 이리저리 둘러보았어요. 잔디밭에는 관리인들의 숙소로 보이는 움막집이 있는데 지붕은 갈댓잎 같은 풀로 덮었네요. 가까이

정상에서 바라보는 풍경   왕의 의자

　가서 보니 쓰레기 자루 등과 물품들이 보관되어 있어요. 또 한쪽 귀퉁이에는 아래 지상에서 바위 위로 물품을 나르는 도르래 시설이 있고 관리인이 사진 모델이 되어 주며 팁을 달라고 합니다. 또 그 바로 옆에는 조그맣고 네모난 웅덩이가 있는데 수초와 연꽃이 피었어요. 나그네의 피로를 작은 웅덩이의 연꽃이 풀어 주고 있어요. 큰 저수지 옆에는 돌로 된 큰 의자가 있어요. 아마 왕이 저수지와 건너편의 산을 보며 휴식을 취한 자리로 보입니다. 착석 금지를 뜻하는 그림 푯말이 있고, 영어로 'THRONE'라고 적혀 있어서 왕의 의자인지를 알 수 있었어요. 누워도 될 만한 크기의 돌 의자입니다.
　시기리야 정상에서 사방을 보니 아래에는 물의 정원이 보이고 녹색의 밀림, 늪으로 보이는 물이 고인 넓은 한국의 우포늪처럼 보이는 곳도 있네요. 이렇게 시기리야 정상에서 한참 시간을 보낸 후 하산하기 시작했어요. 지그재그의 계단을 내려오니 다리가 후들후들거립니다. 오를 때는 미처 보지 못했던 암벽의 속살을 볼 수 있네요. 자연이 빚은(이거 한국의 전통 떡의 브랜드인데) 아름답게 물결치는 세월의 무늬를 볼 수 있습니다. 오를 때와 또 다른 풍경이 펼쳐집니다.

　시기리야 사자바위를 거의 다 내려와 물의 정원으로 내려가는 바위 사이의 길이 정겹습니다. 코브라 머리를 닮은 높이 10미터나 되는 바위가 저의 머리 위에서 내려다보고 있는 것 같아요. 우와! 무서워요. 이 오싹함은 무더위를 날려 버릴 수 있어서 위안이 됩니다. 내려오며 올려다 보이는 시기리야는 진짜 사자를 닮아 위용이 넘치는 스리랑카의 기상을 느낄 수 있습니다. 저 강인한 바위산 위에는 부드러운 흙벽돌 계단과 잔디 정원, 저수지, 아담한 웅덩이의 연꽃, 간간이 서 있는 큰 나무 등의 풍경들을 저는 영원히 간직할 것입니다.

사자바위 시기리야 건너편 피두랑갈라

시기리야를 내려오며 미러 월을 지나서 서쪽 방향으로 반 정도 하산하니 카샤파 왕이 회의를 열었다는 사각형의 돌 광장이 있고 옥좌의 흔적도 남아 있어요. 회의당에서 좀 더 내려오면 코브라가 삐죽 머리를 치켜세운 고대 회화의 흔적이 희미하게 남아 있습니다. 세월에 빛이 바래서 코브라 머리가 우리를 오싹하게 하지는 못했지만 이번에는 머리 위에서 큰 코브라가 저를 내려다보고 있어요. 아! 깜짝이야! 자연석 바위가 코브라를 너무너무 닮았어요. 높이가 족히 10미터는 넘을 것 같아요.

이렇게 시기리야를 다녀와 호텔에서 점심 식사 후 휴식을 취한 뒤 시기리야 정상에서 보았던 건너편의 흔들바위가 있던 피두랑갈라Pidurangala로 갔어요. 도로변에 있는 연못의 연꽃이 붉은 색으로 활짝 웃으며 나그네의 시름과 피곤을 싹 씻어줍니다. 그리고 보니 제가 본 양수리의 세미원이나 중국 우한 동호에서 본 연꽃들은 대부분 흰색이었는데 여기는 붉은 연꽃이네요. 신기하기만 합니다. 피두랑갈라는 시기리야 사자산과 닮은 쌍둥이 암봉巖峰이라고 할 수 있어요.

입구에는 사원이 있어요. 입장료는 500루피로 시기리야에 비해 훨씬 저렴한 가격입니다. 입장료 차이만큼 돈을 벌었다는 생각이 드네요. 사원을 지나자마자 바로 가파른 산행이 시작됩니다. 오전에 시기리야의 암벽을 등반했는데 오후에도 공수훈련 같은 산행입니다. 땀이 비 오듯이 육수가 좍좍 흘러내립니다. 숨이 턱밑까지 헉헉 찹니다. 이 암봉의 기슭에 큰 와

불님이 "나처럼 누워서 쉬어 가게나!" 하며 손짓을 합니다. 잠시 와불을 보며 사진도 찰칵! 와불의 얼굴 부분을 보니 벽돌로 와불을 만들었음을 알 수 있었어요. 몸 부분은 흰색으로 칠했어요. 산 아래의 풍경이 기가 막힙니다. 신선이 따로 없습니다. 이 맛에 등산을 하는 것 아니겠습니까?

다시 바위틈을 헤집으며 때로는 네 발로 기어서 오르기도 하고 앞 사람의 엉덩이가 머리에 닿기도 합니다. 정상에 닿기 바로 전에 우리 키만큼 높은 돌판을 올라서야 합니다. 서로 밀어주고 끌어주며 드디어 피두랑갈라 정상에 올랐어요. 우와! 천지가 개벽했어요. 오전에 오른 시기리야보다 더 눈이 부십니다. 크지 않은 사원의 흔적이 있네요. 건너편에는 시기리야 사자바위가 선명하게 보입니다. 바위산 정상이라 바람이 시원하게 불어 땀을 식혀 줍니다. 어릴 때 부르던 노래가 절로 나옵니다. "산 위에서 부는 바람, 시원한 바람, 그 바람은 좋은 바람, 고마운 바람~" 오래전에 가수 김범룡 씨가 부른 "그대 이름은 바람, 바람, 바람, 왔다가 사라지는 바람"의 바람은 차원이 다른 바람이지요? 암튼 피두랑갈라 정상에 부는 바람은 땀뿐만 아니라 마음까지도 깨끗하게 씻어 주는 고차원적인 바람입니다.

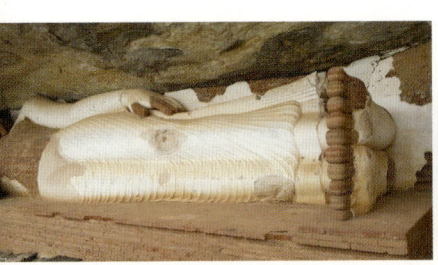

와불

건너편으로 보이는 사자바위

피두랑갈라 정상과 흔들바위

피두랑갈라 정상은 평평하고 넓은 통바위입니다. 이쪽저쪽 사방의 경치를 감상하다 보니 어디선가 눈에 익은 큰 둥근 바위가 나타납니다. 곧 굴러 떨어질 것처럼 바위 경사면에 걸쳐 있어요. 인도 마말라뿌람Mamallapuram에서 본 흔들바위, 설악산의 흔들바위와 비슷합니다. 한 번 밀어보았어요. 꿈쩍도 하지 않았지만 흔들거린다는 손맛을 느낄 수 있었어요. 건너편 시기리야 바위산과 함께 볼 수 있어서 두 바위를 한 화면에 담아 사진도 찰칵! 했어요.

피두랑갈라 정상에 누워 파란 하늘을 천장 삼아 잠시 신선이 되어 봅니다. 관광객들도 백인, 흑인, 황인종 등등 유럽과 미국 그리고 아시아계까지 다양합니다.

그런데 저 멀리서 하얀색의 의상에 공주 같은 여성이 눈길을 끕니다. 어느 별에서 온 공주인가? 관광객들의 시선이 그 여인에게 집중됩니다. 그 여인도 여기가 시원한지 풍경과 바람에 한 폭의 그림이 되었네요. 평평한 넓은 바위 위를 이리저리로 다니며 풍경을 감상하다가 바위의 가장자리에 앉았어요. 아래에는 연못이 있네요. 바위의 정상과 연못 그리고 한 여인이 만들어내는 장면은 한 폭의 그림입니다.

피두랑갈라에서 하산하여 호텔로 돌아오는 길에 마사지 집에 들러 오늘 오전과 오후 시기리야와 피두랑갈라를 오르내리며 쌓인 피로를 풀었어요. 태국, 필리핀, 베트남의 마사지와는 조금 다른 것 같았어요. 좋고 나쁘다기보다 특색이 다릅니다.

오늘은 호텔에서 저녁 식사로 바비큐 파티를 준비했네요. 어두운 호텔 정원에 반딧불이 오가고 숯불에 바비큐가 익어가고 노래방 기구에서는 음악이 흘러나옵니다. 시기리야의 밤은 깊어가고 중국 노래와 팝송 그리고 7080가요를 부르며 일행들과 처음으로 음악으로 하나가 되었어요. 흥겹게 함께 춤을 추며 즐거운 시간을 보냈어요. 화려한 시설은 아니었지만 정원인 야외에서 반딧불을 보며 희미한 전등 불빛 아래에서 푸짐하고 싱싱한 음식들과 함께 자연과 하나가 됩니다. 기억에 남을 만한 추억을 만들었어요.

스리랑카의 실론티

담불라에서 이틀 동안 머물면서 시기리야와 황금 사원 그리고 밀림 정원 도시의 정취에 푹 빠졌어요. 이제 인구 150만 명의 스리랑카 제 2의 도시인 영국 풍의 캔디Kandy로 향합니다. 왠지 '캔디'라고 하니 달콤한 사탕이 연상되지요? 담불라에서 캔디로 이어지는 길은 2차선의 밀림 속 숲길로 이어집니다. 가로수와 숲을 이루는 나무는 고무나무랍니다. 숲이 얼마나 울창한지 짙은 녹음이 햇빛을 가려 때로는 어둠 속을 지나고 있는 착각이 들 때도 있습니다. 계곡도 지나고 구비치는 도로를 2시간 정도 달려 캔디를 20km 정도 남겨 두고 우리를 태운 버스는 언덕 비탈길을 오릅니다. 키리바스쿰부라로 불리는 작은 마을에 Geragama Tea Factory가 있네요. 4층 건물이 실론티를 생산하는 차 공장입니다. 차 공장을 견학하기 전에 2층에서 실론티를 시음하며 실론티의 유래와 차 공장에 대한 설명을 들었어요.

실론은 스리랑카의 옛 이름입니다. 스리랑카가 유럽 식민지화한 것은

차 공장

14세기 포르투갈령 실론까지 거슬러 올라갑니다. 이후 네덜란드령 실론과 영국령 실론이 그 뒤를 이어갔습니다. 19세기 초까지 스리랑카의 내륙은 독립국인 캔디 왕국의 영토였어요. 1815년 캔디 왕국을 무너뜨린 영국은 스리랑카를 식민지로 삼아 플랜테이션 농업을 전국으로 확대시켰어요.

스리랑카의 전통적 특산물은 계피였는데 영국이 플랜테이션에 커피를 재배하기 시작하여 1870년에는 스리랑카가 세계 최대 커피 재배지가 되었어요. 그러나 커피 녹병으로 커피나무 잎이 붉은 빛으로 변하며 90% 이상 대부분 궤사되었어요. 그래서 커피 대신 고무나무와 차를 심기 시작하여 실론티의 기원이 되었어요.

1867년 스코틀랜드 출신의 농장주 제임스 테일러는 인도의 아삼Assam주에서 차나무 묘목을 들여와 룰레콘데라Loolecondera의 농장 19에이커에 차 플랜테이션을 조성했어요. 첫 해에 23파운드의 찻잎을 수확하여 영국 런던에 판매하기 시작했어요. 당시 홍차의 주요 산지는 중국과 인도였는데 스리랑카는 이들보다 저렴한 가격과 품질을 앞세워 오늘의 실론티가 되었어요.

게라가마 차 공장Geragama Tea Factory에 들어서니 녹색 찻잎이 가득 담긴 사각형의 철 바구니가 다음 공정을 기다리고 있었어요. 다음 단계로 이 찻잎을 푹 쪄서 말리는 것 같았어요. 계속 컨베이어벨트로 찻잎을 나르고 있어요. 마지막 단계에서는 녹색에서 검은색으로 변한 차를 분류합니다. 우리를 안내했던 아가씨가 각종 차들을 가지고 와서 시음을 하게 했어요. 생산지라서 그런지 녹차와 홍차의 맛이 신선했어요. 중국 윈난(운남) 성의

푸얼(보이)에 가서 푸얼차(보이차)와 커피 만드는 공장을 방문한 적이 있었는데 그때처럼 차와 커피를 만드는 데 상당한 정성이 들어간다는 것을 느꼈어요.

스리랑카 차 협회에서 실론티의 품질 보증의 상징으로 칼을 문 사자 문양에 실론티라는 문구가 새겨진 깃발을 사용하고 있습니다. 기념품 매장에는 이 차 공장에

차 공장의 이모저모

서 생산되는 다양한 차 상품들을 전시해 놓고 팔고 있어요. 실론티가 스리랑카 전역에서 생산되는 줄 알았는데 그렇지 않습니다. 스리랑카의 남서부 지역에서만 차가 생산됩니다. 우리나라에서도 하동이나 보성에서 차가 생산되는 것과 같아요.

실론티가 재배되어 어떠한 생산 공정을 거쳐 상품으로 되는지를 견학하고 다시 차에 올라 20분 남짓 숲길을 달려 캔디에 도착했어요. 캔디는 영국 식민지 시절에 핵심 거점 도시였어요. 시내로 들어서니 하얀색 계통의 영국 풍 건물들이 즐비했어요. 이 아름다운 흰색 건물들의 90% 이상은 영국인들에 의해 건설되었어요. 시내 중심가에 왕궁과 총독부 관저 등 식

민 시절의 건물들이 우아한 자태를 뽐내고 있습니다. 언덕 위의 별장처럼 보이는 저택은 아마 식민 시절의 관료들이 살았던 것으로 짐작됩니다.

왕궁 옆에는 큰 호수가 있는데 이 호수는 싱할라 왕조 때 생활과 농업용수를 얻기 위해 만든 저수지입니다. 이 호수를 캔디 호라고 부릅니다. 호수 주변이 중심지라서 버스 정류장에 여러 버스들이 정차합니다. 신기한 것은 이 버스에 남자 차장이 버스 탑승료를 받고 있습니다. 제가 어릴 때 버스에 여자 안내원이 버스 회수권이나 돈을 받은 기억이 새롭습니다.

캔디 호를 따라 가면 왕궁이 나오고 왕궁 안에는 유명한 불치사가 있어요. 왕궁은 높은 산으로 둘러싸인 캔디 분지의 남쪽 언덕에 자리 잡고 있어요. 해발 395미터의 캔디 분지 중앙을 마하웰리 강Mahaweli River이 흐르고 있어서 강을 따라 캔디 시가지가 형성되어 있어요. 지금은 퀸즈호텔로 사용되고 있는 총독부 관저 앞에 왕궁의 정문이 있어요. 영국이 캔디를 점령한 후 왕궁 앞에 총독부를 세웠음을 알 수 있어요. 일본도 서울의 경복궁 바로 앞에 조선총독부 건물을 지었잖아요?

퀸즈 호텔

캔디 호

캔디의 불치사

　유네스코 세계문화유산으로 지정된 캔디! 부처님의 치아 사리를 모신 사원이 있는 캔디는 성스러운 도시로 가장 스리랑카다운 도시입니다. 캔디의 시가지는 표고 304미터의 완만한 산들로 둘러싸인 좁은 분지에 자리하고 있어요. 싱할라 왕조가 남인도의 침략자들로 인해 수도가 아누라다푸라에서 폴론나루와로, 다시 캔디로, 남쪽으로 밀려 천도하여 마지막으로 선택한 곳이 바로 이 캔디입니다. 캔디는 분지여서 산들이 적으로부터 침략을 막을 수 있는 유리한 장소입니다. 영국에게 멸망하기 전까지 300년 이상 세월 동안 싱할라 문화를 꽃피웠어요.

　캔디의 대표적 명소는 부처님의 왼쪽 어금니가 안치되어 있는 8각형의 달라다 말리가와^{Dalada Maligawa}인데, 불치사라고 합니다. 캔디 왕궁을 사찰로 개조했어요. 7~8월에 있는 페라헤라^{Perahera} 축제 기간이 되면 모조 불

불치사

치를 코끼리 등에 실어 시 전역을 도는데, 그 뒤로 전통 음악과 가무를 하는 성대한 행렬이 펼쳐집니다.

불치사는 Temple of the Tooth는 캔디 호반의 차분한 정취를 풍기며 옅은 황색 벽에 갈색 지붕을 한 싱할라 건축 양식의 팔각형 불당으로 주위와 조화를 이루고 있어요. 불치사 안에 봉안되어 있는 불치는 기원전 543년 인도에서 석가모니를 화장할 때 입수한 것을 4세기경 인도의 카링가 왕자가 머리카락 속에 감추어 실론으로 갖고 와서 아누라다푸라에 봉안했어요. 남인도의 침략으로 수도를 남쪽으로 옮길 때마다 불치도 함께 옮겨 마지막으로 1590년 캔디 왕 위말라다르마수리야 1세 Vimaladharmasuriya I (1590-1604) 때 캔디에 2층 건물의 사원을 지어 봉안했어요. 수리야 1세의 3대 후인 싱하 Singha 왕이 사원을 개축하여 현재에 이르고 있어요.

불치사 앞 광장에 큰 나무들이 있는데 황색의 열매가 익어 검은색의 씨앗을 토해내고 있어요. 불치사로 들어가려면 총을 든

불치가 봉안된 곳

군인들의 삼엄한 검문을 통과해야 합니다. 몇 년 전 한 이슬람교도가 교회로 진입하여 자살 폭탄을 터뜨려 수 백 명의 희생자를 낸 이후로 이렇게 종교 간의 긴장이 완전군장을 한 군인들의 표정에서도 나타납니다.

궁전의 검문소 옆에 팔짱을 낀 동상이 서 있는데, 이 분은 스리랑카 근대 불교 부흥운동의 핵심 인물인 아나가리카 다르마팔라Anagarika Dharmapala, 1854~1933 스님입니다. 이 스님은 영국 제국주의의 불교 탄압에 맞서 불교 민족주의를 제창했어요. 당시 영국 통치자들은 불교를 하나의 미신으로 여기고 사찰 소유의 토지 몰수령을 내리고, 사찰에서의 교육을 금지시켰으며 사찰 내에 일반인을 거주하게 했답니다. 스님들에게 계를 주는 의식의 맥까지 끊길 정도였으니 불교의 탄압 정도가 얼마나 심했는지를 알 수 있어요.

화려했던 옛 궁전은 불치사와 박물관으로 개조되어 옛 영화를 말해 주고 있어요. 궁전 내부에는 왕과 왕실의 생활상을 알 수 있는 욕조 등의 유물들이 전시되어 있어요. 뒤쪽의 별실이 불치사 사원구역입니다. 스리랑

카의 최고 성스러운 보배인 불치가 있어서 스리랑카가 2000년 긴 세월 동안의 왕권을 이어오는 데 핵심 역할을 했어요.

불치에 대한 기록을 중국 동진의 법현法顯(337~420) 스님이 남겼어요. 그는 399년에 일행 10여 명과 함께 동진을 떠나 중앙아시아를 거쳐 인도에서 8년간 불교 유적을 순례하고 산스크리트어도 배웠어요. 그 후 사자국인 스리랑카로 건너와 2년간 체류했어요. 그리고 인도네시아 수마트라 지역를 거쳐 해로를 통해 중국 산둥반도로 돌아왔답니다. 법현 스님은 방문했던 사자국과 관련된 기록들을 자신의 저서 〈불국기佛國記〉에 남겨 놓아서 현재 잘 알 수 있어요.

2층에 모셔진 불치 앞에 참배객들이 진지한 표정으로 무릎을 꿇고 예불과 공양을 드리고 있습니다. 불치는 금빛 찬란한 문간 너머 보탑의 은밀한 공간에 모셔져 있어요. 불치를 모신 보탑의 사진이 패널로 전시되어 있어서 일곱 번 껍질을 벗겨야 세상에 나올 수 있는 그 구조를 유추할 수 있습니다.

민속 공연

　부처님의 왼쪽 어금니 치아 사리를 모신 성소를 나와 회랑으로 연결된 옆 건물의 박물관으로 발길을 옮겼어요. 황금으로 된 법구와 은과 동으로 된 호화찬란한 유물들이 눈길을 사로잡습니다. 부처님의 치아 사리의 이미테이션도 전시하고 있어서 부처님의 치아도 우리들의 치아와 비슷함에서 동질감도 느꼈어요. 이러면 우리가 부처님과 동급이 되는 건가? 그렇진 않겠죠? 어릴 때 부모님이 저의 젖니를 실에 묶어 이마를 툭 치자 저는 울었고, 뽑은 치아를 지붕 위로 던진 기억이 떠오릅니다. 그 젖니를 찾을 수 있다면 얼마나 좋을까 하는 엉뚱한 생각도 해봅니다.
　불치사를 나와 스리랑카 전통 민속공연장을 찾았어요. 화려한 색상의 의상을 걸친 청춘남녀들이 전통악기인 타악기를 두드리고 춤추고 노래하는 신명나는 열정의 도가니가 이어졌어요. 수많은 관람객 중에서 제가 무대 위로 불려나가 그들과 함께 율동을 하며 신나는 시간을 보내며 잊지 못할 추억을 만들었어요. 이렇게 가장 스리랑카다운 도시, 캔디에서의 마지막 밤이 깊어갑니다.

코끼리 고아원과 갈레의 고래 구경

역사와 낭만의 도시 캔디를 떠나 스리랑카 남부의 주요 도시인 갈레Galle를 향하여 가는 도중에 피나왈라Pinnawala의 Elephant Bay Hotel에 여장을 풀었어요. 한적한 시골 마을 강가에 호텔이 자리하고 있어요. 호텔의 이름에서 알 수 있듯이 코끼리 고아원이 호텔 강가에 있어요. 4~5층의 깔끔하고 여백의 미가 있는 호텔로 큰 야외 수영장과 온갖 꽃들로 잘 가꾸어 놓은 정원이 매력적입니다.

코끼리 고아원Elephant Orphange이라! 궁금하죠? 코끼리 유치원이라고 불러도 될 것 같아요. 오전 11시쯤 되니 어디서 나타났는지 수십 마리의 야생 코끼리들이 호텔 옆 강으로 몰려듭니다. 강 너머에서 오는 코끼리도 있고, 호텔이 있는 마을의 골목을 통과해서 오는 코끼리도 있어요. 엄청 큰 코끼리가 옆을 지나갈 때면 관광객들은 마을 담장 위로 피하기도 합니다.

강가에 수십 마리의 코끼리들이 바위틈과 강의 웅덩이에 모이자 윗옷을 입지 않은 청년이 긴 호스로 코끼리 등에 물을 뿌려줍니다. 코끼리들은 시원한 물을 맞으며 즐거운 표정을 짓습니다. 매일 이 시간이면 이렇

게 코끼리 샤워 시간을 가 진답니다. 어떤 코끼리는 아예 벌러덩 누워서 물 세례를 받습니다. 여기서는 코끼리 팔자가 상팔자입
니다. 샤워가 끝나면 코끼리들은 각자가 온 곳으로 흩어집니다. 기념품점에는 코끼리 똥으로 만든 신기한 종이 노트를 팔고 있네요. 일반 스케치북과 같습니다.

 피나왈라의 코끼리 고아원을 뒤로하고 스리랑카 남부의 주요 도시인 갈레로 가는 길이 고속도로입니다. 오랜만에 시원하게 뚫린 하이웨이를 달리니 제 마음이 뻥 뚫린 기분입니다. 버스가 코갈라 해변 Kogala Beach 의 바다와 바로 인접한 호텔에 우리를 내려줍니다. 호텔은 야자수 나무 숲과 바다를 바로 접하고 있습니다. 호텔 정원에 있는 꽤 큰 수영장에 코코넛 야자나무가 비치니 한 폭의 그림 같습니다. 호텔에서 방을 배정받아 객실

로 가니 방갈로 같은 단층의 객실입니다. 방안에서 바로 바다가 보이고 파도 소리가 철석! 하며 바로 귓가를 때립니다. 객실과

코갈라 해변

바다 사이의 거리는 불과 10미터 정도로 가깝습니다. 파도 소리와 바닷바람이 잠을 재촉합니다. 오랜만에 깊은 잠을 잤어요.

겨울이라고는 하지만 여전히 햇볕은 따갑고 기온은 30도를 오르내립니다. 해변을 따라 쭉 걸어가 보았어요. 스리랑카 사람들은 낚시를 바다 가운데 나무기둥 위에서 한 사람이 앉아서 합니다. 신기한 풍경입니다. 파도와 낚시 기둥에 매달려 고기를 낚는 모습이 한 폭의 그림이 됩니다. 객실에서 바다와 직결되는 문이 있어서 바로 바다에 몸을 담글 수 있어서 너무 좋습니다. 그늘 아래에서 독서와 내일의 여행 여정을 짜는 것도 신선 노름입니다.

오늘은 인도양의 최고 생태관광인 고래 구경을 가기로 했어요. 새벽 3시 30분에 일어나 세수를 하고 복장을 준비하여 호텔에서 나와 길가 정류장에서 5시쯤에 버스에 올랐어요. 버스 안은 출근하는 사람들로 붐볐습니다. 30분을 달려 버스에서 내려 릭샤로 갈아타고 6시 경에 부두의 선착장에 다다랐습니다. 간단한 승선 절차를 마치고 고래여행사에서 준비한 도시락을 받아서 배를 기다리며 계단에서 식사를 했어요. 들개가 앞에서 침을 흘립니다. 생선 조각을 던져주니 잽싸게 인사도 하지 않고 물고는 줄행랑을 놓습니다.

고래 유람선

　도시락을 다 먹기도 전에 동쪽에 정박한 선박들 위로 해가 떠오릅니다. 인도양의 일출을 직접 보다니 황홀하기만 합니다. 많은 선박들이 뱃고동을 울리며 망망대해로 고기를 잡으러 출항하고 있어요. 갈매기들도 머리 위로 춤을 춥니다.

　드디어 구명조끼를 입고 고래유람선에 탔어요. 유람선은 100명 정도 탈 수 있는 2층짜리 아담한 배였어요. 유람선이 망망대해를 30분 정도 달렸는데 주위에는 아무것도 없고 보이는 것이라곤 오직 일렁이는 파도뿐입니다. 그런데 얼마 지나지 않아 우리와 같이 고래를 보러 온 유람선이 20여 척이 있는 곳에 다달았어요. 우리 유람선도 속도를 죽이고 천천히 일렁이는데 저쪽 배에서 탄성과 환호가 터집니다. 우리 유람선도 재빨리 그쪽으로 뱃머리를 돌려 달려가니 고래가 나타났다가 꼬리 부분만 보입니다. 이번에는 다른 쪽에서 환호소리가 들립니다. 다시 우리 유람선이 뱃머리를 돌려 그쪽으로 가니 이번에는 고래의 몸통이 보이고 분수처럼 물을 뿜어내는 장면을 보며 찰칵! 했어요.

　하늘에서는 경비행기가 고래를 따라 창공을 날아다니며 고래 구경을 합니다. 이것은 관광 비행이지요. 우리는 유람선을 타고 고래 구경을 왔

물 뿜는 고래들

는데 저 사람들은 경비행기를 타고 고래 구경을 왔네요. 우리는 1인당 50달러 약 6만원을 내고 유람선을 탔는데 저 사람들의 관광 비용은 얼마일까? 궁금해집니다. 우리 유람선은 10여 척의 유람선과 함께 서로 연락을 주고받으며 고래가 출몰하는 곳으로 함께 항행하며 2시간 정도 인도양을 누볐어요. 스리랑카 사람들도 고래 고기를 먹을까? 한국에서는 가끔 고래 고기를 먹을 기회가 있었는데 부산 국제시장 인근의 고래 고기 식당에서 얇게 썬 하얀 고래 고기가 접시에 올라오면 기름장에 찍어먹은 기억이 납니다.

갈레의 이모저모

스리랑카는 포르투갈과 네덜란드를 거쳐 영국의 식민통치를 150년 동안 받았는데 갈레의 도심에서 포르투갈, 네덜란드 그리고 영국의 식민통치의 흔적을 고스란히 만날 수 있었어요. 이 세 나라뿐만 아니라 명나라 영락제 때 정화 제독鄭和(1371~1433)이 다녀갔고, 중국 동진시대의 법현法顯 스님(337~422)이 이곳을 다녀갔네요.

중국이 일대일로의 한 방편으로 스리랑카에 엄청난 투자를 한 흔적을 곳곳에서 볼 수 있어요. 중국 관광객도 많고, 중국어 간판도 쉽게 볼 수 있어요. 정화鄭和 제독과 법현 스님의 발자취를 읽을 수 있는 박물관도 있어요. 콜럼버스보다 무려 60~70년 앞서 중국 명나라에서 동남아시아, 서남아시아, 인도를 거쳐 아프리카까지 항해를 했어요. 무역과 조공 관계를 확립하기 위해서였답니다. 콜럼버스가 1492년 8월 스페인 팔로스 항구에서 중국과 인도를 찾아 떠날 때 배가 세 척에 선원이 120명으로 70일 후에 바하마 군도의 한 섬에 도착했어요. 이곳이 인도인 줄 알고 이곳 사람들을 인디언이라고 불렀답니다.

정화 제독은 크고 작은 배 200여 척에 선원 28000명을 태우고 30여 개국을 방문하며 무역과 친선 그

리고 조공 관계를 맺었어요. 콜럼버스가 찾던 중국과 인도를 엄청난 군단을 이끌고 아프리카까지 갔다니 정말 대단합니다. 콜럼버스와 정화 제독을 비교하면 정화 제독이 월등히 앞서고 위대하지만 세계의 역사는 유럽 중심이다 보니 우리는 콜럼버스만 기억합니다. 정화 제독은 스리랑카에 다섯 번 방문했는데 두 번째 방문 시 갈레를 방문했어요. 그 기념으로 이 박물관이 있어요. 박물관에는 정화 제독의 항해도와 세라믹 주전자와 접시 그리고 엽전 등이 전시되어 있어요. 인도네시아에는 정화 제독을 기리는 사당도 있어요.

아라비안나이트에 신밧드의 모험이 있어요. 신밧드가 바다에 일곱 번 나가 신나는 모험을 펼친 끝에 부자가 되어 바그다드에 돌아온다는 이야기입니다. 신밧드의 모델이 명나라 영락제의 삼보태감三寶太監으로 불린 정화 제독입니다. 정화 제독의 호가 '삼보'인데 중국 발음이 '싼바오'입니다. 싼바오가 신밧드로 변해 천일야화의

이야기로 등장합니다. 당시에 실크로드가 있었지만 송나라 이후에 도자기가 주요 수출품이 되었는데 도자기는 부피가 크고 깨어지기 쉬워서 육로보다는 해로가 더 안전하여 정화 제독은 실크와 도자기 그리고 관원들을 동승시켜 7차례에 걸쳐 항해를 하다가 1433년에 인도의 꼴카타에서 병사하고 맙니다. 정화 제독이 개척한 해로를 세라믹로드라고 부릅니다. 실크로드는 들어보았지만 세라믹로드는 처음 들으시죠? 저만 그런가요?

갈레의 구도심과 해안 성벽, 그리고 옛 전통 거리를 거닐어 봅니다. 1800년대에 지은 도서관과 경찰 숙소 등의 고색창연한 건물들이 인상적입니다. 해안 성벽은 많은 관광객들로 붐빕니다. 우뚝 솟은 등대와 해가 지는 석양에 비친 성벽은 참 아름답습니다. 연인과 함께 온 커플들이 눈에 많이 띕니다. 한 커플은 아예 주위 사람들의 시선을 아랑곳하지 않고 열렬한 포옹과 키스를 합니다. "아, 남사스러워라!" 하며 손으로 눈을 가려 손가락 사이로 이 젊은 커플의 뜨거운 장면을 감상하다가 기발한 아이디어가 떠올랐어요. 바로 카메라로 이 순간을 찰칵! 하는 것입니다. 이 젊은 이들의 포옹이 한참 더 열을 올리는 순간 저는 핸드폰으로 두 번씩이나 찰칵했답니다. 부러웠어요. 스리랑카 젊은이들이 생각보다 더 개방적이고 활달합니다.

해안 성벽을 돌아 옛 전통거리를 걸었어요. 도넛 상자를 어깨에 걸치고 노상 판매를 하는 중년 남자의 눈빛이 초롱초롱합니다. 감리교회와 화란교회가 있고, 액세서리를 파는 상점과 옛날 가옥이 나지막하니 아주 정겹습니다. 서울의 인사동이나 북촌마을 같아요. 대 저택은 아마 식민시대의 통치자들의 주택으로 생각됩니다. 레스토랑과 액세서리점 그리고 카페가 한 폭의 그림 같습니다.

  인도의 첸나이에서 먹은 된장찌개 생각이 절로 납니다. 아뿔사! 여기는 스리랑카의 갈레! 당연히 한국 식당이 없어요. 한국의 젊은이들에게 한식 조리사 교육을 시켜 이

런 곳에 한국 식당을 열면 괜찮겠다는 생각을 해 봅니다. 한식당이 없으니 중국 식당이나 일본 식당이 있으면 좋겠다는 생각이 났어요. 어제 방문했던 구 시가지의 릭샤 운전사들이 릭샤를 주차하고 기다리던 고풍스러운 2층 상가에 여러 음식점이 있다는 것을 생각해냈어요.

  상가 1층에 있는 일식집에 들어갔어요. 상냥하게 인사하는 종업원들은 모두 스리랑카 청년들입니다. 요리사도 스리랑카인입니다. 초밥에 벤또를 주문하니 회도 함께 나옵니다. 한식은 아니지만 이 얼마만의 한식 비스무리한 음식인가? 된장국 대신 미소된장은 뒤틀린 저의 위장을 쭉 펴게 해 주었습니다. 초밥의 밥알 하나하나가 제 입속에서 반갑다는 인사를 하는 것 같았어요. 역시 일식은 값이 비쌉니다. 오랜만에 저의 위장이 오늘

우리 주인 아저씨 실수하는 것 아니냐는 소리를 내는 것 같았어요.

  코갈라 해변에는 스리랑카 사람들이 독특한 방

스틸트 피싱

법으로 낚시를 하고 있어요. 스틸트 피싱stilt fishing이라고 하는데 나무 기둥에 올라가 앉아서 낚시를 합니다. 가는 나무 기둥에 매달린 낚시꾼들의 모습이 인도양의 출렁거리는 파도와 함께 한 폭의 그림이 됩니다. 저는 이 해변의 모래사장에서 높이뛰기를 하며 공중에 뜬 장면을 찰칵했어요. 완전 '나는 돈까스?'입니다.

이렇게 아름다운 지상낙원의 해변은 2004년 12월 26일의 쓰나미로 인도양의 보물에서 인도양의 눈물로 바뀐 아비규환의 생지옥이 된 아픈 추억이 있어요.

인도양의 보석 스리랑카의 수도 콜롬보

코갈라 해변의 호텔에서 조식을 마친 후 버스에 올라 콜롬보^{Colombo}로 향했어요. 스리랑카에서 가장 아름다운 해수욕장이 많은 스리랑카의 남쪽 서해안인 와카루와 해변을 버스는 시원하게 달렸어요. 작은 어촌 마을에 버스를 세우고 잠시 해변을 산책하며 해변 마을 아이들과 사진을 찍었어요. 서핑을 즐기는 관광객들도 많습니다.

지금까지는 2차선의 국도로 달렸어요. 100km 정도를 가려면 제한속도가 40km/h라서 세 시간은 족히 걸립니다. 버스가 천천히 달리는 만큼 저는 차창 밖으로 푸른 바다와 파도 그리고 야자수 나무 등의 아름다운 경치로 눈을 호강시켜 줄 수가 있었어요.

와카루와 해변을 지나 휴게소에서 점심 식사를 하고 고속도로로 올라왔어요. 갈레와 콜롬보를 잇는 고속도로가 중국 자본으로 스리랑카에 처음으로 건설되었어요. 중국이 거대 자본을 이용하여 스리랑카에 영향력을 높이고 있다는 느낌을 받았어요. 이 고속도로를 중국이 BOT^{Build-Operate-Transfer} 방식으로 건설하여 도로를 완성 후 일정 기간 동안 시설을 소유·운영하다가 투자비를 회수한 후 스리랑카 정부에 기부하는 형식입니다. 이 고속도로로 인하여 100km에 3시간 소요되던 것을 1시간으로 단축하여 획기적인 사회 변화를 가져왔어요. 버스는 이 고속도로를 신나게 달립니다.

버스는 드디어 고속도로를 빠져나와 콜롬보 시내로 들어왔어요. 시내

콜롬보 시내 초입 모습

전체가 공사장 같아요. 초대형 건물들이 들어서고 간판들은 대부분 영어로 되어 있어요. 서쪽 해안 지역에는 매머드 급의 초대형 차이나타운이 조성되고 있어요. 차이나타운은 중국 정부가 스리랑카로부터 99년간의 장기임대 조건으로 토지를 확보하여 개발하고 있습니다. 50헥타르에 이르는 바다를 매립하여 현재 40~50층의 고층건물 6개 동이 완공 단계에 와 있어요. 주상복합, 아파트, 오피스텔, 쇼핑몰, 호텔 등의 건물로 아직 완공은 되지 않았지만 쇼핑몰은 이미 영업을 시작하여 화려한 시설들이 콜롬보 시민들과 관광객들을 불러 모으고 있습니다.

콜롬보의 인구는 190만 명 정도이나 인접한 도시의 인구 160만 명을 합치면 350만 명 정도의 호반 도시입니다. 시내 중심가에는 영국 식민지 시절에 지어진 건축물이 많이 남아 있고, 시내 한복판에 수만 기의 묘지가 있는 시립묘지가 인상적입니다. 중국이 1960년 이후 예술회관과 실내 체육관도 지어주었는데 디자인이 독특합니다. 영국 총독부 건물은 하얀색이라 화이트 하우스로 불리는데, 현재는 콜롬보 시청 청사로 사용하고 있어요.

대형 건물들이 신축 중인 차이나타운에서 릭샤를 타고 콜롬보 국립박물관으로 갔어요. 흰색의 2층 건물로 고색창연합니다. 입장료는 1000루피입니다. 박물관 입구 정원에 동상이 서 있어서 가까이 갔더니 1872년부터 1877년까지 실론 총독으로 재임하며 선정을 베풀었던 그레고리 경의 동상이었습니다. 스리랑카 사람들은 영국 식민지 시절을 부끄러워하지 않는 것 같았습니다. 한국 서울의 용산에 있는 국립박물관 앞에 일본 총독의 동상이 서 있는 장면을 상상이라도 할 수 있습니까?

박물관 건물

그레고리 경

　박물관 건물은 2층이지만 여러 건물들이 이어져 있어요. 아누라다푸라, 폴론나루와 그리고 캔디에서 만났던 불상과 석탑 등의 불교와 힌두교 유물 및 사진들이 전시되어 있어요. 이외에도 생활도구를 비롯해 도자기, 지도, 보석, 그림, 사진 등의 다양한 유물들이 시대별로 잘 정리되어 전시되고 있어요.
　박물관을 나와 시내를 거닐었어요. 시내 한복판에 큰 공원이 있어요. 고목들로 이루어진 울창한 숲과 잔디밭이 편안함을 더해줍니다. 결혼을 기념하는 커플이 이 공원을 배경으로 기념 촬영을 하고 있어서 옆으로 가서 함께 사진도 찍었어요. 고목의 나뭇가지에는 수많은 검은 박쥐들이 조롱조롱 매달려 있어요. 한 할아버지가 나무 밑둥치를 발로 차며 박쥐를 깨워 날려 보내겠다고 호언장담을 하며 팁을 달라고 했어요. 그런데 한 마리의 박쥐도 날아가지 않아 팁을 주지 않아도 되었답니다. 결혼 기념 촬영을 하는 커플 외에도 몇몇 커플이 큰 나무에 기대어 사랑을 나눕니다. 갈레에서도 보았지만 스리랑카 젊은이들의 사랑 표현은 대담합니다. 한국보다 스리랑카 젊은이들이 성에 대하여 더 개방적임을 알 수 있었어요. 자전거에 아이스크림을 파는 장수가 있어서 아이스크림을 입에 물고 벤치에서 한가한 여유를 부렸답니다.
　콜롬보 박물관과 시내를 휘젓다가 배꼽시계의 경고음이 요란하게 울렸어요. 한국을 떠난 지 한 달이 다 되어 한식이 그립습니다. 콜롬보쯤이면 한식당이 있겠죠? Carrot입니다. 당근이죠. 😊 공원에서 걸어서 갈 만한 거리에 한식당이 있네요. 식당 이름이 KANG'S KITCHEN(강식당)입니다. 이 얼마만의 한식인가? 인도 첸나이에서 한식을 먹고 스리랑카에서는 한식이 처음이자 마지막입니다. 오랜만에 된장찌개와 불고기·냉면을 먹으니 천하에 부러울 것이 없습니다. 한식을 맛있게 먹고 나오는데 스리랑카 직원이 한국말로 "우리 사장님도 목사님입니다"라고 했어요. 이 말을 듣고 선교

강식당

에 대한 생각을 잠시 했어요. 선교사님은 꼭 교회를 짓지 않고도 이렇게 문화선교를 할 수 있음을 깨닫게 되었어요. 비록 뵙지는 못했지만 강 선교사님께 지친 나그네에게 맛있는 한식을 이국땅에서 준비해 주셔서 감사하고 축복을 전합니다.

코갈라 해변의 추억과
아듀, 스리랑카!

　갈레의 마지막 일정으로 저녁에 코갈라 해변 백사장에서 열리는 야시장으로 슈랑가 가이드님이 우리를 인도했어요. 우리 일행 중 여러 명이 이미 이 해변 야시장에서 자리를 잡고 있어서 이 분들과 합석을 했어요. 해물 전시장 같이 여러 가게가 신선한 해물을 전시해 놓고 손님들이 고르면 요리를 해서 맥주 등의 주류와 함께 갖다 줍니다. 준치, 새우, 이름 모를 생선 등을 주문하여 모래사장에 준비된 테이블과 네온사인 불빛 사이에서 8명 정도가 갈레에서의 마지막 밤을 보냈어요. 한국 노래 7080세대의 가요도 열창했어요. 우리 가이드님과 가게 주인 청년 사이에 언쟁이 벌어졌어요. 한 푼이라도 손님에게 바가지를 씌우지 말라는 우리 가이드의 주장과 한몫 잡겠다는 주인 청년과의 갈등으로 느껴졌어요.

　늦은 저녁 시간까지 시간 가는 줄 모르고 시원한 바다 바람에 한국 가요를 날려 보내며 흥을 돋우었어요. 이국에서 한여름 밤을 한국의 백사장보다 더 한국에서의 바캉스처럼 보내니 기분이 너무 좋았어요. 다시 릭샤를 불러 각자 릭샤에 나누어 타고 숙소로 향했어요.

　갈레의 마지막 밤이 깊어지자 갑자기 코갈라 해변의 파도 소리가 슬픔의 절규로 들려옵니다. 바다와 불과 10미터도 떨어지지 않아 사흘 밤 내내 파도 소리가 지척에서 철썩대며 시원한 자장가로 들렸는데 지금은 다르게 들려옵니다. 2004년 12월 26일의 쓰나미가 할퀸 현장이 바로 이 호텔이었어요. 산더미 같은 파도가 이 호텔들을 집어삼키며 당시의 투숙객들이 많이 희생되었어요. 만약 우리가 머문 시간에 쓰나미가 왔다면 우리 또한 쓰나미의 희생자가 되었을 것이라고 생각하니 가슴이 쓸어내려집니다. 아마 당시에는 여기가 아수라장이 되었을 것입니다. 특히 이 갈레는 넘쳐나는 쓰레기와 시체들로 완전 걸레(?)가 되었을 것이라는 생각을 하니 잠을 이룰 수가 없었습니다. 이 갈레 지역에서만 4000명이 사망했고, 44000여 명의 이재민이 발생했어요. 지상낙원으로 여겼던 이 코갈라 해변이 아비규환의 생지옥이었다니 쓰나미에 희생된 분들에게 명복을 빕니다.

아름다운 코갈라 해변의 호텔 수영장에 비친 야자수 나무를 뒤로 하고 콜롬보로 향했어요. 갈레에서 콜롬보까지 2011년 중국 자본으로 완공된 고속도로를 타지 않고 세계적으로 아름다운 와카루와 해변을 따라 쭉 올라온 후 휴게소에서 점심을 먹고 고속도로를 달렸어요. 휴게소에는 와카루와 해변에 지은 오피스텔 분양 광고가 온 휴게소를 차지하고 있는 것 같아요. 저에게는 이 화려한 오피스텔보다는 진열된 치킨과 햄버거에 더 관심이 있어요. 이솝 우화에 나오는 찬을 나르는 당나귀는 등에 진 진수성찬보다 길가에 있는 푸른 엉겅퀴가 더 맛있고, 닭이 헛간의 흙을 뒤지다 발견한 반짝이는 보석보다 옥수수 몇 알을 귀중하게 여기는 것과 다름없는 저를 발견했어요. 부동산학 박사가 와카루와 해변의 부동산에 관심이 없는 이유가 무엇일까요? 간단하게 말하면 저의 투자 대상이 아니니까 괜히 관심을 가져보아도 소용이 없다는 의미이고 일단 민생고 해결이 더 급선무라는 단무지 같은 저의 소견이었어요. 단무지가 무슨 의미일까요? 단순하고, 무식하고, 지성적인 저의 성격을 말합니다. 차마 마지막의 지를 지랄이라고 말하기가 그렇네요.

중국은 왜 스리랑카에 차량 전용 갈레-콜롬보 간 고속도로를 지어 주었을까요? 물론 공짜는 아닙니다. 차관 형태나 운영 후 인도 방식의 BOT 개념의 사회간접자본 투자의 일환이겠지요. 이 고속도로를 건설한 지 10여 년이 지났지만 아직 적자 상태일 것으로 추정이 됩니다. 2009년에야 타밀 반군과의 내전이 끝나고 개발을 하려니 돈과 기술이 없어서 중국이 내민 원조를 받아들인 것으로 보입니다. 중국은 해양 일대일로의 한 방책으로 스리랑카를 아주 중요시 하고 있는 것으로 보입니다. 중국은 스리랑카의 동북부에 있는 트링코말리Trincomalee에 해군기지도 사용할 수 있는 허가를 스리랑카 정부로부터 받았어요. 반면에 미국이 이 트링코말리에 해군기지를 사용하기 위해 주택을 수 만 채를 지어주겠다고 했는데 스리랑카는 거절했지요.

스리랑카는 마힌다 라자팍세Mahinda Rajapaksa 전 대통령 때부터 미국과는 소원한 관계이지만 중국, 인도, 이란 등과는 밀접한 관계를 유지해 오고 있어요. 그 이유는 타밀 반군과 30년간 긴 내전을 치러오는 동안 미국과 EU 국가들의 인권 문제 제기로 서방국가들과는 소원한 관계가 되었답니다. 또 다른 원인은 스리랑카 정부가 민족주의에 기반을 둔 사회주의의 좌파적 국가 운영을 하고 있기 때문입니다.

콜롬보 시내로 들어가니 한국의 춘천과 같은 호반 도시입니다. 호수의 분수 너머로 국회의사당이 덩그러니 보입니다. 국회의사당을 가려면 여기서 호수를 건너야 될 것 같아요. 딴 세상에서 의원님들은 국민들과 동떨어진 세상을 살아가고 있다는 느낌을 받았어요. 국회의사당 정문 옆에

스리랑카 국회의사당

는 타밀 반군과 내전 시 전사한 전몰 군경들을 추모하는 탑과 3만 명의 전사자 명단이 새겨져 있어요.

중국은 콜롬보를 모범적인 항만 도시와 국제 금융 허브로 만들기 위해 막대한 자금을 쏟아붓고 있어요. 중국의 해상 일대일로의 일환이라고 여겨집니다. 중국은 스리랑카가 타밀 반군과의 전쟁 중에도 스리랑카 정부군에 무기를 제공하여 승리를 이끌게 하였고, 내전이 끝난 다음에도 원조를 계속하며 스리랑카와 콜롬보에 대하여 세계 다른 어떤 나라나 도시보다 깊은 애정을 보이고 있어요.

중국과 스리랑카의 관계는 5세기 초에 중국 동진의 법현 스님이 인도와 스리랑카를 방문하고 난 후 저술한 〈불국기〉에서도 나타납니다. 그리고 600여 년 전 명나라 영락제는 정화 제독에게 크고 작은 배 약 200척과 2만 8천 명 정도의 선원을 주어 동남아시아, 서남아시아, 동아프리카와 교역 및 조공 무역을 할 때 스리랑카를 몇 번 방문하며 교류를 했습니다.

스리랑카에도 정치 변혁의 바람이 불게 되었어요. 냉전 후 라자팍세 대통령이 이끄는 좌파 성향의 자유연합과 폰세카 전 합참의장이 이끄는 우파 성향의 통일국민당의 양당 체제로 개편되었어요. 폰세카를 선거 중에 체포하며 라자팍세 대통령은 재선에 성공하고 국방장관과 기획재정부 장관까지 겸임하며 권력을 독식했어요. 라자팍세의 형 차마르 라자팍세는 항공항만 장관, 아우인 고타바야 라자팍세는 국방차관, 막냇동생인 바실 라자팍세는 대통령의 선임보좌관으로 라자팍세 일가가 국가 권력을 독점하게 되었어요.

물이 고이면 썩게 마련이지요. 라자팍세 대통령 가족들의 부채 의혹이 불거지게 되었어요. 이에 라자팍세 대통령은 3선 출마의 개헌과 조기 대선 결정을 내렸지요. 2015년 대선에서 당시 라자팍세 정부의 보건장관이던 마이트리팔라 시리세나Maithripala Sirisena가 야당 후보로 출마하여 뜻밖의 승리를 거두게 됩니다. 그런데 시리세나 대통령은 적폐청산을 제대로 하지 못해서 라자팍세는 야당 대표로 재기에 성공하게 됩니다. 시리세나 대통령은 사라트 폰세카를 국방장관에 기용하여 라파팍세 세력에 맞서게 됩니다. 시리세나 대통령은 외교적으로도 변화의 길을 모색합니다.

시리세나 대통령은 2015년에 집권한 후 미국과 인도와의 관계를 강화하게 되었어요. 2015년 5월에 미국 존 케리 국무장관이 1972년 윌리엄 로저스 장관 이후 미국 국무장관으로서는 43년 만에 스리랑카를 방문했어요. 시리세나 대통령과 존 케리 미국 국무장관과는 양국 간 협력과 경제 교류에 대한 합의를 했어요. 시리세나 대통령은 자연스럽게 중국을 견제하게 되었고 스리랑카를 둘러싼 국제관계는 더 복잡하게 얽혀갔어요. 미국과 중국 등의 나라들로부터 러브콜을 받아 단숨에 스리랑카는 인도양의 보물섬으로 돌아왔어요.

인도 나렌드라 모디 총리도 2015년 3월에 스리랑카를 방문하여 스리랑카의 만성적 무역수지 적자를 해소시키기 위한 경제적 지원을 약속하였어요. 그리고 스리랑카의 철도 건설을 위해 3억 1,800만 달러의 차관을 제공하기로 했어요. 중국의 일대일로의 정책에 맞불을 놓은 셈이 됩니다.

일본도 1954년부터 2013년까지 스리랑카에 약 8조 원의 자금을 제공하며 해양국가 간의 긴밀한 외교관계를 구축하여 왔어요. 일본은 스리랑카 외에도 아시아 국가들의 사회간접자본 투자에 약 109조 원을 투자하겠다는 계획으로 중국이 추진하고 있는 아시아인프라투자은행AIIB에 맞불을 놓고 있어요.

스리랑카는 중국에 약 9조 원의 채무를 지고 있어요. 그런데 스리랑카가 중국이 보기에 엉뚱하게 미국, 인도, 일본과 가까이 다가가고 있으니까 스리랑카에 빌려준 거액의 빚을 갚으라며 독촉을 했어요. 중국이 매몰차게 빚 독촉을 하자 스리랑카는 스리랑카 남해안의 함반토타Hambantota 항만을 99년간 운영권과 치안 경비권을 내어 줄 처지에 처했어요. 이렇게 되면 스리랑카는 중국의 식민지가 될지도 모른다는 문제에 봉착하게 되었어요. 스리랑카는 2017년에 결국 함반토타 항구의 운영권을 중국에 넘기지 않을 수 없게 되었답니다. 스리랑카는 중국 국영 항만기업 자오상쥐로부터 11억 2천만 달러를 받고 99년간 함반토타 항구의 운영권을 이전하기로 했답니다. 항구의 치안권은 스리랑카가 맡아서 인도 등의 주변국들이 기항할 수 있는 우려를 잠재우기도 했어요.

중국이 함반토타를 요구하는 이유는 중국이 인도를 견제하는 미국에 대한 쿠바의 역할을 하려는 의도가 보입니다. 즉 스리랑카를 두고 중국과 인도가 주도권 쟁탈전을 하고 있어요.

중국은 스리랑카의 함반토타 항구에 이어 콜롬보 항구의 서쪽 간척지를 매립하여 엄청난 규모의 차이나타운을 건설하고 있어요. 이를 보고 있는 스리랑카 사람들은 중국의 스리랑카 진출에 대하여 불만이 높아지고 있어요. 과거에 포르투갈, 네덜란드, 영국이 스리랑카에 진출한 추억을 떠올리게 된 것입니다. 독재정권의 부정부패가 콜롬보 항구를 중국에 넘겨주고 뇌물을 챙긴 매국노라고 생각하고 있어요.

스리랑카는 2019년 11월에 다시 친중 정권이 들어서게 되었어요. 10년 동안 대통령을 지낸 라자팍세 대통령의 동생이자 국방차관으로 군권을 잡았던 고타바야 라자팍세가 대권을 잡게 되었어요. 이제 좌파정권이 다시 정권을 접수했답니다. 그 배경에는 2019년 4월에 발생한 콜롬보 시내의 성당과 호텔 등의 연쇄적 부활절 테러로 260명이 사망한 사건이 있어요. 스리랑카 정부는 이슬람 극단주의자들을 용의자로 주목했고, 불교계와 싱할라족을 중심으로 한 강력한 지도자를 원한다는 여론이 형성되어 고타바야 라자팍세가 무난하게 대통령에 당선되었어요.

라자팍세 가문의 부활은 스리랑카의 소수집단에 대한 탄압이 심해질 것으로 우려됩니다. 왜냐하면 고타바야 라자팍세 대통령은 내전 종식 과정에서 민간인 학살 의혹 등 여러 인권탄압 관련 사건에 연루되어 비난을 받아왔기 때문입니다. 또 정부를 비판하는 언론이나 반군 용의자를 납치하여 고문하는 조직을 운영했다는 의혹을 받기도 했답니다.

스리랑카 연안은 해양 실크로드의 중심으로 활동해 왔습니다. 콜롬보 항구는 남아시아 최고의 환적항^{換積港}으로 부상하고 있어요. 스리랑카도 국가 차원에서 항만 정비를 신속하게 하는 등의 변화를 꾀하고 있어요. 또 스리랑카는 인도양의 중심에 위치한 지리적 특성을 잘 활용하여 동남아시아, 인도, 유럽, 중동, 아프리카를 연결하는 국제무역의 요충지이자 허브로 거듭나고 있어요.

* 본 도서는 2022년도 경희사이버대학교 연구비 지원에 의한 결과임(KHCU 2022-4).

최고 호텔관광대학의 최초 관광학 박사가 쓴
이병원 교수의 인도 네팔 스리랑카 여행 스케치

초판 인쇄 2023년 07월 25일
초판 발행 2023년 07월 31일

지은이 이병원 / **펴낸이** 서대종
편집 서승철 / **디자인** 박정현

펴낸곳 도서출판 담아내기 / **인쇄** 와이엠미디어
주소 서울시 마포구 희우정로 100, 5층 / **전화번호** 070-8820-5046
등록일 2020년 9월 24일 / **등록번호** 제2020-000259호

ISBN 979-11-972134-3-4 03930

* 이 책의 내용을 허가 없이 전재하거나 복제할 경우 법적인 제재를 받을 수 있습니다.
* 잘못된 책은 구입하신 서점에서 교환해 드립니다.
* 정가는 표지에 표시되어 있습니다.